DEAD WRONGS

死亡真相

名人死亡事件背后的蛛丝马迹

Straight Facts on the Country's More Controversial Cover-Ups

[美] 理查德·贝尔泽（Richard Belzer）
大卫·韦恩（David Wayne） 著

张媛 译

人民东方出版传媒
People's Oriental Publishing & Media
東方出版社
The Oriental Press

历史是人们对过往事件的一种一致认定的说法。

——拿破仑·波拿巴

前言

有一些位高权重的人恶意中伤公平正义的追求者，这些人故意将追求者所说的“共谋”说成心理失衡、精神错乱、产生幻想的结果。

这些人错了。

现实中共谋的定义非常简单，两人或两人以上一起完成一件事就叫共谋。简单地说，这在生活中随处可见，从古至今，它一直都是我们日常生活的组成部分，绝不是毫无边际的想象。

大多数美国公众对1999年田纳西州法官所做的宣判一无所知，法官宣判一些美国政府机构参与了对马丁·路德·金的暗杀计划。这是美国历史上最具意义的一场审判，审判中出现了大量美国历史上重要的证词，主流媒体居然对此集体失声，政府对媒体的控制可见一斑。身为律师和情报领域及政府使用媒体宣传、传播虚假信息领域的教授威廉姆·莎普作证时表示：

● 媒体对1999年法官做出的金博士遇刺案为谋杀的判决几乎视而不见，这与美国政府对媒体报道的操控直接相关。

● 发布虚假信息不只包括在媒体上发表一些文章，也包括阻止媒体公布部分信息。我首先想说的是，正如我过去提到的，虚假信息会在很长一段时间里产生强大的作用。三十年里，官方的说法是詹姆斯·厄尔·雷是杀害马丁·路德·金的凶手，并称他是个人作案、没有同谋……这一信息被印在公众脑子里长达三十年，如果有人突然站出来表示：这是我干的，不是雷干的，是我干的……公众的大脑根本不会去思考，而是直接得出结论——这不可能。

• 中情局的三分之一左右预算用于媒体运营，其中包括国内宣传，例如确保公众相信肯尼迪总统、罗伯特·肯尼迪议员和马丁·路德·金遇刺案中不存在共谋。中情局的预算是保密的（保密的原因就是：你不会告诉被你愚弄的人，他们被愚弄了），但每年至少十亿美金被用于媒体宣传，大部分用于美国国内宣传。

• 直至今日，美国情报部门依然大力开展媒体宣传，试图推翻阴谋论、巩固对官方历史记载的认同。美国民众对此无力反抗，媒体的力量如此强大，共谋一词已被赋予了明显的贬义。

> 我是说，“共谋”一词本来只表示一件事中不止一人参与。如果你仔细想想，几乎所有的事情都不止一人参与，但我们通常假设大多数事情中并不存在共谋。有了这个假设，拥有宣传机构和造假机构的政府就能够成功地让大众接受虚假信息。

当然，并非每一个知名人士或政府官员的死亡都牵扯阴谋。但在其中一些案件中，名人的死亡的确是实施阴谋的结果。

我们经常听到的一句话，“许多人都知道，但只有一些人会说出来”，但这根本不合理。他们会跟谁说呢？——把故事告诉主流媒体进行曝光。他们为什么要说？难道让他们闭上嘴巴不是更重要吗？事实上，有些人的确说话了。例如，长期担任秘密特工的威廉姆·普拉姆利，他的宣誓证词将在本书有关肯尼迪总统遇刺的章节出现。

主流媒体传播的另一个错误概念是，政府要达到掩盖罪行的目的，一定有很多政府机构串通行动。但事实并非如此。要达到掩盖的目的，政府只需判断什么结果对它最有利，然后据此采取行动——为了实现目标不择手段（往往打着“国家安全利益”的幌子）。

例如一个高级联邦调查局官员嘱咐下属，因国家安全需要，密切关注白宫对一项调查的干预行动。通常，特工都会奉命行事。这不是共谋，就是现实。“你的国家需要你”是一个极为有效的说辞，对大多数人来说，这足以成为完成任何任务的理由，所以都会闭上嘴巴、开始行动。现实的世界里，美国总统就是你的总司令，大多数人，尤其是执法人员会乐于参加他们认为维护祖国利益、实现祖国目标的行动，并以此为荣。

米格·罗德里格斯是一位正直的检察官，当他发现文森特·福斯特的死亡真相被掩盖、公民权利遭到践踏时，他站出来试图起诉妨碍司法公正的人，但却因此被迫辞职。他对下面这个问题给出的回应是：

> 为何有这么多人参与掩盖行动？
>
> 罗德里格斯回答，证据表明并非所有政府官员都是串通一气，他们只是奉命行事，许多人的角色只是撒个小谎，但所有人的谎言汇集起来就成了一件大事。

另外值得注意的是，掩盖真相的人不一定就是真凶。当一个案件被认为损害“国家安全”时，掩盖行动就会紧随其后。掩盖行动并非阴谋论者的无端想象，而是真切的事实。

主要媒体描述的场景往往是这样的，一旦有名人死亡，疯狂的阴谋论迅速出现，他们使用惯用的故事版本让案件引起轰动。有时故事是真的，但有时荒谬不堪。

例如，当白宫法律顾问文森特·福斯特的尸体在星期二下午突然出现在公园时，主流媒体迅速将坊间流传的各种奇怪的说法归咎于阴谋论，这有悖于客观原则。其实，本案中最荒谬的说法就是官方的版本，在尚有大量证据表明存在谋杀的可能性之时，政府就草草定案为自杀（调查程序不符合警方对暴力死亡案件的标准调查程序）。

事实证明：

● 福斯特手上的火药残余痕迹表明，开枪时死者处于防御姿势——火药痕迹所在的位置表明死者双手只可能在枪筒的前部，他当时应该正在防御攻击者。

● 手枪上没有福斯特的指纹，那是一个潮湿炎热的夏天午后，一个打算自杀的人手心应该会大量出汗，这种情况下，死者很容易在手枪上留下指纹。

● 警方表示，死者手中有一把装有高速子弹的9毫米口径柯尔特左轮手枪，但死者身上却没有发现射击反冲现象，这根本不可能。任何一个谋杀案调查人员都会告诉你，使用9毫米口径的手枪直接射击口腔一定会留下大量血迹，尤其是死者身体、衣服、手枪以及尸体周围区域都会出现大量血迹，现场会杂乱不堪，但在本案中，死者的衣服上没有血迹，就连他白色的衬衫袖口依然一尘不染。会是这把枪吗？不可能。

上面列举的只是三处疑点，实际上还有很多。这显然不是一帮疯子在鼓吹阴谋论，而是因为官方说法中的漏洞比比皆是，处处有误，让人不得不思考：此事另有隐情。只要你留心相关事实，就只会得出一个结论：官方的说法才是最疯狂、最愚蠢的！

总而言之，为了写这本书，我们研究了很多作家和调查人员，与他们不同，我们事先没有设定任何程序，只跟随证据的脚步前行……

自序 I

对肯尼迪总统的刺杀简直是魔术师的作品。那就是一个舞台，摆满了各种道具和镜子，在拉开帷幕的那一刻，所有演员，所有舞台布景，全都消失了……制定阴谋的人猜对了，他们的罪行将被阴影和沉默掩埋，最终代替他们接受惩罚的就是一个疯子，还有许多玩忽职守的人。

——詹姆斯·赫伯恩，《再见，美国》

很厉害吧，哈？

——林登·约翰逊，美国首席法官厄尔·沃伦将沃伦委员会的调查报告交给他时，他所说的话

当我读到检察官文森特·巴格鲁斯所写的《再现历史》时，我对推荐这本书的店员说："很厉害，哈?" 店员笑了一下，似乎听懂了我的话，但愿吧……我心想，在一份调查报告用六千多页的篇幅得意地向全世界宣称"是奥斯瓦尔德干的!!!"之后，巴格鲁斯为什么还要花五年多的时间写这本书？他在书里如平日一样激动易怒，信誓旦旦地要再现历史，却居然无视了大量学者、作家、记者、档案学家、历史学家和科学家们一丝不苟的客观研究，无视了他们得出的与这位受人尊敬的检察官的观点截然相反、但却无可置疑的结论。

当我打开这本"历史"，看到一个不争的事实：巴格鲁斯先生是第一位讲述他自己负责的案件的人……对任何一个有思考能力的读者来说，他在这件事上都不具备进行真正的历史学研究的资格，更不可能做

到客观。

即使我们这些不从事法律工作的普通大众也能清晰地看到，本案中有大量证据被无视、歪曲、胡乱解读，必要时，他荒唐地得出了极为荒谬的结论，对有关李·哈维·奥斯瓦尔德是谁、做了什么、目的何在随意猜测，毫无道理可言。

不出意料，所谓的主流媒体纷纷对巴格鲁斯做出的批评言论欣然接受，就像古代的教主翻阅了1600页的文献后终于证明世界是平的！

我们应该如何看待这几千页的理论和反理论呢？一个事实紧接着另一个事实，层出不穷。我仔细翻阅了那些文字，感觉自己就像布·拉德力在观看世界语版本的《好汉两个半》，像在观看一部被投射在塔萨代村庄上空的云彩上的大卫·林奇的影片。

我被教导过真相会带给你自由……除非你想知道的事实是杀害肯尼迪总统的凶手是谁。

和你们很多人一样，我有一位美丽的妻子，在法国有一个家，在影视圈有一份事业。你可能因为广受好评的电视连续剧《法理情的春天》或者电视节目《法律与秩序：特殊受害者》以及我的政治评论文章、书籍对我有所了解，甚至也可能在夜总会遇到我……我不知道！反正别烦我！像你一样，我想继续我的生活，不愿无所事事、只会空想到底是谁杀害了肯尼迪总统。

我理应为这起“世纪谋杀”得出一个无可辩驳的结论：奥斯瓦尔德根本不可能是枪击肯尼迪总统的凶手！！！我就要这样说，而且对巴格鲁斯之辈毫无歉意。让我最后一次对这个让人讨厌的事实做一次解释，这位检察官自豪地宣称自己是世界上唯一阅读过沃伦报告全文的人，但是他却没说他对报告内容中的矛盾和遗漏睁一只眼闭一只眼。

肯尼迪总统的脑袋被打开花之后，李·哈维·奥斯瓦尔德被发现正在教科书仓库楼的二楼喝可乐。他的上司罗伊·特鲁利和驾驶摩托车的警察马里恩·贝克确认他的确在现场。根据沃伦委员会的报告，他们对上述三人相遇的场景进行过两次重现：第一次案情重现时，贝克（步行!）到达仓库楼的二楼，用了1分30秒；第二次试验中，用他的话说，用“小跑前进的方式”用时1分15秒……在模拟奥斯瓦尔德行动时，特工处的约翰·豪利特携带一支步枪（11月22日案发当天，教科书仓库楼上共发现了三支步枪，分别是一支德国毛瑟步枪、一支意大利曼力夏–卡尔卡诺手动步枪和一支英国恩菲尔德步枪，不过这是另外一件事了）从“安全据点”到达这支步枪最终被发现的位置，凶手不仅是简单地将这支枪放置在那里，而是藏了起来，这将耗费更长的时间。但是，沃伦委员会的报告中贝克的反应时间较他实际行动时间要长，据贝克本人的证词，案发后他迅速从他摩托车所在位置跑向教科书仓库楼，但在沃伦委员会在案情重现时故意放慢了贝克的反应速度，目的是制造一种凶手有充足时间完成任务的假象。

现在让我们来看看他们口中奥斯瓦尔德使用那支瞄准器严重偏离的手动栓式老古董完成的奇迹：他连射三枪，枪枪精准（其中一枪简直可谓“魔幻”：阿伦·斯柏克特代表沃伦委员会发表的观点完全违背了牛顿物理学!），从开枪的位置悄悄移开，把枪擦干净，绕过一摞一摞的图书，沿着曲折的路线来到第六层的另一端，把枪放到两摞书之间，飞奔下四级台阶（我去过这个仓库楼，由于每层都有一个楼梯平台，所以他跑过的距离相当于八级台阶），这是沃伦委员会听证会和证据报告（XXVI）第679页的内容……但是根据特工贝克的第3076条描述，“在学校餐厅楼的二楼，我看见一个人站在那里喝可乐”，奥斯瓦尔德看上去非常平静，根本没有因为事发后60秒到65秒之间就碰到总统的保镖贝克和罗伊·特鲁利而感到紧张或气喘吁吁。女士们、先生们，再重复一遍：从人类身体机能角度分析，奥斯瓦尔德根本不可能是射击肯尼迪总统的凶手！谢谢，晚安！

最后，我希望我们的检察官思考下面这两段话：

> 请允许我怀着恭敬之情指出，无论证据是什么，在它经过反复论证之前，没有任何价值，也不具备科学证据的资格……
>
> ——费尔南德·拉伯里，艾米丽·左拉案辩护律师
>
> 1898年2月17日，巴黎
>
> 直面真相是高尚的……
>
> ——牛津学者理查德·道金斯

理查德·贝尔泽

自序Ⅱ

政府不断制造谎言，大多数人渐渐开始把谎话当成现实。但司法证据却与政府的说辞大相径庭，它们用无声和永恒的语言为我们指明了事实的方向。

无论罪犯是政府、歹徒还是疯子，他们都难免出现纰漏，事实证据会默默地、诚实地证明到底发生了什么。

有时证据面目丑陋，即使如此，它依然是令人欣慰，甚至是迷人的：紫色的淤伤（专业术语称为尸斑）告诉我们，尸体在死者死亡之后被移动过；脸颊上出现呕吐物痕迹说明死者死亡时的姿势不是站姿或坐姿，如果死者还服用或注射过药物，则说明死者体内的药品尚未被完全消化。

证据就像一片流沙中固定不变的明灯，指引我们探索的方向。证据的作用至关重要，就连某项证据的缺失也会带来启示：案发现场没有大量血迹说明某些情况不可能发生；胃部没有反射性物质表明死者没有吞服过药物。

如果你依然相信玛丽莲·梦露死于服药过量，或者相信李·哈维·奥斯瓦尔德是杀害肯尼迪总统的真凶，或者瑟翰·比沙拉·瑟翰杀害了参议员罗伯特·肯尼迪，请你最好接着往下读。你是历史的见证者，你有义务弄清事实真相。上述几种情况都不可能发生。如果你认为我得出这个结论太傲慢，那么请仔细阅读这三章内容，它一定会让你改变想法。我的结论不只是一个观点，而是由所有证据指明的必然结论，只要仔细研究证据，你也会得出同样的结论。前联邦调查局特工扎克·谢尔顿的《谢尔顿报告》会在本书有关肯尼迪总统的章节出现，他非常准确地阐述了我们的原则：

> 我没有任何理论观点，我所有的只有事实。

本书中的案件可分为两类：一类案件据称是自杀或在调查之初就被认定为自杀，但种种疑点表明死者可能是被谋杀；另一类案件可以被确定为谋杀，但有种种疑点无法解开，说明案件另有隐情。其中一些案件，疑点非常明显：一个人用栓式步枪向自己头部连开五枪，这实在难以想象，即使在德克萨斯也让人难以置信。另一些案件中，官方说法的漏洞相对隐蔽，但只要仔细研究，就会渐渐暴露。

本书的一些章节对某一起暗杀事件的主要观点进行了总结，阅读本书时请留意“可能的情况”下面的文字，这部分内容并不只包含事实证据，还包含一些猜想，这是两个完全不同的领域。尽管这部分内容所涉颇多，但我们并不一定认同所有观点。

司法取证学并不是听上去或者电视剧里表现得那么简单。德克萨斯农工大学著名学者、统计和毒理学教授克里夫·施皮格尔曼曾为业内期刊写过大量文章，被公认为取证技术领域的专家，他表示：

> 司法科技在应用过程中往往缺乏科学手段，在级别很高的案件也是如此，包括子弹铅成分分析（联邦调查局取样实验室已淘汰了这种方法）和射击痕迹分析（子弹上的痕迹）。

施皮格尔曼和他的同事一直呼吁对肯尼迪遇刺案重启调查，因为最初的调查取证过程“存在根本性缺陷”。

事实是，几乎所有取证过程都没有统计学领域、大学独立科研领域以及联邦研究实验室的参与……结果就是，法律结论仍带有不确定性，无法得到充分的证明。例如，一般情况下，会通过射击工具痕迹分析来确定死者体内的子弹是否是某支手枪所射击，结论通常十分确定。然而国家研究委员会最近公布了两份报告，表明这种所谓的确定结论并没有统计学基础。因此，一些联邦及地方法院最近规定，射击工具痕迹分析结果只能证明死者体内的子弹很可能是某支手枪所射击。

科研领域已经看到了司法科技领域的毫无作为，但是司法系统却对此没有给予足够的关注。

这些发现具有重要意义：施皮格尔曼召集科研专家和司法专家组成了一个“子弹证据”研究小组，其中包括前联邦调查局科学家、取证技术专家及弹道学专家威廉姆·托宾。这个小组在研究中利用了20世纪60年代还未出现的成分分析方法，结论是什么？对于政府对肯尼迪总统遇刺案的调查取证结论为：

……被用于排除本案还有一名杀手的可能性的证据具有根本性缺陷。

大卫·韦恩

目 录

第一章 法兰克·奥尔森

1953年11月28日死亡，美国中央情报局特种行动部门（最高机密研究组）负责人。

受害人：

法兰克·奥尔森。

死亡原因：

从纽约斯塔特勒酒店十三楼窗户坠落。

官方裁决：

自杀。

法医验尸报告表明，死者跳出酒店窗户。1975 年，美国中央情报局承认曾向奥尔森注射了名为 LSD（麦角酸二乙基酰胺）的麻醉剂，正是这种麻醉剂导致其自杀行为（专业术语将这种认罪行为称为有限泄密），中情局与奥尔森家属达成庭外和解并向其支付了 75 万美元，调查就此终止。直至 20 世纪 90 年代，奥尔森家属对尸体再次进行尸检，法医鉴定奥尔森为他杀身亡。纽约地方检察院随即再次展开调查，但并未提起刑事诉讼。

真实情况：

奥尔森遇害案显然是“以国家安全为由的谋杀案件”之一。奥尔森身为美国中情局生化武器研究组的负责人，接触过大量“国家机密”，其中之一就是美国曾在朝鲜投下携带炭疽病毒的炸弹。奥尔森目睹他的研究被用于各种邪恶的目的，对此深感愤怒并表示抗议。他曾向同事说过，有证据证明，美国中情局在其德国分部的审讯中对审讯对象使用酷刑，导致其死亡，还在朝鲜使用生化武器，他为此感到极其不安。此后，奥尔森便被美国中情局视为一个安全隐患，他本人还受到了军事情报处的审讯。中情局在他毫不知情（也从未表示允许）的情况下向他注射了 LSD 麻醉剂，审问他有何阴谋。就在他死亡之前的那个星期一，他向上级提出辞职（他的死亡日期就是那个星期六）。那个周末，在中情局特工的陪同下，奥尔森住进了纽约斯塔特勒酒店。之后，一名军医来到房间向他注射了药物，之后他遭到棍棒击打并被推出窗外（在此之前窗户是关闭的），尸体在楼下街道被发现。陪同他的特工随即拨了一通电话（这通电话被酒店接线员听到），只说了一句话，“他死了”。第二次尸检的结果表明，从窗户坠落之前，奥尔森头部遭到了严重击打、产生了脑血肿，这是美国中情局暗杀手册中记载的典型的暗杀手段。

前后矛盾：

1. 死者家属要求的第二次尸检结果表明，死者身上有“钝力损伤”，他从窗户坠落之前处于无意识状态，没有证据可以表明这些外伤是撞击窗户所致，所有法医证据都“清晰明确地表明这是一起谋杀”。

2. 在庭外和解声明中，美国政府承认曾在奥尔森毫不知情的情况下向他注射了 LSD 麻醉剂。

3. 负责第二次尸检的法医表示，首次尸检报告曾被故意篡改以掩盖真相，有人试图将这一死亡定性为自杀。

4. 与首次尸检结果截然不同的是，第二次尸检并未在死者身上发现任何撕裂伤口。死者如果是自杀身亡，在快速撞碎窗户玻璃、冲出窗帘和遮光布时，身上应留下撕裂伤口。有一种说法是，奥尔森身体受到窗帘的保护，因此在撞碎玻璃时没有受伤，但法医学研究结论表明，撕裂伤口大多不是在撞碎玻璃的瞬间造成的，而是在身体各部位从被撞碎的玻璃中穿过时造成的，这个过程一般会在身体多处留下撕裂伤口，尤其是腿部。但是，奥尔森的尸体上没有任何撕裂伤口。

5. 酒店房间面积很小，而且两张床隔在其中，死者不可能在如此小的空间通过助跑达到足够快的速度和足够大的冲击力撞碎窗户玻璃，而且死者身材并不太高大，这就更不可能。

6. 法医鉴定报告表明，死者尸体具有在半昏迷状态下被从高处抛出的特征，与主动撞碎窗户玻璃跳楼死亡的尸体特征不符。

7. “贴身保护”死者的美国中情局特工罗伯特·拉什布洛克不断更改对死者如何从房间到达窗外这一过程的描述。当天，酒店夜班经理在事发后立即觉察事有蹊跷：

> 拉什布洛克身穿内衣坐在卫生间，警察想问他一些问题，但他回答说，“我就听到有东西碎了”，于是我到房间各处看了看，根本没人跳出窗户。警察打开窗户向外张望，应该也没有人冲出窗帘向外跳，他的话完全说不通。

8. 事发之后，这位特工并没有立即报警或联系酒店工作人员，而是拨打了他的上级、美国中情局科学家哈罗德·艾布拉姆森博士的电话（他就是此前向奥尔森注射麻醉剂的人），为他接通电话的酒店接线员听到他只说了一句话：

> 他死了。

9. 奥尔森此前曾受到军事情报处的审讯，被中情局视为一个安全隐患。

10. 在奥尔森死亡的九天前，他被注射了LSD麻醉剂，这是一种公认的“招供药剂”，他在麻醉状态下接受过审讯，并被施以秘密审讯手段——名为“朝鲜蓟”的大脑控制技术，奥尔森本人是这个技术的研发者之一。

11. 在奥尔森死亡之前不久，美国中情局向其特工散发了《暗杀手册》(手册内容于 1997 年解密)，其中详细描述了杀害奥尔森的手法，这是最常用的暗杀手法之一。

12. 在以色列摩萨德（以色列情报及特殊使命局）暗杀小组的培训中，奥尔森案件被列为完美暗杀的案例。

在那个特殊的历史时期，法兰克·奥尔森案件就像一颗原子弹爆炸一样引起轰动。……在监督和问责缺失的情况下，暴力和愚蠢层出不穷，主宰着那个时代。

如果我告诉你美国中情局曾对一个法国村庄所有村民注射了LSD麻醉剂，你会吃惊吗？如果我告诉你大量曼哈顿居民、军人、囚犯以及被锁在医院的精神病患者都在毫不知情的情况下成了LSD麻醉剂的试验品，你吃惊吗？如果我告诉你美国政府在工厂工人身上试验炭疽病菌，并在朝鲜投下炭疽病毒炸弹，你会吃惊吗？如果我告诉你现名为“非常规引渡”据点的美国中情局秘密监狱仍然大量使用20世纪50年代的手段，你吃惊吗？这些是你在未来短时间内不可能从课本中得知的，但这些却都是事实。法兰克·奥尔森曾试图以人道主义的名义阻止美国的不耻行径，却最终为此付出了生命的代价。

法兰克·奥尔森是一名极具天赋的化学家，曾就职美国中央情报局，担任中情局位于马里兰州弗德里克郡德特里克堡的最高机密特别行动部特殊行动组的代理负责人。生化武器研究、大脑控制LSD麻醉剂研究、终极审讯以及暗杀技巧研究都属于这个特别行动组的工作范畴。奥尔森是精神药物和炭疽病毒和其他生物病毒武器研究领域的专家，在中情局拥有最高安全级别。

代号为“朝鲜蓟”的特殊行动“涉及研发特殊、极端的审讯方法”。

罗伯特·拉什布洛克是负责日夜保护奥尔森的中情局特工。

朝鲜蓟行动相关历史事实

• 第二次世界大战

纳粹德国瓦解之后，同盟国发起了包括回纹针行动、灰箱行动在内的全面行动。同盟国认为，与中俄敌对已成定局，有些将领认为同盟军应从柏林到莫斯科继续一路前行，阻止东欧国家加入共产主义阵营，但其他将领则认为，军队在亚洲进行陆战不可能取胜（此乃明智之举，美国在后来与越南、老挝和柬埔寨的战争中忽略了这一点）。

因此，各国展开了一场对纳粹遗留科技成果的争夺战，为即将爆发的冷战提供准备。

● 回纹针行动

回纹针行动挽救了曾效力纳粹的科学家。这是一次对科学家进行挽救的特殊行动——这些科学家在西方世界看来，是对即将爆发的冷战具有价值的。我们采访了多名纳粹科学家，包括曾在达豪集中营等纳粹集中营进行人体试验、筛选具有潜在价值的研究成果的科学家，其中之一就是臭名昭著的库尔特·布洛梅。他们在纽伦堡审判中未被定罪（关于他的罪证确凿，毫无疑问他应被判以纳粹战犯罪），美国几乎是将他们从绞刑架上“救”了下来，目的就是让他们为美国科研项目效力。

● 朝鲜蓟行动

朝鲜蓟行动是在纳粹瓦解前所取得的科研成果基础上进行的，库尔特·布洛梅是该行动成员之一。当时担任中情局特殊行动组代理负责人法兰克·奥尔森管理这一项目的运行。朝鲜蓟行动主要研究大脑控制技术和终极审讯技术，这些研究经常导致被中情局称为“牺牲品”（囚犯、双面间谍嫌疑人）的死亡。奥尔森目睹了这些无耻行为，深感不安。朝鲜蓟行动包括各种各样的实验，涉及催眠、严刑拷打、注射 LSD 麻醉剂、致幻剂以及其他招供药剂，这些实验旨在通过大脑控制将人体置于可被控制的状态，从而发明“满洲候选人”（被编程杀手），或者在审讯过程中使受审对象变得意志薄弱、完全顺从，最后将其变为植物人甚至导致其死亡。

• 对朝鲜的细菌战

日期为1951年9月21日的美国参谋长联席会议指挥中心最高机密命令1837/26，明确批准对炭疽病菌武器进行“战地实验”，有证据表明，这次实验的对象为朝鲜平民，有目击证人证实确有此事。

• 法兰克 · 奥尔森谋杀案

奥尔森对自己秘密参与的工作开始越来越感到毛骨悚然，并公开质疑美国中情局的秘密行动的性质。奥尔森不仅提到终极审讯手段，还经常提及美国在朝鲜战争中使用了携带炭疽病毒的生化武器。许多亲历朝鲜战场、亲眼目睹这些生化武器的战俘最初承认美国使用过生化武器，但后来对此否认，他们显然被施以朝鲜蓟行动发明的审讯技术。

> 一位与奥尔森私交甚好的同事诺曼 · 康诺耶尔说，奥尔森曾对他说，在朝鲜蓟行动中，他在欧洲亲眼看到审讯中的严刑拷打，这让他对中情局的工作产生了极大的反感和厌恶，因此他打算离开。据康诺耶尔回忆，奥尔森坚信美国在朝鲜战争中使用了携带炭疽病毒的生化武器，尽管美国一直矢口否认。在YouTube网站上有一部名为《代号朝鲜蓟》的影片，讲述了这些秘密行动的相关事件。

奥尔森的朋友、家人和同事都表示奥尔森是一个正派的人，但这份工作令他感觉抬不起头，这种羞耻感将他逼向死角，他对自己的所见所闻越来越愤怒。

他被中情局视为一名危险分子，他曾负责研究发明的麻醉剂和其他药剂最后被用在了他自己身上。后来，他向中情局提出辞职，但没过多久，他被再次注射药物，并在遭到暴力袭击之后被扔出十三楼的窗户。

朝鲜蓟行动发明的各种手段并没有消失，相反，在关塔那摩监狱、阿布格莱布监狱以及最为人所知的中情局“非常规引渡”秘密监狱中，这些手段仍被使用。2007 年，美国政府在何塞·帕迪拉的恐怖袭击罪名成立之前对其使用上述审讯手段，将他变为“植物人”，这一行为遭到各界的强烈谴责。

导致法兰克·奥尔森死亡的事件

• 20 世纪 40 年代晚期

在美国马里兰州德特里克堡的秘密基地，一个大规模的细菌武器研究项目正在悄然进行，主要研究对象就是炭疽芽孢，这种物质被证明具有很强的抵抗力，十分适用于生化战争。

• 1949 年

身为美国中情局生化武器研究组的负责人，奥尔森接触过大量“国家机密”。在他担任朝鲜蓟行动（洗脑和大脑控制审讯技术以及药物、催眠、严刑拷打等手段）负责人期间，他亲眼目睹了大量人体实验致人死亡的事件，据他的朋友和家人回忆，这些经历在他心里留下不可磨灭的印记，他开始对这份工作的道德性产生了质疑。

• 1949 年 10 月

奥尔森思想自由、非常健谈，这在军事情报机关显然是危险的。他曾被怀疑泄露政府机密（该罪名从未被证实），并因此接受了军事情报处的审讯，此后奥尔森就被视为一个军事安全隐患。军事情报处的报告称：

奥尔森极力反对大脑控制的科学研究——无论是在军事领域或是其他方面，而且抗拒上级对他工作的监督管理。他不服从命令，与宪兵多次发生争执……

但奥尔森的同事、密友康诺耶尔则表示：

他是个非常直爽敢言的人，敢于毫不保留地说出自己的想法，他从来不会有所顾忌……我敢肯定，这才是他们担心的。

- **1950年4月**

奥尔森拿到了外交护照，这种护照对军队科学家来说十分罕见。从此他便经常前往欧洲，最常去的是德国。

- **1950—1953年**

在美国中情局位于德国的一处据点，奥尔森一遍又一遍目睹了惨不忍睹的审讯过程，那些被视为牺牲品的关押犯、可疑间谍在审讯中几乎都被折磨致死。中情局为了掌握洗脑和擦除记忆的方法，对这些“牺牲品”施以一系列催眠、药物注射以及严刑拷打等实验，以达到在犯人大脑无意识的状态下从其口中获取信息的目的。

- **1952年6月**

据其家人和同事的观察，奥尔森的行为变化很大，开始公开质疑和谴责美国中情局的工作。

- **1952—1953年**

美国中情局证明大剂量 LSD 麻醉药比酒精具有更好的“逼供”效果。他们对毫不知情的纽约格林威治村居民进行试验，命妓女将药物放入她们客人的酒中，这些人饮酒之后被审讯。

• 1953 年 8 月

奥尔森结束了德国之行回到美国。他在德国亲眼目睹审讯中犯人被严刑拷打、最后死亡，情绪非常激动。据其家人和朋友回忆，奥尔森似乎被逼到了死角，面对这一切，他感到无能为力。他曾告诉好友和同事诺曼·康诺耶尔他准备辞职：

> 他说，诺曼，他们使用的酷刑肯定会让你感到震惊，他们居然能让人开口说话！给人洗脑！他们用尽各种药物和各种残忍的手段！他说他要离开。他亲口说的，“我要离开这样的中情局，一切都结束了”。

奥尔森和康诺耶尔都知道这两件令人不安的事：

> 1. 美国在朝鲜战争中使用了炭疽菌生化武器。
>
> 2. 许多亲历朝鲜战争、亲眼目睹生化武器的战俘最初承认美国使用过生化武器，但后来都对此否认，他们显然被施以朝鲜蓟行动发明的终极审讯手段。

• 1953 年 11 月 19 日，星期四

奥尔森被注射了他自己曾负责研究的麻醉剂和其他药剂。在感恩节前的休息日，中情局“脏活部门”在一个隐蔽地点召集了十名科学家，向奥尔森被注射了大剂量麻醉剂，在他处于麻醉状态时对他进行了审讯。

• 1953 年 11 月 20 日，星期五晚

奥尔森忧心忡忡地回到家，告诉妻子他的工作出现了严重的问题，他犯了一个“可怕的错误”。

•1953年11月21—22日，星期六、星期日

整个周末，奥尔森都待在家中，沉默寡言。他的孩子们回忆，当时家里气氛阴郁沉重，他们清晰地记得父亲坐在沙发上，几个小时一动不动，若有所思地望着窗外。

•1953年11月23日，星期一

奥尔森向上司文森特·卢维特中校表示他“希望离开生化武器研究行业，希望从事其他工作”，他就此提出辞职，但卢维特中校拒绝接受辞职请求。

•1953年11月24日，星期二

奥尔森再次来到卢维特中校的办公室提出辞职，卢维特让他收回辞呈，并告诉他中情局将派他前往纽约接受治疗，以缓解工作带来的抑郁情绪。

•1953年11月27日，星期五

奥尔森被卢维特中校带到纽约，贴身保护奥尔森的中情局特工也随行来到纽约。奥尔森和这名特工住进了斯塔特勒酒店（如今名为半岛酒店）1018A房间（房间在酒店十三层，房间门牌号不包含最低的三层），此后一名中情局医生在这个房间为奥尔森注射了药物。

•1953年11月29日，星期日凌晨2：30

星期日凌晨，法兰克·奥尔森冲出窗帘、撞碎紧闭的玻璃窗、跳出窗外，落至第七大街的街道上。

•1953年11月29日，星期日凌晨2：30—2：35

酒店值班经理阿曼德·帕斯托跑出酒店查看死者的情况，死者最后在他怀中死亡。

• 1953 年 11 月 29 日，星期日凌晨 2：30—2：35

中情局特工罗伯特·拉什布洛克在酒店房间向哈罗德·艾布拉姆森博士打电话（此前向奥尔森注射了药物的人），在那个年代，拉什布洛克必须通过酒店接线员才能接通拨往长岛的电话，接线员听到了全部对话内容，他只说了一句话，

他死了。

对方也只回应了一句：

那太糟了。

之后双方便迅速挂断了电话。

• 1953 年 11 月 29 日，星期日凌晨 2：40—3：00

酒店经理阿曼德·帕斯托报了警，他确认了死者是从酒店十三层的 1018A 房间坠落，这个房间还住着另外一个人。警察随他来到 1018A 门口，打开房门，小心地拔出手枪，走进房间，发现另一位住客罗伯特·拉什布洛克正在卫生间，警察问道："刚才发生了什么？"拉什布洛克说："我不知道，我就听到有东西碎了，然后就看到奥尔森躺在街道上。"

• 1953 年 11 月 29 日，星期日

该案件被定性为自杀并迅速结案。

• 验尸之后——1975 年夏

洛克菲勒委员会的调查报告显示，美国中情局有在未得到当事人允许的情况下为美国公民注射 LSD 麻醉剂的行为。奥尔森的家人仔细阅读了这篇报告后，并受到启发，他们认为奥尔森就是报告中提到的受害

者之一。他们随后召开新闻发布会，要求对奥尔森死亡案重启调查。

• 验尸之后——1975 年夏

美国总统福特的特别顾问唐纳德·拉姆斯菲尔德和理查德·切尼私下建议总统就奥尔森案件寻求庭外和解。原因很简单，众所周知，中情局的确在奥尔森死前向其注射了 LSD 麻醉剂，一旦重启调查，许多国家安全机密就要被迫公开。因此，美国中情局与奥尔森家属达成庭外和解，并向其支付了 75 万美元。在拉姆斯菲尔德和切尼提出上述建议之后的第十天，福特总统邀请奥尔森全家前往白宫，代表美国政府向其致以歉意。最后，双方握手言和，合影留念。

• 验尸之后

曾长期担任美国中情局特工的艾克·费尔德曼调查了奥尔森的死亡：

> 纽约市警察局、缉毒局和中央情报局我都有线人，与不少中情局特工有紧密联系，他们都证实了一件事：奥尔森是被推出窗外的，不是自己跳出去的。
>
> 觉得他碍事的人觉得他说的太多了，许多内容涉及他所从事的工作，这些都是美国机密。如果你做的事涉及一个国家、城市或州政府的最高机密，而你又管不住嘴巴，向公众说出机密，那就只有一种结果：干掉你。

• 验尸之后，1994 年 6 月 2 日

在家属的坚持下，奥尔森的尸体被重新尸检，美国乔治·华盛顿大学法律中心法律和法医学教授、著名法医詹姆斯·斯达尔带领了由各个相关领域专家组成的小组进行了尸检，他们确定，1953 年的那份尸检报告被“人为篡改”，“在许多重要的方面严重失实”，死者身体到达窗外之前，头部有钝力外伤，形成严重血肿：

只有在死者死前失去语言能力和反抗能力的情况下，这些现象才能得到解释，所以他应该是被扔出窗户的。

最后，乔治·华盛顿大学教授詹姆斯·斯达尔得到了正式的鉴定结果：

他杀。

斯达尔教授在阅读了中情局《暗杀手册》中对暗杀手段的描述后表示：

《暗杀手册》几乎一字不差地描述了杀害奥尔森博士的手法，这是他们的标准暗杀手法。

罗伯特·拉什布洛克是奥尔森的24小时保镖。

阿曼德·帕斯托是酒店的夜班经理，他在事发时看到了许多细节，并立即将警察带进1018A房间，发现拉什布洛克特工坐在卫生间。帕斯托清楚地记得：

拉什布洛克身穿内衣坐在卫生间，警察想问他一些问题，但我听他回答说，“我就听到有东西碎了”，于是我到房间各处看了看，根本没人跳出窗户。警察打开窗户向外张望，也没人冲出遮光帘和窗帘向外跳，他的话完全说不通。

拉什布洛克的第一通电话并没有拨给酒店工作人员或者警

察局，而是拨到他的上司席特·戈特利布位于维吉尼亚州的家里汇报此事。然后，他通知了酒店工作人员，打电话给哈罗德·艾布拉姆森博士。

在那个年代，所有电话都需要人工接通，你将号码告诉接线员，由她接通，她会听听对话以确保电话已拨通。房间里的这个男人在电话里说："他死了。"电话另一头则说："那太糟了。"然后双方同时挂了电话。这太奇怪了，任何正常人都会感觉蹊跷，就像哈姆雷特说的那句话："丹麦王国里恐怕有些不可告人的坏事。"那天夜晚，酒店里恐怕发生了些不可告人的事。

由加利福尼亚大学历史学教授凯瑟琳·欧姆斯特德发现的历史文件可以证明，美国白宫参与了对法兰克·奥尔森案件真相的掩盖，因为这起案件涉及美国使用炭疽菌武器这个机密，切尼和拉姆斯菲尔德直接参与了掩盖奥尔森死亡相关信息的行动。欧姆斯特德博士还证实，奥尔森生前工作的一部分内容就是制造炭疽菌和其他生化武器。

当时，拉姆斯菲尔德担任白宫办公室主任，切尼担任白宫助理。

欧姆斯特德教授找到的一份文件文字如下，

奥尔森的工作性质极其敏感，我们无法提供相关证据。

在一份备忘录中，切尼声明：

奥尔森的律师将会详细了解奥尔森职业生涯的方方面面，包括与其死亡相关的部分。在每一个审判环节，我们以国家安全为由掩盖事实的行为都会显而易见，任何判决或者和解都会被认为是用金钱包庇中情局的行为。

许多人从点点滴滴的信息中看出，20 世纪 70 年代，掩盖奥尔森死亡真相的任务是由切尼和拉姆斯菲尔德完成的：

> 奥尔森在美国中情局的一次试验中被注射 LSD 麻醉剂，此后不久死亡。1975 年福特总统建立的洛克菲勒委员会对中情局在美国国内的行动展开调查，上述事实也随之公之于众。各界呼吁对此案展开进一步调查，但白宫备忘录显示，福特总统的顾问认为，进一步调查有可能泄露国家机密（其中应该包括美国在朝鲜使用生化武器的情况），于是调查被终止，整个事件被再次封存。这两名白宫顾问就是切尼和拉姆斯菲尔德，后来分别担任美国副总统和美国国防部长，至今他们从未因奥

1975 年，在福特总统在任期间，切尼和拉姆斯菲尔德同时实施“有限信息泄露”计划，负责与奥尔森家属的和解一事，安排了福特总统单独接见奥尔森全家，赔偿 75 万美元并当面致歉。有关美国在朝鲜战争中使用生化武器以及美国朝鲜蓟行动研究发明“先进”审讯手段的信息一直令政府头疼，切尼和拉姆斯菲尔德显然摆平了此事。奥尔森家属后来才得知，“对本案相关事实的再次掩盖其实是美国政府最高层的意思，其中包括白宫”。

尔森遇害一案接受过任何讯问。

下面是1997年解密的美国中情局《暗杀手册》的原文节选，这份手册在奥尔森死亡前不久编制而成并散发给外勤特工：

事 故

在暗杀行动中，无论是简单暗杀还是追杀，制造人为事故是最有效的方法，这不会引发骚动，而且很少被调查。

在简单暗杀中，最有效的事故是从75英尺或更高处跌落至坚硬平面。电梯升降机、楼梯井、无保护栏的窗户和桥上都是不错的选择。但如果暗杀对象从桥上跌落水中，这种方法就不可靠。在简单暗杀中，可选择一个合适的地点与暗杀对象秘密会面。向暗杀对象的踝关节突然发力、使其倒地，如果暗杀对象瞬间大喊，你可以扮演“惊恐的目击者”的角色，无须编造在场理由或快速撤离。对于追杀，一般需要对追杀对象实施麻醉，然后将其从高处抛下。在此过程中，需确保死者身上没有留下明显非高空坠落造成的伤害。

如果暗杀对象不会游泳，将其抛尸海中或湍急的河流中是一个可靠的方法。如果还能制造“试图救援”的假象，将更具可信度，既能确保暗杀对象死亡，又能制造合理的在场理由。

如果暗杀对象有饮酒习惯，可利用酒精辅助暗杀。

将暗杀对象从火车或地铁抛下也是可行的办法，但时间选择至关重要，而且事后极易引发关注。

负责对奥尔森尸体进行尸检的斯塔尔教授认为死者为他人谋杀：

> 1953年的证据，参与本案、与此案高度相关并极有可能对为本案负责的人员或特工的相关信息都遭到有计划有组织地彻底掩盖和篡改……科学性事实和调查性事实全都指向一个结论——这是一次有计划、有技巧、手段残忍的谋杀。

奥尔森的儿子艾瑞克·奥尔森是一个关于法兰克·奥尔森案件遗留问题的网站的负责人，几十年来，他对父亲死亡的方方面面做了细致的研究，对于本案非常具有发言权。坦白地说，没人能比他的话更具说服力：

> 对我来说，当我把点点滴滴的信息联系起来，我发现，将本案视为以国家安全之名进行的谋杀就不仅是一种可能性，更是一种必然。当你从事一种被认为不道德的工作，尤其是在纽伦堡审判之后，这种工作的道德性和合法性受到广泛质疑，现实形象与你理想中的道德高尚的国际形象极为不符时，谋杀等一系列手段便成为消除质疑、维护形象的一种必然选择。

第二章　亨利·马歇尔

1961年6月3日死亡，美国农业部督察员。

受害人：

亨利·马歇尔。

死亡原因：

身中五枪，射击工具为栓式步枪。

官方裁决：

“自杀”(由警长霍华德·史特高和地方法官李·法玛尔宣布，他们二人下令掩埋了尚未进行尸检的尸体)。

真实情况：

死者是美国农业部督察员，他发现大量证据证明比尔·索尔·埃斯蒂斯制造了一个庞大的金融骗局，其中涉及德克萨斯州政客林登·约翰逊。埃斯蒂斯后来证实，约翰逊雇用职业杀手麦克·华莱士杀害了马歇尔。

前后矛盾：

1. 最初裁决始终无法解释死者如何做到用一支栓式步枪对自己连开五枪。

2. 警方并未对步枪进行检查以获取指纹证据，案发现场死者尸体旁边有一辆皮卡货车，警方也从未对这辆货车进行检查以获取指纹。

3. 警方没有收集货车上的血迹证据，不仅如此，这些血迹在案发次日被迅速清洗干净。

4. 警方未对犯罪现场拍照取证。

5. 事后，陪审团要求挖出马歇尔的尸体进行尸检，结果表明，死者在死亡之前头部曾遭到重击，尸体内一氧化碳浓度达到 15%，据法医估计，死者死亡时这一浓度高达 30%。

很明显，第三十六任美国总统林登·约翰逊就是杀人犯，这会令很多人吃惊，但他的确就是一个杀人不眨眼的刽子手。亨利·马歇尔只是他命其走狗麦克·华莱士杀害的众人之一。

令人不可思议的是，虽然死者亨利·马歇尔显然不可能用一支栓式步枪对自己连开五枪，但官方依然认定死者为“自杀”，这一点引人深思。

林登·约翰逊是美国史上最冷酷无情的政客之一，他通往白宫的道路可以说是用无数人命和肮脏伎俩铺成的。在他杀害的众人当中，最引人注意的就是农业部督察员亨利·马歇尔——是他发现了林登·约翰逊与一起规模庞大的金融丑闻之间的关系。

时任美国农业部督察员的亨利·马歇尔在大量文件中发现疑点，最终查明并揭开了一个惊天秘密——比尔·索尔·埃斯蒂斯从联邦政府获得了数百万美元的棉花农业补贴，但事实上，这些棉花作物根本不存在。而这些资金是林登·约翰逊政治资金的主要组成部分。

需要说明的是，在决定杀害马歇尔之前，林登·约翰逊的确考虑过其他掩盖方法。随着马歇尔一点一点接近这个金融诈骗计划的核心部分，约翰逊试图在农业部为马歇尔提供一个诱人的升职机会，但马歇尔认为这是贿赂行为，因此拒绝接受，继续为起诉这起腐败案件做准备。他拒绝约翰逊的“好意”，就等于在自己的死亡判决书上签了字。

比尔·索尔·埃斯蒂斯后来证实，1961 年 1 月 17 日，他与林登·约翰逊及其密友克里夫·卡特尔和艾德·克拉克有过一次会面，四人讨论了如何应付马歇尔这个家伙。据说，林登·约翰逊当时做出决定：“看来我们只能干掉他了。”他们还决定将这个任务交给约翰逊的私人杀手麦克·华莱士。

1961 年 6 月 3 日，马歇尔的尸体在其农场的一个偏僻角落被发现，身旁停着他的皮卡货车。

在 1962 年初，马歇尔死后几个月，比尔·索尔·埃斯蒂斯被美国联邦调查局逮捕，因诈骗和同谋罪受到正式指控。听到埃斯蒂斯被逮捕的消息，罗伯森县陪审团下令对马歇尔尸体进行尸检，结果显示，死者在死亡之前头部遭到重击，中枪前体内一氧化碳浓度极高，“自杀”的结论被推翻。

即使是道德品质广受质疑的美国联邦调查局局长 J·埃德加·胡佛，也对此案裁决中“自杀”的可能性深表怀疑：

> 我无法理解，一个人怎么可能对自己连开五枪。

参议员约翰·麦克莱伦后来表示：

> 用不着多少推理就可以证明，没人能把枪放在那样一个别扭的位置实施自杀，之后又对自己连开四枪。

第三章　乔治・克鲁提雷克

?

1962年4月4日死亡，会计师。

受害人：

乔治·克鲁提雷克。

死亡原因：

一氧化碳中毒。

官方裁决：

自杀。

真实情况：

克鲁提雷克在林登·约翰逊参与、比尔·索尔·埃斯蒂斯操纵的金融骗局中担任会计。埃斯蒂斯后来证实，约翰逊亲自命令其杀手麦克·华莱士杀害克鲁提雷克。

前后矛盾：

克鲁提雷克头部的淤伤证明，死者在吸入一氧化碳之前，因头部遭受重击而陷入昏迷。使用一氧化碳是杀手麦克·华莱士的惯用手法。

与亨利·马歇尔一样，乔治·克鲁提雷克的死和比尔·索尔·埃斯蒂斯与林登·约翰逊共同制造的金融骗局直接相关。

克鲁提雷克是比尔·索尔·埃斯蒂斯的会计师，掌握着这个庞大金融骗局的第一手资料，他知道埃斯蒂斯利用根本不存在的棉花作物骗取政府补贴，损害纳税人利益，还用这些根本不存在的棉花作为抵押获取了大量贷款，这些贷款都没有得到偿还。

1962 年 4 月 3 日，克鲁提雷克接受了美国联邦调查局的审问，次日，他便被发现死于一氧化碳中毒。一天之后，联邦法庭陪审团以 50 比 7 的投票结果判定比尔·索尔·埃斯蒂斯欺诈及同谋罪名成立。与埃斯蒂斯同时被捕的还有三人，其中两人死亡而且死因可疑。

林登·约翰逊是个为了达到目的不择手段的人，他的政治生涯充斥着赤裸裸的腐败堕落。约翰逊曾以微弱劣势在德克萨斯州参议员选举中落败。选举结束六天后，一个叫作爱丽丝的小镇突然冒出 203 张额外选票，而且这些选票完全违背了概率论，其中竟有 202 张选票都投给了约翰逊。于是，林登·约翰逊以 87 票的明显优势获胜，从此，他也被戏称为“一边倒林登”。

> 德克萨斯州爱丽丝镇的选举法官承认曾参与操纵投票结果。

但这并没能阻止林登·约翰逊以腐败作为垫脚石，从德克萨斯大步迈向美国参议院。出生于德克萨斯的美国中情局侦探约翰·斯托克维尔说，在德克萨斯无人不知无人不晓的是：

> 林登·约翰逊就是个彻头彻尾腐败的家伙，与黑道同流合

污，不惜杀人灭口达到政治目的。

林登·约翰逊的德克萨斯州政治团伙的腐化堕落程度之深、范围之广，从杀手麦克·华莱士的审判中就可见一斑。华莱士被判一级谋杀罪名成立，陪审团中 11 人赞成对其判处死刑，12 人赞成判处终身监禁。但令人不可思议的是，法官拒绝采纳陪审团的决定，最终判处华莱士五年监禁并推迟执行，于是，华莱士被当庭释放。当时“德克萨斯司法”已成为腐败司法系统的代名词，此案成了德克萨斯州司法腐败的典型案例。

林登·约翰逊作为美国公民，也应接受法庭审讯，这种想法没错。如果真有这么一天，会是什么情景呢？1984 年 8 月 9 日，比尔·索尔·埃斯蒂斯的律师道格拉斯·卡迪联系了美国联邦检察官办公室，表示其委托人比尔·索尔·埃斯蒂斯掌握大量第一手证据可证明林登·约翰逊曾下令谋杀多人，并表示愿意出庭作证。被杀害名单如下：

亨利·马歇尔

乔治·克鲁提雷克

哈罗德·奥尔

科尔曼·韦德

约瑟法·约翰逊

约翰·金赛

约翰·肯尼迪总统

美国司法部发出的声明称，“埃斯蒂斯愿意证明上述受害者都是林登·约翰逊下令杀害的，他通过克里夫·卡特尔向杀手麦克·华莱士下达暗杀命令”。

更令人匪夷所思的是另一个惊人的事实。在肯尼迪总统遇刺案中，达拉斯的狙击手射击位根本没有被判谋杀罪名成立的李·哈维·奥斯瓦尔德的指纹，但一位专家却发现了与另一个人匹配的指纹，匹配程度完全满足法定的匹配条件。如果你脑子里这个人的名字是麦克·华莱士，那么恭喜你答对了。

第四章 玛丽莲·梦露

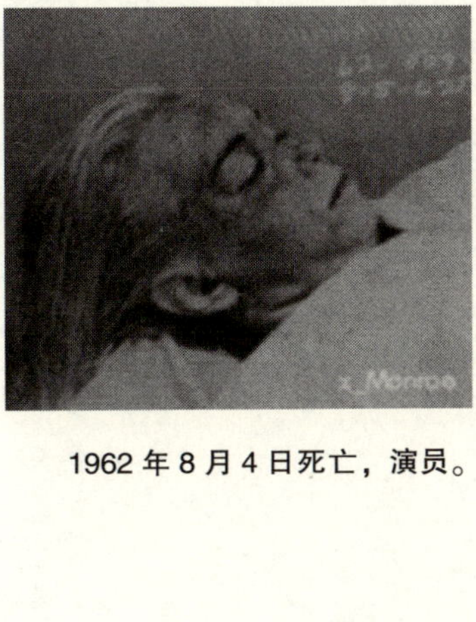

1962年8月4日死亡，演员。

受害人：

玛丽莲·梦露。

死亡原因：

急性巴比妥酸盐中毒。

官方裁决：

自杀——自我注射镇静剂过量（对于此结论，副验尸官在报告中标注为“可能”）。

真实情况：

玛丽莲·梦露与肯尼迪总统之间有私情，也与肯尼迪总统的弟弟、司法部长罗伯特·肯尼迪有亲密关系。有一次，玛丽莲·梦露在与肯尼迪总统同在床上时，梦露还给按摩师拨电话，请他在电话上指导自己帮助肯尼迪缓解背部疼痛。地方检察院医学和法律部负责人获准听取了玛丽莲·梦露心理治疗时的对话录音，内容显示，玛丽莲先与肯尼迪总统发生婚外情，之后与司法部长罗伯特·肯尼迪交往。“这几乎可以从她谈及肯尼迪总统的话语中得到确定，她对罗伯特·肯尼迪的描述也非常详细具体。”事实上，玛丽莲·梦露与肯尼迪兄弟的关系在娱乐圈人尽皆知，在警界也是个公开的秘密，洛杉矶警长汤姆·瑞丁曾表示：“在警察局里，与和我同级的人对此无人不知，肯尼迪与梦露的关系，准确地说是肯尼迪兄弟与梦露的关系已基本被大家所接受。”玛丽莲对待这两段关系都是认真的，并非儿戏。在此之前，她曾被曝出与有黑道背景的法兰克·辛纳特拉有交往，与芝加哥黑手党老大山姆·加恩卡纳、芝加哥黑道老大约翰·罗塞里及其他黑手党头目交往甚密。一位作家曾用“行为轻浮”来描述玛丽莲的这段历史。不过，真正引起美国情报机关注意的是她与弗雷德里克·菲尔德等苏联特务的交往。她的电话遭到窃听，家中被安装了监听器，实施监听的不仅有美国政府，还有犯罪集团。她死后，她的住所被彻底消毒，所有窃听器和其他监控设备被迅速拆除。直到她死亡超过六小时后，才有人报警。

前后矛盾：

1. 虽然死者服用了大量耐波他（一种药性很强的巴比妥酸盐）和水合氯醛（俗称“蒙汗药”），剂量之大足以杀死一头大象，但让人感到蹊跷的是，死者肠胃里并没有任何上述药剂的痕迹。利用电脑分析技术将所有与本案相关的药剂学资料进行综合分析，结果表明，要使体内药剂达到上述剂量，玛丽莲必须服用77至88颗药丸（包括60至70片耐波他和17至18粒水合氯醛）。人死亡后，消化系统会立即停止工作，如果死者口服大量药品，未被消化的药物残余以及折射晶体（这是所有药物的有效成分之一）会遗留在胃部，一般在口服过量药物的情况下，胃部都会存在折射晶体残留。但是，玛丽莲·梦露的体内并不存在上述物质，用偏光显微镜都找不到。

法医托马斯·野口说：

> 我在她的胃部和小肠部位没有发现任何可以证明死者口服药物的证据，一丁点残留物都没有，也没有折射晶体。

2. 法医在她体内没发现折射晶体，这就表明她不可能口服过药物。验尸报告表明：

> 用偏光显微镜检测胃部切片，没有发现任何折射晶体。

纽约州萨福克郡首席法医官西德尼·B·温伯格表示：

如果她口服了巴比妥酸盐，胃里不可能没留下药物残渣。这是典型的谋杀，自杀的可能性微乎其微，意外死亡更不可能。

3. 法医不仅在她血液里发现了大量耐波他和水合氯醛，在她的肝脏里也发现了耐波他。据两位毒理学专家称，她肝脏里的耐波他含量达到血液里的2.88倍（我们无法确定肝脏里含有多少水合氯醛，因为她的肝脏丢失，无法进行检验。野口博士曾要求对死者各个脏器进行毒理学检验，从而确定药物是如何进入死者体内的，但他得到的回应竟然是这些脏器已不翼而飞！），这个剂量足以杀死一头大象。但令人费解的是，虽然血液和肝脏都有大量药物，但她胃里却没有发现丝毫药物的痕迹。

4. 据野口博士表示，死者胃部几乎是空的。她在生前最后一天没有进食，也没有摄入酒精，这不禁让人怀疑，她可能被注射了含有上述镇定药物的灌肠剂。法医在对尸体进行了全面仔细的检查，没有发现针眼或针刺伤痕迹，所以药物不可能是通过针管注射进入体内的。洛杉矶地方法院医学法律部负责人约翰·麦纳也参加了尸检，他同意药物通过灌肠剂进入体内这个结论：

我和野口都认为这就是致命剂量的药物进入她身体的方式。

托马斯·野口是业内远近闻名的专家，他认为玛丽莲被谋杀的可能性极大，要求重启调查。野口博士：“她背部和臀部都有淤伤，关于这些淤伤目前找不到合理的解释，这说明死者生前可能遭受过暴力袭击。”

被问到她是否被谋杀时，他说：“有可能。”

5. 死者尸体被发现时是面部朝下的，但她背部以及四肢后方都有尸斑，这说明尸体在死后四小时内（尸斑形成的时间）曾被翻转至背部朝下，而且这段时间并不短（因为尸斑颜色很重），之后又被重新翻转至面部朝下的姿势。尸斑是不会说谎的，它只可能在死亡后四小时之内形成，之后不再变化，这一点确定无疑。

6. 死者尸体存在发绀现象（呈现青紫色），从医学角度分析，这说明死者死亡的过程非常短暂。在死亡之前不久，有人与她通过电话，她当时听上去很正常，这和尸体发绀现象相吻合，都说明死亡是突然之间发生的，这与她口服镇定药自杀的说法存在矛盾。

7. 最早出现在案发现场的警官——洛杉矶警察局警官杰克·克莱蒙斯认为，现场被清理和重新布置过，梦露是被谋杀的。据他称，洛杉矶警察局竭力掩盖此案，他还对官方裁决表示了公开质疑：

> 这是我所见过的人为布置痕迹最明显的案发现场。

法医专家西德尼·B·温伯格说：

> 如果人体因口服过量药物而死亡，在其濒临死亡时身体会出现反流，口服的物质会被吐出，留在枕头套或其他垫着头部的物品上。

8. 她的死亡时间与报警时间之间存在六个小时的空白期，凶手很可能利用这段时间清理并布置了死亡现场。警官克莱蒙斯抵达时，现场出奇的干净，当时是凌晨4：45，佣人却已经在洗第三筐衣服了。

9. 玛丽莲是娱乐圈知名人物，但她没有留下自杀遗书。

10. 目击者称，她在生前最后一天的白天和晚上都“精神状态良好”，就在死亡发生前，她还打过电话，与她通话的证人表示“她听上去很正常”。玛丽莲对未来有清晰的计划，并对此非常兴奋。一名洛杉矶警察局警员听了她与心理医生的谈话录音后认为，“这个女人绝不可能会自杀，她对以后制定了详细的计划，她完全知道自己想做什么”。

11. 玛丽莲用来保存重要个人文件的柜子此前一直紧锁，但在她死亡当晚，柜子被撬开。

12. 她的床上最初有一张潦草地写着一个白宫电话号码的纸条，但这张纸条后来“不翼而飞”。

13. 野口博士曾要求对玛丽莲的脏器进行检验，但一直没有获得允许。有一天，当他再次提出这一要求时，得到的答复竟是这些脏器“找不到了”。地方副检察长说：

> 在洛杉矶尸检办公室的历史上，从未发生过尸体器官突然消失的事情。

一名尸检时在场的护理人员表示：

> 尸检是在验尸官科菲（当时担任野口博士的上司）的监督下进行的，无法想象尸体脏器居然会丢失，这简直不可能。

14. 据称，尸检报告原件也不知去向。

15. 警察局的报告原件也不见踪影，唐纳德·沃尔夫说：“有人会问，这份对玛丽莲·梦露之死至关重要的文件到底哪去了？”

马里恩·菲利普斯中尉可以告诉我们：

1962年，帕克警长将文件上交给华盛顿的人审阅，这是我们最后一次听到关于这份文件的消息。

16. 她的官方医疗报告据说也不知去向。

17. 玛丽莲死亡之前一段时期的通话录音带显然被联邦调查局获取，之后“消失”。

18. 美国司法部和黑社会都在玛丽莲的住所以及彼得·劳福德位于圣塔莫尼卡海边的别墅（玛丽莲和肯尼迪幽会地点之一）安装了窃听设备，但案发后，所有窃听录音带“不翼而飞”。

杰克·克莱蒙斯警官担任洛杉矶警察局西区分局的指挥官，他接到玛丽莲·梦露医生的电话，得知她死了，于是在工作日志上记下了当时的时间：星期六晚，4：25，准确地说是星期天凌晨，然后他告诉医生自己马上就到。

在路上，他用对讲机呼叫了其他警察，随后驶入玛丽莲·梦露位于布伦特伍德的住宅。停车时，他留意到还有几辆车停着，他是第一个到达现场的警察。

他敲了门，等待片刻，听到屋内有人走动，隐约传出窃窃私语的声音，整整一分钟后，门廊的灯亮了。女管家打开门，克莱蒙斯走进房间，跟随女管家来到玛丽莲的卧室，看到她的尸体躺在床上，身体部分被床单盖着，只有头部露出。玛丽莲的医生恩格尔伯格在床边的椅子上坐着，心理医生拉夫·格林森站在床边。

两人不假思索地认定玛丽莲是自杀，他们指着床头柜上耐波他的空瓶子说，“她吃了整整一瓶”。克莱蒙斯在两位医生的注视下掀起床单，首先让他感到奇怪的是尸体上有明显的淤伤，一根电话线压在身体下面。而且，尸体笔直，可以说是“军姿”的状态（面朝下，双臂在两侧，双腿伸直）。据克莱蒙斯以往的经验，服用过量药物死亡的尸体不该如此，而是会因为身体无意识的抽搐而呈现扭曲的状态，死亡现场也不会这么干净，因为死者在经历死亡的极大痛苦时会出现呕吐现象，没有完全消化的药物会被吐出来。

克莱蒙斯立刻询问两位医生尸体是否被挪动过，他们回答没有。他接着问道，他们是否曾试图救她，格林森医生直截了当地说没有，解释称时间来不及了。克莱蒙斯感觉，在这种情境下，两位医生的态度有些蹊跷，他们极力自我开脱，不愿提供更多信息，这不符合医生一贯的做法。克兰蒙斯认为他们完全“失态”，尤其是格林森医生：

> 他态度傲慢，就好像他认为我要怪罪于他，对我充满敌意，我不停地问我自己：“这个家伙到底是怎么回事？”他的表现在当时的情境下就是说不通。

克莱蒙斯想和女管家谈谈，于是走到了洗衣间。他发现管家尤尼斯·穆雷正在叠衣服，身旁烘干机还在工作，他感到纳闷，当时还不到凌晨5点，她的主人刚刚死亡，尸体还躺在卧室里，她为什么要在那个时间洗衣服？此外，他敲门之后很长时间这个管家才打开门，神情紧张，焦虑不安。

尤尼斯·穆雷紧张地叠着衣服，克莱蒙斯问她是何时发现有不对劲的事发生，尤尼斯说她半夜起床去卫生间时发现玛丽莲房间的灯还亮着，门缝下透着灯光。她去敲门，但里面没有声音。她想打开房门，但门被反锁了，于是她打电话给格林森医生，医生于0：30赶到。她说，格林森医生到达后，也尝试打开玛丽莲的房门，但里面依然没有反应。所以格林森医生走到屋外，从卧室的窗户中看到玛丽莲趴在床上一动不动。他破窗而入，然后从里面打开房门说：“她死了。”

克莱蒙斯无法理解的是，尸体是在0：30被发现的，为什么直到凌晨4：25才有人报警，四个小时可不是一段很短的时间。另外，女管家对整个事件的叙述似乎太过精确，好像提前演练过一样，这让克莱蒙斯更加怀疑事有蹊跷。

他接着询问管家她整晚都在做什么，她回答说，她觉得有很多事需要做，家里会来很多人，她就找人修了那扇被撞碎玻璃的窗户。

“还有呢？”

她回答说她收拾了自己在玛丽莲家里的东西，整理到一个筐里。

克莱蒙斯觉得这些回答存在很多漏洞。他随后回到医生那里，问了他们同样的问题。

据他们解释，没有立即报警原因是他们首先需要给玛丽莲的工作室打电话得到许可。

“许可？”

他们说这就是娱乐圈的规矩，任何事情都必须提前和经纪人打招呼。

“那么在那段时间里你们都做了什么？”

“我们就在聊天。”

“四个小时，你们都聊了什么？”

他们只是耸了耸肩膀，低语了几句，没有给出明确的答案。

克莱蒙斯明白，医生有权保守职业秘密，没有义务回答他的问题。但他也清楚，他们二人的态度实在奇怪，很多行为不合情理。

之后，他向这两名医生指出了一点，现场虽然有一个空药瓶，但屋里没有水杯或其他盛放液体的容器，死者没水服药。这一点很有说服力，两位医生顿时哑口无言，随即“帮助”克莱蒙斯在屋里寻找水杯，但最终没有找到。

寻找水杯的过程却让他们发现另外一个事实——玛丽莲浴室的供水是被切断的，那么水从何来更加无法解释。

克莱蒙斯向医生问到，玛丽莲是否有注射药物的习惯，两人都表示她喜欢口服。

紧接着，克莱蒙斯又从头问了一遍：“尸体是如何被发现的？”

格林森医生重新描述了事发过程，女管家打电话给他，后来撞碎窗户的玻璃进入卧室，发现玛丽莲趴在床上，当时已经死亡，一手紧握着电话，但他把电话拿开了，他说玛丽莲一定是在打电话求救。

这种说法让克莱蒙斯感到吃惊。死者的管家就在楼下，距她不过几英尺的距离，她为何要打电话求救？

克莱蒙斯结束了对现场目击证人的询问，明显感觉他们说的并非事实。

警察最初赶到的时候，那些排列整齐的药瓶旁边为什么没有水杯？后来为什么又出现了一个水杯？警方可以证实，第一个警察到达现场时，屋里绝对没有水杯。

我们现在知道，死者在报警之前就已死亡，死亡超过六小时后才有人报警。当警方搬动尸体时，法医根据尸体的僵硬程度判断，死亡时间在晚上 21：30 至 23：30 之间。他们为什么要等上六个多小时才报警？这六个小时里究竟发生了什么？

警察到达现场的时间是刚过凌晨 4：30，当时管家正在洗衣服，在这个时间洗衣服是不是很奇怪？类似的反常行为数不胜数，太多细节难以解释。警察被告知玛丽莲将自己反锁在卧室里，但这明显不是事实。

除了医生和管家的证词可疑之外，还有许多证据表明，玛丽莲·梦露的死亡是一出“导演的自杀”。

- 强行入室的迹象：

一个经常被忽视的事实是，玛丽莲卧室房间的窗户（没有安装防盗护栏）遭到暴力损坏。犯罪现场调查中的一个规律是——破损坏的窗户往往与自杀不相符，因为窗户被损坏，尤其是尸体所在房间的窗户被损坏，清楚地表明了凶手强行入室的可能性。现场证人对事情发生过程的叙述中之所以存在破窗而入这个环节，是因为被损坏的窗户需要一个解释，于是格林森医生编造（或别人告诉他）了一个故事，现在我们知道，这是谎话。

格林森医生说玛丽莲的卧室房门是反锁的，这明显是谎话，管家后来承认，她的主人几乎从来不锁房门，在生前最后一晚也没锁。不过，房门反锁的说法为格林森医生破窗而入的行为提供了合理的解释。玛丽莲死亡当天的白天和晚上，窗户是完好无损的，因为玛丽莲的管家尤尼斯没有找人修过窗户，如果窗户损坏过，她是不会让这个全球瞩目的巨星在窗户破损、毫无保护的房间里休息的。而且，尤尼斯是心理医生指派照顾玛丽莲起居的人，她勤劳细心，十分负责（的确，虽然当时是凌晨，但她得知窗户被损坏后立即联系她的女婿过来修理）。由此可以推断，窗户被损坏的时间与玛丽莲的死亡时间间隔不长。

玛丽莲用来保存重要个人文件的柜子放在客厅，当晚这个柜子也被撬开。

• 挣扎迹象：

死者身上有多处淤伤，其中背部左下方的淤伤面积很大。法医表示，大面积淤伤是明显的“暴力迹象”，应对此展开调查。她四肢后部也有淤伤，而且据法医报告显示，“死者结肠处有明显充血和淡紫色斑点”，地方法官办公室医学法律事务负责人认为，这些淤伤是证明玛丽莲死亡为他杀的确凿证据。

• 死者没有获取药物的途径：

玛丽莲曾在两位医生的共同帮助下成功“戒掉”了耐波他，对这种药物的依赖已明显降低，她能获得药物的数量也降低了。玛丽莲死亡前五周内的所有处方可以充分说明这一点，她最后一次有可能获得耐波他的日期是 1962 年 8 月 3 日，医生开了 25 片。但是，她体内剂量比她能够获得的剂量高出数倍。

其他事实也证明她没有获取药物的途径。在她生前最后一天，心理医生曾对她进行过长达两小时的心理治疗，之后，心理医生打电话给玛丽莲的私人医生，问他能否为玛丽莲开一些安眠药，因为那天她心力疲惫，但医生没有答应。心理医生离开玛丽莲住所时，基本确认玛丽莲已恢复平静，没有大碍，但为了保险起见，他嘱咐管家（负责看护玛丽莲，直接向心理医生报告）当晚住在玛丽莲家里，留意她的情况。

那天晚上，玛丽莲在电话里告诉格林森医生一些好消息，同时问他是否拿走了她家里的耐波他，格林森医生回答没有。这件事让格林森确定了一点，玛丽莲没有任何途径获取耐波他。当晚21：00到21：30之间，玛丽莲给一位朋友打了电话，她说自己失眠，问朋友能不能为她送来一些安眠药（这位朋友没有答应）。几分钟之后，玛丽莲就死了。

- 死亡方式：

药物进入玛丽莲身体的唯一的途径是通过肛门（法医已排除其他所有可能性）。她身上的淤伤，尤其是结肠部位的淤青，都表明了他杀的可能性。地方法官办公室医学法律事务负责人表示："我和野口博士解剖尸体时看到了大面积的乙状结肠及大肠下端有充血，呈现淡紫色，这很反常。我见过很多巴比妥酸盐中毒的尸体，但从来没见过这种现象。"

- 迅速死亡的迹象：

迅速死亡是谋杀的迹象之一，服用过量药物导致的死亡与此不同。在服药自杀的案例中，死者会慢慢死亡，由于身体竭力排出有毒物质，死亡的同时伴随呕吐和肌肉抽搐的现象。但在玛丽莲的死亡现场没有这些迹象，相反，尸体呈笔直状，也没有任何呕吐物。

玛丽莲的朋友们都知道，她吞咽药物很困难，平时吃一片药都会令她呕吐，所以，她吞服大量药片却没有呕吐的说法是不合理的。

尸体发绀（四肢呈现青紫色），结肠部位有粪便。

发绀是指皮肤、牙龈、手指或黏膜因血液迅速缺氧而呈现青紫色。通常，血液迅速缺氧是由外力导致的创伤引起的，例如勒颈、窒息、淹溺。心脏病发作或血栓也会造成尸体发绀，因为在这些情况下，身体供氧也会瞬间被切断。

在服药过量的案例中，发绀现象表明大量药品以很快的速度进入死者体内，注射大量海洛因的尸体可能出现发绀现象。

玛丽莲没有心脏病、严重血栓、氰化物中毒、严重的肺部疾病、肺栓塞等可能造成尸体发绀现象的疾病，她也没有会导致呼吸系统瞬间停止工作的创伤，如果有，法医早就说明了。由此推断，她的尸体上的发绀现象是由大量药物快速进入体内造成的。

死者结肠内有粪便，这也说明她是快速死亡。如果她在大量药物通过肛门进入体内时处于清醒状态，她的身体会极力清空肠部以排出有毒物质。

法医自然注意到了快速死亡这一点，野口博士说：

> 没人能解释为什么玛丽莲在电话里还在“开怀大笑”、仅30分钟后就死了。

• 死者未留下自杀遗书：

玛丽莲是个极具戏剧性的人，如果她真的计划自杀，不可能不留下遗书。

• 死者并不处于抑郁状态：

玛丽莲生前最后几天的对话以及最后几通电话的内容都表明，她当时并不处于自杀前的心理状态。就在她最后一次走进卧室、关上房门之前，玛丽莲一直心情愉悦、侃侃而谈，管家甚至感觉家里气氛愉悦。

• 尸体被挪动过的迹象：

有一点是确定无疑的：尸斑绝不会说谎。尸斑（死者死后因血液沉淀而造成的蓝紫色印记）只可能在死亡后四小时内形成的，也就是说在死亡之后的最初四个小时内——也只可能在这段时间内，尸体移动造成的痕迹不可能消失，尸斑可以帮助我们精确地了解尸体在这四个小时里被如何移动过。案发当天凌晨 6：00 之前，警方人员没有搬动过尸体（警方搬动尸体的时间距死者死亡时间超过八小时，不可能形成尸斑），可以确定，尸斑不可能是在警方搬动尸体时造成的。死者额头、颈部和胸部上侧都有“一级”尸斑（印记色深明显），背部有“二级”尸斑，身体前方还存在“三级”尸斑（色浅不明显），由此推断，尸体被移动过两次。玛丽莲死亡时头部朝下，额头上有非常明显的尸斑，这说明她正面朝下，有可能是头部悬在床边，之后，尸体被移动过两次。我们可以通过尸斑精确地判断尸体被移动的时间和方式，晚上 22：00 到次日凌晨 2：00 之间，玛丽莲的尸体从她死亡时面部朝下的姿势被移动为背部朝下，尸体以这种姿势保持了不仅仅是几分钟“快速清理现场”的时间，而是相当长的一段时间。之后，尸体又被移动至面部朝下的姿势，这也是警察到达现场时看到的尸体姿势。这些并不是某人的“个人观点”，而是建立在清晰事实基础上的科学分析，无可置疑。

• 死亡现场经过布置的迹象：

第一位到达现场的警察是一位经验丰富的警长，他直截了当地说：

> 这是我所见过的人为布置痕迹最明显的死亡现场。

这是一个非常重要的警示。所有在场证人都对警察的问题极为回避，他们编造的故事存在大量漏洞，尸体有明显被移动过的痕迹，而且可以肯定，房间消过毒。令人生疑的不是一星半点，所有的一切都非常可疑。

• 在场证人没有立即报警：

玛丽莲身边的人员和管家在得知她死讯后没有立即报警，超过六个小时之后才通知警方，这六个小时的空白期完全无法解释，在场证人对此给出的理由毫无说服力。在这段时间里，有一名专业人员曾去过玛丽莲的住所，拆除了窃听装置，清理了一切敏感物质（与肯尼迪总统和罗伯特·肯尼迪有关的东西），现场显然被“消过毒”。早晨5：00警察到达现场时，管家已经在洗第三筐衣服了。

可疑信号

联邦调查局学院调查支持部负责人曾说：经过布置的现场总会遗留“可疑信号”。

罪犯布置现场时经常会犯错。他们试图将现场布置成他们认为合理的样子，但在这个过程中，罪犯一方面承受着巨大的心理压力，另一方面，他们没有足够的时间将方方面面都安排得符合逻辑，因此，被布置过的现场与法医的解剖结果以及事件“整体”之间的矛盾就会一一浮现，这些矛盾点可以被视为现场被布置过的“可疑信号”，能够帮助我们走出误区。

杰克·克莱蒙斯，洛杉矶警察局警长，是第一个到达玛丽莲死亡现场的警察。作为一名在谋杀和药物中毒调查方面经验丰富的警察，他知道在犯罪现场应该留意什么、询问什么。一走进现场，克莱蒙斯就注意到一些不合情理的细节。

1. 当他到达玛丽莲住所门口并表明身份后，屋里的人没有立即开门，门口传来窃窃私语的声音。一般在类似的情况下，警察到达后，屋内的人会迫不及待地开门。据克莱蒙斯说，他敲门之后“足足一分钟”，门才打开。

2. 当时屋里人并不多，但停车道上却停了很多辆车。

3. 克莱蒙斯询问两位医生是否尝试抢救玛丽莲，他们回答没有，对此只简单地解释了一句，“已经太晚了”。

4. 尸体显然被移动过。尸体被一个床单盖着，呈现完全笔直的状态，面部朝下趴在枕头上，头部稍向一侧倾斜，双臂向外翻。

5. 尸体有多处淤伤。

6. 克莱蒙斯问在场两位医生尸体是否被移动过，他们回答没有，但这两人似乎对这个问题非常抗拒。

7. 相对于因药物过量而中毒的尸体来说，玛丽莲的尸体过于整洁。在药物过量的情况下，身体会出现不自觉的痉挛和呕吐，因此尸体会呈现扭曲状态，死亡现场会很凌乱。但玛丽莲的尸体笔直地趴在床上，就像被人放在床上的。克莱蒙斯的结论是：

> 这是我见过的人为布置痕迹最明显的死亡现场，连床边的空药瓶都摆放得很整齐，尸体姿势似乎是人为摆放的，看上去过于整齐有序。

8. 床上铺的是干净的亚麻布，床单好像刚换过。据克莱蒙斯观察，整个现场被清理过。

9. 玛丽莲的心理医生格林森说，她手里紧握电话听筒，显然是在临死之前打电话求救，这令克莱蒙斯感到纳闷，如果她需要帮助，管家就在几英尺之外的客厅，她完全可以求助管家。她手握电话试图求救的说法（医生的描述）和其他许多细节一样，肯定是事先准备好的。

10. 医生说玛丽莲是服用镇静剂自杀，认为床头柜上的空药瓶就是证据。但克莱蒙斯很快意识到，屋里没有水，也没有其他液体，她用什么吞服镇静剂呢？克莱蒙斯指出这一点后，两位医生顿时哑口无言，并和克莱蒙斯一起寻找水杯，他们不但没有找到水杯，还发现因为玛丽莲家正在进行装修改造，她卧室卫生间的供水已被切断（所以，卫生间根本没有水）。

克莱蒙斯确信，他到达现场时屋里没有任何可以用来盛放液体的杯子或瓶子，但警察后来拍照取证时，房间里却出现了一个空杯子，他可以确定，他最初达到房间时没有这个杯子。

11. 克莱蒙斯问管家尤尼斯何时察觉有异常发生，管家回答说，她在半夜起床去卫生间时，发现玛丽莲的卧室灯还亮着，房门反锁。

在他们最初的描述中，在场证人（包括两名医生）都说玛丽莲的死亡时间在0：30前不久（这是他们声称发现玛丽莲尸体的时间）。法医可以通过尸体僵硬程度准确判断死亡时段，尸体僵硬（肌肉变僵硬）的过程始于死后三至四个小时，十二小时后完全僵硬。葬殡师盖·霍克特是在早晨5：40到达玛丽莲住所的，他根据尸体僵硬程度确定死者死亡的时间是晚上

21：30至23：30。这个时间与玛丽莲经纪人得知她死讯的时间吻合，玛丽莲应该是在晚上22：00之前就已死亡，因为22：00刚过的时候，正在欣赏一场音乐会的首席经纪人亚瑟·雅各布斯收到信息："雅各布斯先生，请立刻赶过来，玛丽莲·梦露死了。"

12. 在最初的时间描述中（三名在场者后来同时更改了笔录），女管家和两名医生说玛丽莲将自己反锁在房间里，所以，格林森医生不得不走出屋外，砸破窗户进入房间。但是，克莱蒙斯留意到，如果他是从外面砸碎玻璃的，那么玻璃碎片应该在屋内，不应该在屋外，但克莱蒙斯却在窗外发现了大量玻璃碎片。

13. 凌晨4：30，玛丽莲的尸体还在卧室，她的管家却在洗衣服。洗衣机和烘干机工作着，佣人心神不宁地叠衣服。很多衣服已经洗好了，可见她已经忙碌了好几个小时：

整整一筐已经洗完了，另一筐衣服正在清洗中，还有一筐亚麻布床单已经洗完叠好放在台子上。

14. 佣人的证词听上去一气呵成，就好像背诵了一段事先排练过的台词。

15. 现场证人说尸体是在晚上0：30发现的，但直到4：25才有人报警，这一点非常可疑。对于这四个小时中究竟发生过什么，他们给出的解释模棱两可，毫无说服力。最后，克莱蒙斯警官直接问："你们在那四个小时里做了什么？"他们说："在聊天。""四个小时？你们都聊了什么？"他们摇了摇头，没有给出明确的答案。

如上文所述，玛丽莲的实际死亡时间应该在晚上22：00之前，那么死者死亡时间和报案时间之间的实际间隔至少达到六个半小时。

16. 现场证人的表现为何如此古怪？对于克莱蒙斯的询问，他们有时回避，有时极为抗拒。通常在这样的死亡现场，警察不用多问，医生一般都会主动提供信息，但本案中的这两名医生似乎一直极力回避，不愿提供信息，其中一名医生情绪低落、沉默寡言，另一名则对克莱蒙斯莫名其妙地抗拒，甚至有些傲慢："他似乎认为我在怪罪他，对我十分抗拒。我当时一直在想：'这个家伙到底怎么回事？'在那种情况下，他的表现让人无法理解。"

17. 警察局调查小组于凌晨5：30左右到达现场，他们对现场证人重录了口供，整个过程是在罗伯特·布莱恩警官和洛杉矶警察局西局侦探组负责人格罗夫·阿姆斯特朗中尉的带领和监督下进行的，他们二人与克莱蒙斯一样，也对现场产生怀疑。就管家的表现，布莱恩的结论是：

我感觉别人教过她说什么，一切都是事先排练过的。

至于两位医生的表现，布莱恩警官说：

我就觉得他们描述的时间和事情经过不合理。

18. 克莱蒙斯警官在有生之年从未放弃对本案的调查，他的结论是：

我当时就感觉两名医生和管家都在撒谎，现在我可以确定，他们一定搬动过尸体，后来还编造了房门反锁的故事。但法官不愿听我的，我一直说死亡现场是被重新布置过的，但他们说那只是我的想象。

克莱蒙斯警官一直坚信玛丽莲的死亡是他杀，事件的真相被掩盖了。

掩盖真相的痕迹

联邦调查局特工迅速获取了玛丽莲的电话录音，行动指令来自华盛顿最高层。

玛丽莲的管家最终承认，在玛丽莲死亡当天，美国司法部长罗伯特·肯尼迪去过她家，玛丽莲死后，试图保护罗伯特·肯尼迪的人为了防止此事对他的政治生涯产生不利影响，便展开了一系列掩盖行动，包括在玛丽莲死亡之后几个小时内获取了她的电话录音、清理了所有窃听设备等。

警方的档案资料至今没有公开，也没有对玛丽莲死亡一案展开深入调查。

现场关键证人从未正式作证。案发后，现场证人之一（管家）立即获准前往欧洲并长住那里，她对案发经过的描述根本不合理。另一名证人，彼得·劳福德没时间向警方作证，直到1973年，也就是案发11年之后，他才最终发表了一份声明。

1985年，联邦法庭陪审团领事建议对本案展开调查，并要求指派一名特别检察官。但在他就此事召开新闻发布会之时，高等法院法官就宣布这位领事被替换。

自杀预防小组（该小组从玛丽莲的家人朋友处收集了关于她精神状态的信息）的记录至今没有公布。

按法律规定，医患保密协议在患者死亡后终止，但玛丽莲的精神治疗记录以及治疗过程中的对话录音从未公开过，而众所周知，这些资料是存在的。

尽管玛丽莲家里装有窃听设备（分别由联邦调查局和黑手党安装），但这些窃听录音带从未被公布过。

一些电视节目如《未破解的历史》，试图做到不偏不倚、客观公正，但显然，这个节目有一个先入为主的错误前提——玛丽莲是自杀的，这个前提本身就扭曲了事实。节目所持的观点是，从玛丽莲卧室非常凌乱、房间里没有摆放任何照片或纪念物可以看出，她处于极度抑郁状态，预谋自杀已有多时。但真实情况是，玛丽莲正在重新装修房屋，计划最后装修自己的卧室，这就是房屋凌乱的原因。这档节目的确提到了药物通过灌肠剂注入体内的可能性，但对此进行的分析非常片面，它只强调了老式、袋装、通过软管输液进入体内的灌肠剂，并称使用这种灌肠剂的种种问题，却忽视了简单的灯泡型注射式灌肠剂，这很可能就是向玛丽莲注射的灌肠剂。不仅如此，节目还忽视了尸体肝脏的药物含量，也因此低估了体内药物的总量，否定了两位毒理学专家的尸检报告，没有考虑身体对药物的吸收能力，只是简单地假定玛丽莲对药物的抗药性与从未服用过耐波他的人相同（事实上，玛丽莲的身体对这种药物具有极强的抗药性）。

案发后的掩盖的确产生了作用，死亡现场的可疑信号都被一一消除，很容易使人产生误解：

被损坏的卧室窗户已经修好，凶手强行入室的可疑信号被消除；

尸体上严重的淤青未被仔细查看，但这很有可能是死亡之前死者挣扎过的证据；

玛丽莲的私人文件柜被撬开，这与自杀现场不符，后来这一点被遮掩过去。

• 受害人与犯罪分子关系亲密：

芝加哥黑手党在玛丽莲的生活中扮演了重要的角色，在生前最后的日子里，她与芝加哥犯罪团伙头目山姆·加恩卡纳（美国 1962 年最有影响力的匪徒）以及好莱坞在芝加哥的头号人物约翰·罗塞里交往甚密。

• 犯罪集团具有明显的犯罪动机：

犯罪集团显然具有杀害玛丽莲的犯罪动机，美国司法部长罗伯特·肯尼迪是犯罪集团的死对头，所以他们希望借玛丽莲遇害一事摧毁他的政治生涯。众所周知，罗伯特·肯尼迪在玛丽莲死亡当天去过她的住所，而且两人之间有私情。但在 1962 年的美国，这还无法被大众普遍接受。

首先，最重要的证据来自死者的尸体。本案中，尸体本身提供了大量信息和证据。星期日上午 10：30 左右，担任副验尸官的托马斯·野口博士在洛杉矶停尸所对玛丽莲的尸体进行了检查。地方副检察长约翰·麦纳也在尸检现场，他是洛杉矶地方检察院医学法律部的负责人，是医学法律领域的权威。多年来，麦纳除了担任洛杉矶地方检察院副检察长之外，还于 1963 年联合创办了南加利福尼亚精神病学、法律学和行为学研究所。

整个尸检是在验尸官希欧多尔·科菲的监督下进行的。有人注意到，科菲通常事务繁忙，很少亲自参与尸检，这是他第一次出现在尸检现场，更是破天荒的第一次亲自监督了整个尸检过程。

野口和麦纳仔细分析了现场证人的证词：玛丽莲死于一间反锁的房间；在场的医生认为她吞服过量镇静剂死亡；他们两人还特意亲自检查了药瓶。有一点值得注意，验尸官证实，他们从未使用胃泵清除死者胃部的物质。

验尸官首先在玛丽莲的尸体上寻找针眼，他们最初得到的消息是，死者死于药物过量，因此怀疑针管注射是药物进入身体的途径。对尸体进行了全面细致的检查，甚至使用偏光放大镜寻找，但最终结论非常明确：玛丽莲身上没有任何针眼。曾有作家在文章中指出，针眼可以迅速消失，这是个有趣的角度。不过，玛丽莲体内药量巨大，无论在身体任何部位注射如此大的剂量，都会留下明显的痕迹。野口博士还特别提到，注射大量巴比妥酸盐会在身体注射位置产生肿大现象，由于玛丽莲的死亡过程极其短暂，而针眼愈合和消肿的过程在身体死亡时立即停止，因此这些痕迹都会显而易见。

第一次进行尸检时，验尸官就注意到玛丽莲的四肢后方有多处小面积淤青，并在验尸官办公室的登记表中做了相关记录，但科菲最终出具的正式验尸报告却不包含这些记录……不过，有一处淤青由于面积很大，很难被忽视：这是一块面积很大、颜色很深的淤青，从尸体背部左下方一直延伸到臀部左侧，野口博士后来表示，这个可以被确认为“暴力迹象”。他对官方出具的最终尸检报告存在质疑，认为“尸体的淤青在报告中没有得到充足的解释”，这些淤青应该被视为“暴力迹象”进一步调查。

死亡当天，玛丽莲没有饮酒，在她体内没有发现任何酒精物质，不过她血液中的药物含量巨大得足以杀死一头大象。这个说法毫不夸张，她体内的药量达到人体致命剂量的十五倍。但体内检查让人震惊：她胃部几乎空无一物，没有丝毫口服药物的痕迹。耐波他是一种外部由一层厚厚的黄色物质包裹的药物，如果正如玛丽莲的医生所述，她口服了大量耐波他药片（以及大量水合氯醛胶囊），那么胃部应该存在一些黄色物质，尤其是死者胃部没有其他物质的情况下，这些黄色物质应该更加明显……但事实上，胃里没有任何黄色物质，根本没有药物。

野口博士表示，他们“在死者胃部或小肠部位没有发现任何药物存在的证据”，毒理学检验结果证实，玛丽莲的确死于体内过量的巴比妥酸盐（耐波他的有效成分）和水合氯醛，这两种成分大量存在于她的血液中。

水合氯醛俗称“蒙汗药”，具有强大的麻醉效果，人体服用后会迅速昏迷，有时也被称为“迷奸药”。电视或电影中经常出现使用这种药物的画面：一个人将药倒入一杯水中，喝下这杯水的人立刻昏迷。用这种药杀人对黑手党来说极其常见，20世纪60年代尤为如此：

> 在去年发生的多起黑社会杀人事件中，凶手都使用了这种麻醉剂，这是黑手党的首选杀人药物。

由于疑点重重，野口博士再次查阅了毒理学检验报告，但报告内容非常有限，不包含对野口提交的肾脏、胃部、尿液以及肠部样本的检验结果。而这些检验结果可以确定巴比妥酸盐是以何方式进入死者体内的。

野口曾要求查阅对上述样本的检验结果，但他得到的答复让这位资深的验尸官都无法理解：没有检验结果，他提交的样本已经全部“消失不见了”。

地方检察院副检察长约翰·麦纳对尸体脏器“样本消失”的说法也大吃一惊：

> 在洛杉矶验尸所的历史上，从没发生过器官样本消失的事情。

当时，重新提取检验样本已经为时过晚。

不过，法医学研究确认，如果玛丽莲的确死于口服药物，那毫无疑问，尸检结果会完全不同。

> 法医学术研究表明，历史上从未发生过人体服用药物过量导致血液中巴比妥酸盐和水合氯醛浓度过高的死亡事件。人体肯定会在血液中的巴比妥酸盐和水合氯醛达到极高浓度之前就已死亡。梦露应该在她体内巴比妥酸盐总量的35%被消化道吸收并进入血液之前就已死亡，此时心脏不再跳动，血液停止流动，身体各项机能停止工作，剩余的65%的巴比妥酸盐不可能在消化道被完全吸收、不留痕迹。

麦纳证实，如果药物是被玛丽莲口服的，消化系统中一定会有药物残留。

> 如果口服大量药物，体内一定会存在没有消化的胶囊物质，她肯定会在这些物质尚未被完全吸收之前就已死亡。

所以，口服的可能性可以排除。麦纳也确定：

口服巴比妥酸盐的说法在科学上不成立，不可能是事实。

还需要注意的是，玛丽莲体内发现水合氯醛的剂量很大（至少17粒），耐波他在与其他药物同时服用时，较小的剂量就能致命。

此外，死者服下如此大量的药品不可能出于意外，更不可能是医生一时疏忽开错药方。总之，由于药量过大，绝不可能是意外。

值得注意的是，在成千上万巴比妥酸盐中毒身亡的案例中，任何一个死者在服用超过12粒胶囊后体内都会留下残留物质；玛丽莲血液中药物浓度很高，肝脏药物浓度更高，高于血液中浓度的2.88倍；死者血液中巴比妥酸盐含量高达4.5%，水合氯醛浓度高达8%，但胃部和肠部却没有任何折射晶体或者浓缩物，这种情况过去从未发生过；在法医学历史记载中，没有出现过口服药物过量导致血液中巴比妥酸盐和水合氯醛浓度过高的死亡案例，原因很简单，在体内药物达到极高的浓度之前，服用者就已死亡；如果药物是被玛丽莲口服进入体内的，只要巴比妥酸盐总量的三分之一被血液吸收，她就会死亡；消化反应在人体死亡时停止，其余未被消化的三分之二巴比妥酸盐应该存在于胃部和消化道，但事实却并非如此，因此死者口服药物是不可能的；巴比妥酸盐会降低消化反应的速度，消化系统中耐波他的含量越高，胃部对其消化的速度就会越慢，残留在胃部和消化道的未被消化药物应该更多；简而言之，正如作家唐纳德·沃尔夫综合各方面证据后得出的结论一样：

利用现代法医技术得到的最终结论是——这是个谋杀案。

一项大范围调查的结果显示：

野口博士接受*Omni*杂志采访时表示，玛丽莲肝部的药量达到血液中药量的三至四倍，这个发现本该引起警惕。肝脏的药物浓度如此惊人，这不可能是自杀。

医学研究还可以确认一点，肝脏会分解血液中存在的部分耐波他，因此，不能简单地用肝部的药物含量与其他部位药物含量相加的方法来计算体内药物总量。托尼·普朗特是一名出色的医学研究人员，多年来坚持对玛丽莲死亡案例进行研究，鉴于肝脏里存在的药物，他提醒我们：

肝脏的药物浓度是个重要的信息，但我们不能据此确定她体内的耐波他含量，这只能说明耐波他不是通过针管注射或静脉输液的方式进入体内的，否则她会在肝脏开始分解血液中的耐波他之前就已经死亡。肝脏不会储存耐波他，只会将其分解为其他物质，而且耐波他是一种会附着于脂肪组织的物质，肝脏将其分解为其他物质需要一定的时间。因此，我们不能通过肝脏里的药物浓度来判断她体内的药物总量。但我们可以据此推断出一点，玛丽莲对耐波他具有很强的抗药性，她的身体能够快速处理耐波他。她的体重以及她血液中耐波他的浓度才是最重要的。

这段表述说明，普朗特的研究是精确和谨慎的，接下来看看他的观点：

- 尸斑

前面已经说过，尸斑不会说谎。玛丽莲身上的尸斑表明，在报警之前，她的尸体被移动过两次。

• 结肠异常——暴力迹象

验尸官发现，结肠部位颜色异常，尸体左臀部位有淤青，副验尸官认为这块淤青是明显的“暴力迹象”。

调查背景

与其他名人不同的是，有关玛丽莲之死的文章与书籍数量众多、五花八门。其中作家唐纳德·沃尔夫得出的结论比较极端，他认为玛丽莲的死亡是肯尼迪政府以国家安全为由实施的一次暗杀；而另一个极端观点来自备受尊敬的传记作家唐纳德·斯波特，他认为罗伯特·肯尼迪和肯尼迪总统与玛丽莲这个女人没有任何关系。真相大概就在这两个极端之间的某处。

遗憾的是，研究本案的人自行划分为两个“阵营”：肯尼迪支持派和反对派，有关玛丽莲的文学作品也根据这一标准本划分为两大类。如果要来一场辩论，划分派别是个好办法，但我们的目的是探索真相，这样的划分毫无意义。

《The DD Group：玛丽莲·梦露之死的在线调查》对有关玛丽莲生前及其死亡的作品进行了详尽的研究，作者大卫·马歇尔的研究态度值得称赞：任何有关玛丽莲的作品都值得一读，即使和我们观点相反，因为作品可能包含了对我们意义重大的信息。不能因为一个作品的结论错误就否定它包含的资料信息的价值，有时，最有价值的信息总是最不为人知的。

阅读了大量作品之后，我们发现，最有价值的证据往往是最不为人所知的。我们在此强烈推荐托尼·普朗特撰写的《玛丽莲·梦露是如何死亡的?》，文章对玛丽莲死亡过程中发生的化学反应做了全面的科学分析，这是我们可以拿到手的非常权威资料。普朗特多年来坚持对本案的医学研究，长期与药理学家、医生、验尸官一同对相关历史资料进行综合详细的讨论。他的研究结果不是概括性的，而是高度精确具体的。

托尼·普朗特发现的关键性结果包括：

- 电脑分析结果表明，要达到玛丽莲体内的药量，她必须服用77至88颗药丸：其中包括60至70片耐波他，17至18粒水合氯醛。

- 药品记录显示，玛丽莲最多只可能获得25片耐波他，没有获取其他药品的途径。

- 她体内没有发现任何折射晶体，胃部只有20毫升液体，证明她没有口服药物。水合氯醛会降低耐波他“离开”胃部的速度，更准确地说，它会降低耐波他的吸收速度和肝脏分解耐波他的速度，这表明，如果她是用口服的方式，胃部留下残余物质的可能性更大。

- 她体内的大剂量药物不可能是她过去使用药物积累的结果。

- 她不可能“意外”服下大量药品，因为要想达到她体内的药量水平，玛丽莲须摄取的药量是对此药毫无抗药性的人所需服用量的两倍（因为玛丽莲具有很强抗药性）。

- 如果她口服药品，那么她应该在药品被彻底消化之前就已死亡，因此，体内一定会有未经消化的药物晶体成分。法医没有发现这种物质，说明药品不是通过口服方式进入体内的。

药品不可能是死者口服的，因为（她身边没有可以用于帮助吞咽药物的液体）她在所有药物被消化之前就已经死亡，死亡时心脏停止跳动，消化系统停止工作，未被消化的药物残留在肠胃，但事实上，玛丽莲肠胃里没有药物残留物！

她体内药量如此巨大，在所有药物全部消化并在肠胃中完全消失之前，她早就死了。换句话说，她的消化系统中应该存在未被消化的胶囊以及药品晶体。没有发现这些物质，说明导致玛丽莲死亡的药品并不是她口服的。

如果药物通过口服方式进入身体，那么：

• 在她的胃部位没有发现药片上的黄色物质，这种情况有可能发生，但可能性极小；

• 在她的肠胃部位没有发现任何胶囊残留物，这一点完全无法解释；

• 她的肠胃部位没有任何折射晶体，如果药物是口服进入体内的，这一点也无法解释；

• 从科学角度分析，药物绝不可能以口服方式进入身体的，肯定是通过其他途径，例如通过肛门或注射。

玛丽莲体内的药量远远超过人体致命剂量。如果考虑到她对药物极强的抗药性，那么这个剂量会更大，达到77～88颗，任何人都不可能通过口服、针管注射或静脉注射的方式摄入如此巨量药品（针管注射和静脉注射这两种方式会在身体上留下明显的淤青痕迹，尸检时可以检查到），据此判断，药物应该是通过肛门进入身体的：

导致玛丽莲死亡的药品并非通过口服方式进入体内，她根本不可能获取如此大量耐波他，而且药量巨大也决定了口服或注射方式的不可能性，因此只可能是灌肠注射或者静脉注射（静脉注射需要一定时间才能完成，并会在身体上留下痕迹）。

有人怀疑，死者体内存在大量耐波他有可能是医务人员一时疏忽造成的。在1962年那个年代，液态耐波他最大的包装为50毫升装，可能有人误将50毫升当成5毫升装注射给死者。

但即使如此，玛丽莲体内仍有大量耐波他的来源无法解释。50毫升的液态耐波他相当于37.5格令，即25片1.5格令的耐波他药片。但玛丽莲血液里的耐波他含量超过这个剂量的两倍，甚至接近三倍（通过医学手段可以证明，这相当于60~70片耐波他）。即使做进一步大胆假设，玛丽莲还服下了医生开给她但后来消失不见的那25片耐波他，总量依然远远不足（而且消化道内没有发现折射晶体，所以药品不可能是口服入内）。总而言之，托尼·普朗特的结论是：

> 计算结果表明，她的血液里耐波他的含量超过50毫升，因此，她一定是被蓄意谋杀的。

非自杀性心态

从玛丽莲最后一天的生活状态来看，她显然没有计划自杀，后文你会看到的她最后一天的时间表，清晰地描绘了玛丽莲当天的精神状态。

重建犯罪现场时，使用倒推的方式非常有效，即以最后发生的事实作为起点依次向前推进。在玛丽莲案中，我们可以将案发后对真相的掩盖行为作为时间起点。无论出于什么目的，大量证据已经表明，真相的确被掩盖了，故事被篡改了，为了保护白宫的声誉，任何有关玛丽莲与肯尼迪总统以及司法部长罗伯特·肯尼迪之间私情的证据都被“处理了”。

但是，请不要忘了，掩盖真相的人不一定是罪犯，掩盖犯罪真相的理由五花八门，但大多都举着“国家安全”这面旗子，白宫名誉受损就涉及国家安全。

肯尼迪兄弟两人显然没有对情人杀人灭口的前科。他们二人的人生历程都有详细的记载，他们从未使用谋杀手段达到控制危机局面的目的。而且两人贵为美国总统和司法部长，完全有能力通过更有效的手段进行危机控制，种种迹象也表明，他们二人的确使用过其他手段并且取得成效。玛丽莲死亡之后，所有与玛丽莲和肯尼迪总统间私情相关的证据全部迅速消失。

据媒体称，1962 年 8 月 3 日，星期五的下午，罗伯特·肯尼迪带着妻子和四个孩子来到旧金山，前往距离旧金山国际机场大约 50 英里的吉尔罗伊市贝茨家族农场拜访友人。

但洛杉矶警方却有一个惊人的发现：8 月 4 日星期六，这位司法部长在洛杉矶。

不难想象，如果你是美国司法部长，你想掩盖什么就能掩盖什么，整个司法部包括联邦调查局都听你调遣。

萨默斯发现的其他证据表明，梦露死后，罗伯特·肯尼迪立即说服 J·埃德加·胡佛帮他销毁一切证据，包括所有可能暴露他与梦娜私情的电话记录，以免丑闻败露。萨默斯说，洛杉矶警察局侦探组负责人萨德·布朗知道这段私情，他当时还留意到报纸上刊登了一则传闻，称洛杉矶警察局局长威廉姆·H·帕克为了巴结肯尼迪兄弟，把罗伯特·肯尼迪的名字从梦露死亡案件的调查中抹掉。萨默斯还怀疑该警察局警员向肯尼迪雇用的私家侦探提供了帮助，帮他掩盖了肯尼迪和梦露的关系。1975 年，洛杉矶警察局对梦露案重新展开调查，达瑞尔·盖茨监督了调查过程，但他拒绝公开调查材料。

其他许多部门也被迫参与了对案件真相的掩盖，许多证据在调查人员尚未发现之时就已销声匿迹，底层的调查机构面对来自政府高层“保护国家安全”的要求，不得不做出妥协。

萨默斯发现，已经去世的地方检察院调查员弗兰克·霍乃科当年所做的调查报告已不见踪影。1988年11月5日，美国福克斯电视播出的*The Reporters*节目中，前任代理检察长约翰·麦纳表示，他自己所做的调查报告也消失不见了。

在掩盖行为中，都有某人或某些人认为需要被掩盖的事实。本案中，需要被掩盖的显然就是玛丽莲与肯尼迪总统及罗伯特·肯尼迪之间的私情，其目的也可能是阻止有人故意公开这一事实的行为。据称，玛丽莲的电话是被窃听的，这并未经过司法部批准，很可能是犯罪团伙所为，他们通过窃听电话获取玛丽莲与肯尼迪兄弟两人中某人的私情的证据，以此敲诈白宫，或损坏白宫声誉。

如果萨默斯的结论是正确的，那么在当地警察和检察官调查玛丽莲死亡案的同时，联邦调查局可能正在销毁有关玛丽莲与肯尼迪私情的证据。胡佛下令展开了一系列阻止肯尼迪丑闻败露的行动，地方官员肯定对此知情，很难想象洛杉矶警察局局长帕克会对联邦调查局在他的地盘上搜集证据、销毁证据的行为一无所知。这段私情多年来未被曝光，说明洛杉矶警察局和地方检察院默许甚至参与了胡佛的行动。

简而言之，玛丽莲显然（无可否认地）与美国总统有婚外私情，之后又与司法部长之间存在亲密关系，这两段关系都不能见光。此外，司法部长在玛丽莲死亡时间前后曾出现在死亡现场，前后联系起来，就会有许多真相需要掩盖。不过，肯尼迪兄弟懂得如何采取强硬手段，即使是面对那些不好对付的黑社会分子。

时间表

美国联邦调查局局长胡佛提醒肯尼迪总统和司法部长罗伯特·肯尼迪，可能有人会利用总统的“风流韵事”勒索政府（1962 年 2 月），不久，罗伯特·肯尼迪断绝了与玛丽莲的交往。可以确定，玛丽莲与罗伯特·肯尼迪之间的确存在过恋爱关系，但这段关系在某个时间被中断（很可能就是在 8 月 4 日当天）。

还可以确定，玛丽莲的住所被“铁丝网保护”，电话线被接了分线，并安装了窃听器。司法部对她的电话装过窃听设备，犯罪集团通过吉米·霍法（罗伯特·肯尼迪的死敌）在她的住所安装了电子监控器，还对彼得·劳福德位于圣塔莫尼卡的海边别墅安装了监控设备。正如胡佛所警告的，犯罪集团的目的可能就是“搞臭”肯尼迪兄弟（两兄弟经常来这座别墅）。劳福德（肯尼迪兄弟的姐夫，两兄弟在好莱坞的保护人）其实对自己的电话被窃听是知情的，所以当他需要和总统讲话时，他会使用投币式公用电话（白宫接线员接到过长期指令，劳福德的电话会被直接转入总统办公室）。联邦调查局对玛丽莲在墨西哥城度假期间的活动做过调查，结果表明玛丽莲在当地的一位朋友是位高权重的共产主义者，这引起了联邦调查局的担心。

1962 年 8 月 4 日，星期六。

● 8：00

女管家尤尼斯·穆雷到达了玛丽莲位于布伦特伍德第五海伦娜道 12305 号的住所，这是临近好莱坞的高级郊区住宅区。尤尼斯经常过来看看玛丽莲（她也会请自己的女婿过来做一些较为简单的修缮工作）。此刻，玛丽莲仍在卧室，留宿的客人帕特·纽科姆正在客房休息。

● 9：00

玛丽莲来到厨房，尤尼斯递给她一杯西柚汁，两人开始聊天。玛丽莲说她的经纪人（也是朋友）帕特·纽科姆的支气管炎发作，所以留宿在家里（帕特原本打算去医院检查，但玛丽莲劝她先住在自己家里过夜，好好休息、晒晒太阳，不用去医院就能好转）。玛丽莲告诉尤尼斯，帕特得了重感冒，先让她好好睡觉，下午在泳池边晒太阳“逼逼寒气”。

● 9：30—10：00

玛丽莲在家里约见了《花花公子》杂志的拉里·席勒，两人谈了拍照及封面报道的相关安排。据席勒称，玛丽莲“看上去气色很好，神闲气定”。虽然那天是星期六，她依然安排得满满当当，除了和《花花公子》杂志见面，她还安排了效力于大名鼎鼎的让·路易斯的设计师见面，与知名演员兼舞者金·凯利讨论电影《我爱路易莎》项目计划（影片拍成后改名为《傻女十八变》），为接下来的纽约之行制订计划，她将在纽约与作曲家琼·斯泰恩见面，商讨为玛丽莲制作《布鲁克林的树》音乐版，与 20 世纪福克斯公司管理层会面讨论继续拍摄电影《濒于崩溃》的相关事宜，此外，她还安排了与意大利电影制片人的会面，谈论一些未来有可能的电影项目。

● 10：00—11：50

玛丽莲订购的床头柜送货上门，玛丽莲开了张支票，签收了家具。

玛丽莲给朋友拉尔夫·罗伯茨打了个电话，两人谈及玛丽莲想为一位歌手提供事业上的帮助，她问拉尔夫能否找到一张此人尚未发行的唱片。两人还说起第二天（星期日）可能会在玛丽莲家里举办一次烤肉聚会，决定晚些时候再细谈。

玛丽莲接到来自西德尼·斯科尔斯基的电话，她问玛丽莲晚上有何计划，她回答说可能要去彼得·劳福德的家中与肯尼迪兄弟中的一人吃饭。

● 11：00

一架直升机降落在20世纪福克斯电影摄影棚前的停机坪上，罗伯特·肯尼迪前来私会玛丽莲都是这样的，他乘车前往彼得·劳福德位于圣塔莫尼卡的海边别墅，他计划在这座别墅或者转去玛丽莲的住所与她会面。共有十八名具有较高可信度的目击证人在1962年8月4日看见罗伯特·肯尼迪在洛杉矶出现过，其中包括警察和经常看到罗伯特·肯尼迪来访的玛丽莲的邻居。有人亲眼看到他抵达20世纪福克斯停机坪，也看到他后来进入玛丽莲住所和彼得·劳福德的别墅。

● 11：50—12：30

玛丽莲和尤尼斯正在厨房，帕特·纽科姆醒来后来到厨房，尤尼斯为她准备了新鲜出炉的香草煎蛋饼，但玛丽莲没有吃（这一点尸检结果可以证实，玛丽莲星期六没有进食）。后来，她和帕特发生了争执。据一些玛丽莲的传记作者推测，这场争执起缘于睡眠问题——帕特睡得很好，但玛丽莲却严重失眠，因此对帕特心怀嫉妒。这种说法根本经不起推敲，帕特之所以留宿，是因为玛丽莲知道她得了重感冒，希望她留在家中好好休息。相比之下，其他证人的说法更有道理，玛丽莲认为帕特一直在维护肯尼迪兄弟（这的确是事实，玛丽莲死后，帕特还与罗伯特·肯尼迪一同工作过）。玛丽莲越来越感觉，在她与肯尼迪兄弟的关系中，身边最亲近的人都没有和她站在一条战线上（这也是事实）。

• 12：30—14：00

玛丽莲和帕特之间的紧张气氛渐渐缓和，帕特接着休息了一会儿，晒了晒太阳，玛丽莲则忙着打理那些她准备用来装饰草坪的树。这是她自己拥有的第一幢房子，她正在重新装修，当天除了早晨送来的床头柜之外，还不断有新家具送过来，她一直为了装修的事情忙前忙后。

• 14：00

小乔·迪马乔打电话给玛丽莲，他是玛丽莲前夫、棒球明星乔·迪马乔的儿子，玛丽莲与他们二人一直保持紧密联系。这通电话由接线员接通，“打给玛丽莲，对方付款”。据小乔回忆，这通电话是管家尤尼斯接听的，她告诉接线员梦露小姐不在家。

• 14：00 后不久

当天早些时候，维修店的工作人员将尤尼斯前些日子送去修理现已修好的车送到了玛丽莲家，尤尼斯此刻开车去了市场，采购玛丽莲家里需要的日常用品。

（此处值得一提的是，玛丽莲的主要传记作家之一唐纳德·斯波特推断，玛丽莲的心理医生格林森是在 13：00 后不久到达玛丽莲家的，斯波特是唯一一位做出这种推断的传记作家，这种说法看上去极其不可能。这种说法似乎是在排除罗伯特·肯尼迪在玛丽莲家中出现的可能性。斯波特表示罗伯特·肯尼迪当天从未在玛丽莲住所出现过，改动格林森的到达时间能让这种说法更可信。但是，接下来很快我们就会看到，罗伯特·肯尼迪的确出现过，这一点几乎可以肯定。)

• 大约 15：00

住在玛丽莲家对面的伊丽莎白·波拉德后来表示，星期六下午她通常都和朋友打牌，那天也不例外，她亲眼看到罗伯特·肯尼迪从一辆车上下来。据她回忆，和她打牌的一位朋友当时还非常激动地说："快看，罗伯特·肯尼迪！"然后所有人都向窗外望去，看到罗伯特和其他两名男士一同向玛丽莲家走去。

（我们研究了这种说法，认为可信度很高。有些作家将这个时间推迟至晚上，离玛丽莲的死亡时间更近，但在波拉德最初的陈述中，这一幕发生在下午 15 点，与伍德·沃德以及其他看到罗伯特·肯尼迪当天出现在洛杉矶的证人的证词相符。)

（尤尼斯的女婿诺曼·杰弗瑞多年后讲述了一个与此完全不同的版本，但考虑到他与尤尼斯长期关系不和，他的做法很有可能别有用心，所以可信度不高。)

• 大约 15：00

多年之后（不是在被审问的情况下），尤尼斯在多个场合承认罗伯特·肯尼迪当天下午的确去过玛丽莲家中。据她回忆，他来得非常突然，出乎玛丽莲的意料，从玛丽莲当时毫无准备的状态也可以看出这一点，她当时头发凌乱、妆容不整，与她平日在罗伯特面前光鲜亮丽的形象完全相反。法医拍摄的照片显示，玛丽莲颜色较深的发根已经显露出来，腿毛没有刮，指甲没有做，完全不是平日在等待罗伯特到来的状态。用尤尼斯的原话来说："哦，没错，我当时正在客厅，她还没穿好衣服，罗伯特的保镖也走进房间，感觉很奇怪。"

• 16：30

罗伯特·肯尼迪离开之后，尤尼斯感觉玛丽莲心情沮丧，于是她给心理医生格林森拨了电话——格林森医生的职责就是随时待命为玛丽莲排忧解难。

• 16：30

小乔·迪马乔再次打来电话，接线员告诉他，梦露小姐无法接听电话。

• 下午晚些时候

玛丽莲给好友、全球知名的发型师西德尼·盖瑞拉夫打了电话，她一边哭一边对西德尼说："罗伯特·肯尼迪来过，他威胁我，对我大喊大叫。"西德尼问她罗伯特·肯尼迪为什么去她家，玛丽莲回答说："因为我在和他恋爱。"还说罗伯特·肯尼迪是和彼得·劳福德一起离开的。西德尼随后安慰了几句，她情绪稍有好转。可以确定的是，罗伯特·肯尼迪的突然到访明显使她变得心神不宁。

• 下午晚些时候

沃德·伍德的家与彼得·劳福德在圣塔莫尼卡的海边别墅相邻，他后来告诉警察，罗伯特·肯尼迪当天下午去过这所别墅。他还清晰地记得罗伯特·肯尼迪走下一辆梅赛德斯轿车，他对这一幕确信无疑。

• 17：00—17：10

彼得·劳福德说他在这段时间给玛丽莲打了电话，邀请她参加当晚在他圣塔莫尼卡的家中举办的晚宴，玛丽莲说她不确定能否参加，考虑一下再决定。劳福德向玛丽莲表示，希望能够在晚宴见到她。

• 17：00—17：10

玛丽莲与劳福德在电话上交谈时，另一部电话响了，是伊萨德·米勒打来的（米勒是剧作家、玛丽莲前夫亚瑟·米勒的父亲，玛丽莲一直与伊萨德保持着联系，他还陪同玛丽莲一同参加了年初肯尼迪总统在麦迪逊广场花园举行的生日派对），管家告诉伊萨德玛丽莲正在忙，忙完会回电话给他。但玛丽莲最终没有回电话。

玛丽莲家里有两部独立电话（号码不同），她的密友两个号码都知道，这两部电话装在同一间客房里。她家共有两间客房，一间是帕特·纽科姆前一晚休息的房间（当晚则是尤尼斯·穆雷住在这里），位于门廊的尽头，另一间就在旁边，两部电话就装在这个房间，两间客房由一个公用的卫生间相连。

• 17：15

格林森医生到达玛丽莲家，在卧室和她交谈。他在卧室待了很久，偶尔走出房间来到走廊，显得若有所思，然后又回到卧室。他后来向另一位对玛丽莲进行过心理治疗的医生说，他那天见到玛丽莲时，她心烦意乱，但经过很长时间的对话交流明显好转，他离开时，玛丽莲已经基本恢复平静。但格林森医生后来对“自杀预防小组”的描述却与此截然不同：玛丽莲“心情沮丧，还吃了药”，她下午“很生气”，简直“怒气冲冲”，因为她与“担任政府要职的男人”发生了性关系，她“感觉自己身边的人都不理她”。

• 18：00

格林森医生对玛丽莲的心理治疗基本结束，他打电话给玛丽莲的私人医生海曼·恩格尔伯格，让其过来为玛丽莲注射一针镇静剂，好让她可以安静休息。玛丽莲此时正在医生的帮助下摆脱对镇静剂耐波他的依赖，所以家里没有这种药。之前，医生开了25片耐波他，但玛丽莲找不到了，她曾一度认为是帕特将药冲进马桶，还因此责怪了她。恩格尔伯格医生知道在未来一段时间内无法为玛丽莲注射药物，所以为她开了这些药，帮助玛丽莲应付出现的断瘾症状。总之，玛丽莲因为罗伯特·肯尼迪的突然到访而心烦意乱，格林森医生认为她需要一些镇定药物。但是恩格尔伯格医生拒绝为玛丽莲注射，他有自己的事情要处理（当时他的妻子正要和他离婚）。

● 18：30

玛丽莲的好友及她的按摩师拉尔夫·罗伯茨打来电话。罗伯茨正在去购物的路上，为第二天计划举办的烤肉聚会购买食材。这通电话是格林森医生接的，他说玛丽莲不在家，然后挂断了电话。（罗伯茨记得这件事，他当时很纳闷：如果玛丽莲不在家，格林森医生在那干什么？）

● 18：30

前一晚留宿的经纪人帕特·纽科姆离开。玛丽莲和帕特两人之间可谓“暗流涌动”，疑虑重重。作为玛丽莲的发言人，帕特本该处处为她着想，但在玛丽莲眼里，帕特一直替肯尼迪兄弟监视她，向他们汇报她的一举一动（事实的确如此）。在此之前，玛丽莲就让帕特离开，但帕特没有。心理治疗结束后，格林森医生走出卧室，直截了当地问帕特：“帕特，你要走吧？”（他显然是在向帕特暗示，玛丽莲说过自己让帕特离开，但帕特没走。）之后，帕特气愤地离开了，没告诉任何人。（佣人说，她离开时非常愤怒。）

帕特·纽科姆离开时，格林森医生和玛丽莲以及管家尤尼斯·穆雷都在玛丽莲家。帕特后来表示：“我最后一次见她的时候，她的情绪和行为都没什么变化……她还说我们第二天会见面。”

● 18：45—19：00

格林森医生在玛丽莲家里待了将近两个小时，此刻准备离开。离开之前，他对尤尼斯说，玛丽莲情绪已经稳定了很多，并嘱咐她还要多留心，还让她当晚住在玛丽莲家（一般情况下，周六她不会留宿），尤尼斯同意了。后来格林森医生是这样描述的：玛丽莲有些沮丧，但“她以前很多次的情况比这糟糕”。尤尼斯后来也确认，玛丽莲此时的状况没有大碍。格林森医生嘱咐玛丽莲第二天早晨给他打电话。不过他还说，几个小时之后他就忙完了，如果玛丽莲需要，可以打他家里电话。

• 19：15

玛丽莲前夫的儿子小乔·迪马乔又打来电话，两人亲密地交谈了许久（据说他的父亲、棒球英雄于8月1日辞掉了在一家军火商的工作，计划向玛丽莲求婚，两人关系再度亲密之后，这个传闻便在全国蔓延）。小乔告诉玛丽莲一件“大事”——他解除了婚约，玛丽莲对此十分兴奋，因为她对那桩婚事一直持反对态度。小乔后来表示，玛丽莲在那通电话里听上去很正常。管家还说，打电话时以及电话之后，玛丽莲的精神状态很好，整个房间充满了她热情的笑声，这让尤尼斯放心，用她的话说，此刻的玛丽莲，“心情愉快，精神焕发，丝毫没有沮丧的样子”。

• 19：40

玛丽莲给格林森打了电话。此刻他已经到家，正在刮胡子，准备和妻子出门吃晚餐。玛丽莲兴致勃勃地说起小乔解除婚约的消息，格林森听到她情绪高涨，非常高兴。后来，玛丽莲问他有没有拿走她家里的耐波他，格林森回答说没有，同时感到吃惊，她家里居然没有耐波他，不过这个消息却让他放心不少。据格林森回忆，此时的玛丽莲听上去“很愉快，比之前高兴多了”。

请注意，玛丽莲的确有至少两瓶利眠宁，这是一种药性很强的安眠药，医生一直都给她开这种药，但她没有吃（尸检时，在她体内没有发现任何利眠宁成分)。第二天早晨，这两瓶药就放在她的尸体附近：一瓶里面有27颗药丸，另一瓶里有17颗药丸。

• 19：45

玛丽莲向尤尼斯道了晚安，说要早点休息，她当时情绪依然很好(两小时后，她就死了)。像往常一样，她将电话从客房拿进自己的卧室，关上房门，电话线压在门下。通常，当她准备睡觉的时候，她会把电话放回客房，每晚都如此。后来尤尼斯还说："晚上让电话也去睡觉，这是玛丽莲的一个习惯。"每晚睡觉之前，她会把电话放回客房，用枕头蒙上，这样电话铃声就不会打扰她休息。但那天晚上，她却没有将电话放回客房。据称，关键注意到了这件事，感觉有点不对劲，"她居然没让电话去睡觉"。在这之后，尤尼斯再没听到玛丽莲任何声音。尤尼斯来到客房，坐在床上看书。刚过20：30，她听到电话又响了，是玛丽莲的律师米奇·鲁丁打来的（鲁丁是格林森的姐夫)。尤尼斯是在第二条线上听到电话铃声的，不是玛丽莲拿进卧室的那部电话，而且，她不是从屋外走过玛丽莲的卧室去客房接电话的，而是穿过连接两间客房的卫生间过去的。

• 20：00

最初，彼得·劳福德表示，在他与玛丽莲通话时，"没什么不正常的，她只说有些疲惫，不过来了，想早点休息。她说自己很困，准备睡了，她听上去确实有些困倦，但我和她交谈过几百回了，她听上去和平常没什么不同"。

但后来，劳福德的说法变了，他声称晚上20点左右接到了玛丽莲打来的电话，她言语含糊不清，有些话根本听不到。按劳福德的话说，玛丽莲的声音听上去"迷迷糊糊"，他多次尝试打回去，但电话一直占线，玛丽莲家距他家只有十分钟的距离，所以他考虑过是否要到玛丽莲家里看看，但后来没去，而是打了他的经纪人米尔特・爱宾斯的电话。爱宾斯劝阻了他："天呐，彼得，你是总统的妹夫，你不能过去，你妻子又不在家，这会让媒体大做文章的。"挂了电话之后，爱宾斯打电话给玛丽莲的律师米奇・鲁丁，让他打电话给玛丽莲，看她是否安好。

劳福德最初的说法似乎更加可信，他对玛丽莲的担心其实始于晚上 23 点左右（而且，他从没有尝试拨打玛丽莲家的另一部电话）。

• 20：00—20：30

玛丽莲的密友亨利・罗森菲尔德打来电话，商量接下来的纽约之行，计划看几场戏剧，比如百老汇剧目。据他回忆，玛丽莲听上去很正常，稍显疲惫无力，但完全正常，所以他完全没为此担心。

• 20：25

米奇・鲁丁的电话回复服务记录中（1962 年，还没有语音信箱服务，许多人尤其是好莱坞的人，都会使用一种电话回复服务，以记录未接电话信息），有一通米尔特・爱宾斯的未接电话记录。

• 20：30

鲁丁收到未接电话记录信息，内容是让他打电话给米尔特・爱宾斯。

• 20：30

拉尔夫・罗伯茨（玛丽莲的好友）也接到一条未接电话记录信息，想接通拉尔夫电话的是一个"声音模糊的女人"，她没有留言。罗伯茨只把他的电话号码告诉过四个人，其中之一就是玛丽莲。他联系了其他三人，都表示没有打过电话，所以他确定，打电话的就是玛丽莲。

• 20：40

玛丽莲打电话给她的好友、发型师西德尼·盖瑞拉夫，他们聊了一会，并约定第二天为玛丽莲做发型。据盖瑞拉夫回忆，他们下午通话时，玛丽莲还很沮丧，但此时已经情绪稳定了，她“很冷静”，两人聊了一会，约定第二天早晨再决定做发型的具体时间。西德尼说：“没想到，我们永远再没机会说话了。”

• 20：30—21：00

玛丽莲的律师米奇·鲁丁表示，他拨了玛丽莲家里的电话，让管家尤尼斯看看玛丽莲情绪如何（尤尼斯后来也向警方确认，鲁丁在晚上21点左右打过电话），片刻之后，尤尼斯回拨了鲁丁的电话，告诉他玛丽莲一切都好。随后，鲁丁打电话给爱宾斯，告知他玛丽莲很好，但据劳福特称，这通电话并没有打消他对玛丽莲的担心。鲁丁在向调查人员提交的正式声明中表示：“鲁丁认为玛丽莲正在经历一些沮丧的事，但他忽视了，可能其他方面也出现异常。”

• 21：00—21：15

玛丽莲打电话给老朋友珍妮·卡门，珍妮说她当时没看表，但感觉应该是在21点和21：30之间（在其他场合，她说过21点，所以具体时间应该更接近21点而不是21：30）。玛丽莲说自己失眠，但她没有安眠药，所以问卡门有没有安眠药，帮她拿过去几片。卡门的回复大概是很抱歉，她喝醉了，已经上床睡了，不方便出门。据卡门回忆，玛丽莲当时听上去正常，她对玛丽莲喝醉或者服用镇静剂后的声音并不陌生（据卡门称，她们两人一同做过海报女郎、模特，在玛丽莲搬到目前住所之前，她们是邻居），但当天玛丽莲的声音并不是那样，她听上去就是一个失眠的老朋友。

据她回忆，电话后来又响过一次，她猜测还是玛丽莲打来的，就没有接听。

• 21：30

玛丽莲的前男友约瑟·博拉尼奥斯打来电话，据他后来回忆，玛丽莲听上去很正常，但在通话过程中，玛丽莲听到一阵骚乱声，便去查看，她没挂断电话而只是放下听筒，但之后，她没有回来接电话，博拉尼奥斯再也没有听到她声音。

• 21：30—22：00

现在我们知道，在这段时间，管家尤尼斯一定已经发现玛丽莲濒临死亡，所以给格林森医生打了一通紧急电话，格林森随即赶到（格林森医生在玛丽莲家拨了一通电话，所以他显然就在玛丽莲家）。在玛丽莲死亡一案逐渐淡出人们的视线之后，已到晚年的尤尼斯承认格林森医生赶到时玛丽莲还活着，他们叫了救护车，玛丽莲是在救护车到达之后才死亡的。从她话里可以确定一点："玛丽莲死亡时，医生在她身边，尤尼斯在客厅等候。"

• 22：00

据玛丽莲的管家尤尼斯后来回忆，当晚 22 点，她起床走过玛丽莲的卧室，看到门缝里透出灯光，但她决定不去打扰。在此后的几年中，尤尼斯不断地修改这一时间，但鲁丁的电话肯定比这要早许多，因为爱宾斯的通话记录显示他在 20：25 给鲁丁打了电话，随后鲁丁给尤尼斯打了电话。尤尼斯后来也承认，鲁丁的来电是在晚上 20：30 左右，这个时间与鲁丁的未接电话记录信息相符，也与后来发生的事件相符。关于米奇·鲁丁的这通来电，尤尼斯的原话是："他问我玛丽莲状况如何，我说据我所知她很好，房间灯还亮着，电话线压在门下，说明她还醒着没睡。”因此，可以确定，当晚20：30，还没有出现异常迹象，但在22：00左右出现了紧急状况，这与通过尸体僵硬程度判断的死亡时间相符。

•22：00左右

守门人诺曼·杰弗瑞表示，8月4日，他一整天都在玛丽莲家工作，晚上22：00左右看到罗伯特·肯尼迪和其他两名男士一同出现在停车场，他们随后走进玛丽莲家中，让杰弗瑞和尤尼斯离开，于是他们二人在邻居家等候。直到大概22：30罗伯特·肯尼迪三人离开后，他们才回去。但这个说法未得到邻居证实。

•22：00—22：30

格林森医生在玛丽莲家拨通了律师米奇·鲁丁的电话，通知他玛丽莲死亡的消息。鲁丁说他马上就到，然后他打电话给亚瑟·雅各布斯——玛丽莲的首席发言人和米尔特·爱宾斯，爱宾斯随即电话通知了彼得·劳福德。

•22：30

我们可以确定，玛丽莲在这个时间已经死亡，她的首席发言人亚瑟·雅各布斯（帕特·纽科姆的上司）正在好莱坞露天剧场欣赏一场演奏会。雅各布斯突然接到电话得知了玛丽莲死亡的消息，随后他与客人交谈了几句，又告诉了未婚妻这个可怕的消息，随即与未婚妻迅速离开。这通电话来自玛丽莲的律师米奇·鲁丁。离开剧场后，雅各布斯的未婚妻中途下车，雅各布斯则独自赶往玛丽莲的住所。

•大约20：30

乔·纳尔和妻子德洛利丝离开了彼得·劳福德家，据他们回忆，离开时一切都很正常。结束时，彼得·劳福德已经醉醺醺了，但即使如此，他也没有泄露过任何信息，一起都完全正常。德洛利丝说：“没有人谈起过玛丽莲。”她对当晚的印象和她后来得出的结论是：“彼得可能给杰克或者罗伯特打过电话，收到的指令是安排好一切——所有事情都要安排妥当，一切都要亲自去做，任何情况下都不要牵扯其他人。”

- 22：30—23：00

彼得·劳福德接到鲁丁的来电，得到玛丽莲死亡的消息后，他立即打电话到白宫。一些作家指出，肯尼迪总统当时不在华盛顿，而在海厄尼斯港，不过无论总统在世界的哪个角落，白宫电话接线员都能够将电话转给他，劳福德的电话具有很高的优先级别，接线员为他接通了电话。洛杉矶警察局“玛丽莲自杀调查小组”成员罗伯特·利特曼证实，劳福德的确给总统打过这通电话。

- 22：30—23：00

20 世纪福克斯首席制作人彼得·雷瓦西接到福克斯公关经理弗兰克·内尔的来电，要求福克斯的保安人员立即赶往玛丽莲家，这些人员很快就赶到。

- 22：45—23：15

洛杉矶警察局局长帕克被一通电话惊醒，这是由警察局总机转接的紧急电话，之后他通知警局情报小组成员次日 7 点召开特别会议。

- 23：00 左右

乔·纳尔与妻子回到家里，他们刚换上睡衣，就接到了彼得·劳福德的来电，因为纳尔是玛丽莲的邻居，所以彼得问他能否去玛丽莲家看看她的状况。纳尔正要出门，电话又响了，鲁丁律师通知他不用去了，格林森医生已经给玛丽莲注射了镇静剂，一切正常。

• 23：00

亚瑟·雅各布斯到达玛丽莲家，从他后来的声明中可以看出，“我23点到那里时”，看到玛丽莲已经死亡。而他到达之前，已有“其他人到达现场”。

• 22：30 及之后

据诺曼·杰弗瑞回忆，他和管家尤尼斯回到玛丽莲家里，发现玛丽莲面部朝下趴在客房的床上，显然已经死亡。尤尼斯打电话叫了救护车，并通知了格林森医生，格林森让尤尼斯通知恩格尔伯格医生。杰弗瑞说，他在门口等待救护车时，看到彼得·劳福德和帕特·纽科姆出现，纽科姆表现得很歇斯底里，对着本已心烦意乱的尤尼斯大喊大叫，杰弗瑞将尤尼斯带进屋，此时传来了救护车的声音，格林森医生也很快赶到了。杰弗瑞说，“在那之后，一切一发不可收拾，太可怕了”。恩格尔伯格医生大约在午夜24点赶到，他们将玛丽莲的尸体从客房移至卧室；“一些身着便衣的官方人员制造了房门紧锁的自杀现场”；警车、消防车呼啸而至，一架警方的直升机降落在高尔夫球场，第二辆救护车也随即赶到。他说，玛丽莲的住所本来挤满了身着便衣的官方人员（他不知道这些人是谁），但其他人赶到后，这些人却迅速消失了。

虽然，杰弗瑞的证词很可疑，但却得到了救护车司机詹姆斯·霍尔的证实，霍尔说他和搭档在接到“Code-3”呼叫后几分钟就赶到了玛丽莲家，他证实彼得·劳福德和格林森医生的确在场。据他们辨认，在场的那个情绪激动、歇斯底里的女人是帕特·纽科姆。霍尔说，玛丽莲当时趴在客房的床上，处于昏迷状态，他们将她放到地上试图让她苏醒。之后，格林森医生让他们取下人工呼吸机，并指导他们进行人工心肺复苏。与此同时，格林森在注射器上插上针头，试图直接向玛丽莲的心脏注射肾上腺素。据霍尔称，针头碰到了肋骨，但格林森还是完成了注射。但没过多久，玛丽莲向死神“屈服”了。

（注意，尸检中没有发现针眼存在的证据，验尸人员特意仔细寻找过，但没有找到。）

侦查员安东尼·萨默斯找到了救护车公司的两名职员，他们对整个事件的描述与此相同。其中一人表示，“她死了，但他们不让我们带走她的尸体”（加利福尼亚的法律禁止救护车运送尸体）。但救护车公司的一名管理者对检察机关的调查人员表示，救护车到达时玛丽莲由于服药过量处于昏迷状态，后来她在圣塔莫尼卡医院死亡。萨默斯认为，玛丽莲的尸体被送回家里，从而制造了虚假现场。许多邻居的确看见一辆救护车来过，但是，警察到达现场时，玛丽莲却在她卧室的床上，而不是在客房。

亚伯·兰多夫妇住在玛丽莲隔壁，据他们回忆，星期六晚上回到家时（大约后半夜 1：00），看到玛丽莲家门前的巷子停着一辆救护车和一辆警车，其他邻居说晚上听到屋顶有直升机的声音。兰多夫妇表示，当时“这个地方就像中央车站，汽车直接开进住宅前的巷子……还有豪华轿车……当然，还有警车和救护车”。

女管家尤尼斯最终承认了这些事实。1985 年的纪录片《与总统说再见》中，她接受了采访，开始她依然坚持最初的叙述，但当摄像机停止拍摄后（麦克风还开着），她说：“为什么？我都这把岁数了，我还要掩盖真相吗？”他们问她这话什么意思，她透露，那天下午她在玛丽莲家里见过罗伯特·肯尼迪。显然，这次见面就是玛丽莲陷入沮丧的原因。她证实二人确有私情，在她打电话求助、“医生和救护车到达之时”，玛丽莲还活着。她坦称，真相的确被掩盖了，当时“罗伯特·肯尼迪进入房间，他的保镖也走进房间保护他，这让人非常不舒服”。

调查员比利·伍德菲尔德和多名前洛杉矶警察局警员都证实了，事发当晚出现在玛丽莲家里、身着便衣的官方指挥者是洛杉矶警察局情报组负责人詹姆斯·汉密尔顿，他是罗伯特·肯尼迪的忠诚盟友，洛杉矶警察局局长帕克也是罗伯特·肯尼迪坚定的追随者，有传言称他是罗伯特·肯尼迪选定的接任联邦调查局局长之位、替代胡佛的人选。

两名前洛杉矶警察局警长达瑞尔·盖茨和汤姆·瑞丁表示，有目击证人向他们通报，8月4日，罗伯特·肯尼迪在威尔希尔酒店出现过。罗伯特·肯尼迪在洛杉矶时停留时，这两人时常随行，他们是派给他的侦探。

从上述信息中可以得到的重要线索是，一辆救护车的确来过，到达时玛丽莲还活着；玛丽莲家中出现过便衣警察。他们可以否认一辈子（大概会这么做），可以通过摧毁文件证据、实施种种掩盖行为混淆视听，但真相就是真相。

●0：10

比弗利山庄警局的警察林恩·富兰克林证实，他曾在奥林匹克大道上拦下一辆向东行驶的黑色轿车，富兰克林小心地靠近车辆，用手电筒照了照车里，很快认出驾驶车的是彼得·劳福德，车上还有两人，其中之一是司法部长罗伯特·肯尼迪。他后来证实车上另外一人是拉夫·格林森医生。劳福德说车上是司法部长，他们有急事要前往比弗利希尔顿酒店，富兰克林提醒劳福德这一区域限速每小时35英里，之后便放行。

林恩·富兰克林是比弗利山庄警局历史上所授荣誉最高的警察，他对上述事实非常确定。

• 午夜 24 点左右

一架直升机降落在彼得·劳福德的圣塔莫尼卡海边别墅。调查员比利·伍德菲尔德查看了彼得·劳福德经常使用的直升机公司的飞行记录，其中显示一架直升机曾在午夜被派往位于圣塔莫尼卡的劳福德家中，飞行目的地是洛杉矶机场。圣塔莫尼卡停机坪的飞行记录显示，有飞机到劳福德家中接一个人，然后送至洛杉矶机场。

• 24：00 或此后不久

管家尤尼斯（最初）对警察表示，在这个时间，她再次留意到玛丽莲房门下透出的灯光，便去敲门，但没有回应，她随即打电话给玛丽莲的心理医生拉夫·格林森。

• 0：30

格林森医生（最初）对警察表示，他在这个时间到达玛丽莲家，尝试砸开她的卧室房门，没有成功。他从卧室落地窗的外面看到玛丽莲在床上，手握电话听筒，显然已经死亡，于是他砸开窗子玻璃，打开房门，之后打电话给海曼·恩格尔伯格医生。

值得注意的是，尤尼斯·穆雷后来承认，当晚玛丽莲的卧室房门并没有反锁。

• 24：00—0：30

彼得·劳福德联系了私家侦探弗雷德·奥塔士，他是监视方面的专家，他们二人商定尽快在奥塔士的办公室见面。

• 1：00

据称，彼得·劳福德从律师米奇·鲁丁处得知玛丽莲的死讯。

而这一点就带着掩饰的味道。从上一时间段的信息来看，劳福德已经对玛丽莲死亡一事心知肚明，并且开始着手掩盖案情。

● 1：00

玛丽莲的邻居亚伯・兰多到家，看到玛丽莲家门前停着许多车，好像有事发生。他上前询问发生了什么事，被告知玛丽莲死了。

● 1：30

米尔特・爱宾斯与彼得・劳福德通了电话。

● 2：00

彼得・劳福德与私家侦探弗雷德・奥塔士如约在奥塔士的办公室会面。劳福德说，玛丽莲死了，当天罗伯特・肯尼迪去过她家，需要奥塔士立即去她家里拆除所有窃听设备，确保不留下任何玛丽莲与肯尼迪兄弟之间存在私情的证据。显然奥塔士在玛丽莲家安装了窃听器，知道她被监控了。劳福德的妻子（帕蒂・希顿・劳福德）证实，她丈夫的确在玛丽莲死后立即约见了奥塔士。据奥塔士证实，窃听录音表明罗伯特・肯尼迪当天去过玛丽莲家。另有两人也听过录音，也证实了这一点。

● 3：00

爱宾斯再次打电话到彼得・劳福德家里，但这一次电话无人接听。

● **凌晨时间**

弗雷德・奥塔士遵照彼得・劳福德的指示开始行动，他来到玛丽莲家拆除了所有窃听设备。

● **凌晨时间**

据称，几名“联邦特工”来到圣塔莫尼卡通用电话公司总部，虽然此时是下班时间，他们还是要求获得玛丽莲・梦露的通话记录。

● 3：50

玛丽莲真正的医生恩格尔伯格（格林森只是心理医生）说，他在凌晨3：50 接到一通电话，得知玛丽莲死亡的消息，之后他立即前往玛丽莲住所，后来他们就报了警。

•4：00

爱宾斯说他接到了律师米奇·鲁丁打来的电话："我在玛丽莲家，她死了。"

•4：00

帕特·纽科姆被米奇·鲁丁的电话惊醒，鲁丁说自己在玛丽莲家，她已经死了。身穿睡衣的帕特披了件外套匆匆赶往玛丽莲家。过了一会儿，大概到了黎明时分，帕特冲着那些徘徊在玛丽莲家车道上的记者们大吼："你们这些贪得无厌的人！现在你们高兴了吧？贪得无厌！"

•4：25

终于有人报警了。格林森医生在玛丽莲家打电话报警，接电话的是西洛杉矶分局夜班指挥官克莱蒙斯警官（有些记载称报警的是恩格尔伯格医生，总之两位医生中的一人报了警，克莱蒙斯警官到达时，两位医生都在现场）。克莱蒙斯警官核实死亡信息后，亲自赶往玛丽莲家。

•4：30后不久

警察到达现场。管家尤尼斯和两位医生都接受了询问，他们最初表示死亡时间是凌晨0：30。警察注意到，房间非常整洁，床上用品似乎也是新换的，当时尤尼斯正在洗床单。床头柜上有几个空药瓶，但屋里却没有可以用来服药的液体，也没有杯子。而且，由于房间正在重新装修，所以供水是被切断的。但后来，一个玻璃杯或是其他容器出现在床边的地上，据在场的警察称，这在之前是没有的，他们仔细搜查了整个房间，还特意寻找过杯子，但没有找到。

• 5：40

殡仪师盖·霍克特到达现场，他注意到玛丽莲的尸体已经明显僵硬，表明死亡时间是在晚上 21：30 和 23：30 之间。但是，这个时间后来被修改，与在场证人的说法相符。

• 6：00

尤尼斯改口说她在午夜时间回去睡觉，凌晨 3：00 醒来发现玛丽莲房间的灯还亮着，便给格林森医生打了电话。

两位医生也先后变了说法，声称玛丽莲是在凌晨 3：50 死亡的（目的很明显，为了填补报警前的时间空白期）。警察注意到，尤尼斯·穆雷的态度显得非常回避，含糊其辞——她后来还多次修改口供。虽然尤尼斯是此案中的关键证人，但很快就被获准前往欧洲长住，没再接受讯问。由于本案中没有正式的验尸过程或正式的刑事调查，所以在场证人都没有被要求宣誓作证。

• 6：04

彼得·劳福德打电话给肯尼迪总统（白宫的电话记录可证明），白宫电话接线员将电话转接给当时正在马萨诸塞州海厄尼斯港过周末的肯尼迪总统，通话持续了二十多分钟。

• 1962 年 8 月 6 日

玛丽莲的死讯公布一天之后，司法部长罗伯特·肯尼迪宣布，J·埃德加·胡佛担任联邦调查局局长之职期间贡献突出，虽然年龄超限，但仍将留任原职。这与肯尼迪政府的计划完全背道而驰，他们原本计划将胡佛赶出联邦调查局，用一位真正的盟友取而代之。胡佛是肯尼迪兄弟的死对头（尤其是罗伯特·肯尼迪，众所周知，不管是公开还是在私下，两人都表示对对方深恶痛绝）。罗伯特·肯尼迪和他管辖的司法部与犯罪集团公开为敌，但胡佛却依然否定了犯罪集团的存在。所以，罗伯特·肯尼迪一直催促肯尼迪总统解雇胡佛，大家普遍认为，胡佛在位的日子屈指可数。如果仔细体会，就会发现其实罗伯特的发言十分滑稽："作为联邦调查局局长，他极其出色地控制了美国的共产党人士，我希望他能够在未来很多很多年继续为国效力。"（在那个时期，罗伯特认为共产党对美国的"威胁"根本不值一提，简直像个笑话，这种说法的真实目的是为了防御真正的威胁。）玛丽莲死讯公布一天后，罗伯特·肯尼迪的举动出现如此大的转变，说明幕后一定有隐情。玛丽莲家里被安装了监控设备，电话装有窃听器，她的行动处于联邦调查局的全面监控中。胡佛显然对一切了如指掌，也知道罗伯特·肯尼迪在玛丽莲死亡当天去过她家。据此推断，双方达成了秘密协议，胡佛继续主掌联邦调查局，作为回报，他配合此案的一系列掩盖行动行为，尤其是隐瞒罗伯特·肯尼迪当天在洛杉矶出现过的事实。政治永远是丑陋的。事实上，共有 18 条记录可以证明罗伯特·肯尼迪当天在洛杉矶出现过可能会有证人证明他当天从未离开北加利福尼亚，但事实是，他就在洛杉矶。不过，这一点并不能证明他与玛丽莲的死亡有关——如果这能说明什么的话，恰恰说明他与此案无关。如果罗伯特·肯尼迪能预知当天玛丽莲家中会发生暴力事件，他根本不会踏足加利福尼亚，更不会去玛丽莲家。因此，玛丽莲被杀的原因，很可能就是凶手希望利用罗伯特·肯尼迪当天在她家出现过这一点将其卷入此案（正如胡佛警告过的情形），将他的风流事公之于众，从而达到丑闻摧毁肯尼迪兄弟政治生涯的目的（在 1962 年的美国，这是个现实的目的）。案发后，政府展开了一系列的掩饰行动，例如洛杉矶警察局在联邦调查局和司法部的庇护下，迅速清除一切与肯尼迪兄弟相关的证据；在案发后一片骚乱的情形下，让司法部长迅速离开洛杉矶。这些行动的目的一目了然，就是挫败摧毁肯尼迪兄弟政治生涯的这种政治企图。

发生暴力的证据

●玛丽莲死亡当晚，家里发生了非常突然的变化，她打电话时还在嘻嘻哈哈开玩笑，笑声回荡在整个房间，转眼就变成了犯罪现场的一具尸体。此案首席验尸官托马斯·野口后来在他的著作《验尸官》中写道：

> 没人能解释为什么玛丽莲“和小乔·迪马乔通话时开心地大笑”，可“三十分钟之后，她就死了”。

●多位在玛丽莲死亡之前与她通过电话的朋友都表示，她听上去很正常，换句话说，在生命最后的时刻，她没有任何预示自杀的行为。她安排了工作，预约了发型师，还表明了晚些时候继续通话的意愿。按野口博士的原话，梦露的朋友和同事说她的事业曾经历了低谷，但如今已进入上升期，因此，他们坚信玛丽莲根本没有理由突然自杀。可见，受害人不具备自杀倾向，她最后一次关上房门时并不处于自杀前状态，她回到房间，当时窗户完好无损，从窗外无法进入房间（不久之后，窗户玻璃就被砸碎）。

●没有安装防盗铁栏的卧室窗户玻璃被砸碎，这是典型的强行入室。

●她生前最后一通电话非常可疑，打电话的人称，在他们通话过程中，玛丽莲听到一些声音，便放下听筒去查看，但再没回来接电话。

● 死者迅速丧失行动能力。她前一刻去查看哪里的声音，几分钟后就死亡，一定有东西让他迅速丧失了行动能力。

● 她体内至少还有十七八粒的水合氯醛成分，这表明这种药很可能被用于死者以防止她发出声音（大大超出正常使用剂量，这种剂量会让人失去防备能力和知觉）。

● 尸体上有大面积淤伤，从背部左下方一直延伸至臀部左侧，野口博士说这块淤伤是明显的“暴力痕迹”，应该对此展开进一步调查，但这种调查没有进行。

> 梦露背部左侧有一块轻微淤血，这是创伤造成血液流入组织而形成的深蓝色伤痕。通过颜色可以判断这是新伤而非旧伤，而淤伤意味着人体组织和血管受到外力损伤。这块淤伤是死者曾遭到暴力袭击的证明。

● 除了臀部的大面积淤伤，验尸官在最初的尸检过程中还发现死者四肢后方存在淤伤，表明死者曾被人用力按倒。

● 死者结肠有淤青。尸检报告称：“结肠存在严重充血，颜色发紫。”据地方检察院医学法律部负责人约翰·麦纳说，这是将这起死亡指向谋杀的确凿证据。

● 法医官野口和检察官麦纳后来得出相同的结论，药物是通过肛门进入体内的：

> 我和野口深信这就是药物进入体内的途径。

● 远远超过致命剂量的药物通过肛门注射进入体内，进一步说明这是一起谋杀（医学分析已经排除了口服、针管注射和静脉注射的可能性）。玛丽莲体内的毒性物质足以毒死 15 个人，无论从什么角度分析，这都远远超出致命剂量。只有杀手才会这样做，自杀的人不会用这么大药量。

- 死者很难获取耐波他。可以确定，玛丽莲根本没有获得如此大量耐波他的途径。医生的确曾给他开过 25 片耐波他（据她的心理医生说，这些药找不到了），但除此之外，她显然没途径获得更多药品。她血液中耐波他的含量远远超过 25 片。

- 证人的证词存在矛盾，证词主要分为两个版本：一个版本来自玛丽莲的朋友，他们表示玛丽莲死亡之前听上去很正常，他们是没有理由撒谎的；另一个版本来自玛丽莲身边的助手等（包括医生、律师、佣人以及彼得·劳福德），他们显然在掩饰些什么，不断更改口供，他们说玛丽莲死亡之前情绪极度不安。

- 尽管她的两位医生都在现场，但她死后超过六个小时却没人报警。当警察问及二人在这六个小时内做什么时，他们的回答是“谈话”，但被问到谈话内容时，他们却一脸茫然。此事定有蹊跷，他们显然准备了一套说辞。玛丽莲的尸体肯定被移动过，证人明显在说谎。

- 玛丽莲死亡当天，客房里的抽屉和柜子都被撬开，里面的东西也被拿走。她的朋友都知道，这个柜子是玛丽莲存放自己私人日记的地方，他们看见过她将司法部长罗伯特·肯尼迪的话记录下来，有时甚至在他面前也会如此。关于这本日记是否存在，众说纷纭。但玛丽莲死亡当晚，她的文件柜的确被撬开过，她的住所也被消毒过。

简单地说，本案中这个头脑聪明、事业成功的女人，在星期六晚上 19：50 上床休息，心情愉快，丝毫没有自杀倾向。那是她最后一次将电话从客房拿到卧室，房门没有反锁（尤尼斯最终承认这一点），窗户完好无损，至少当时玛丽莲和尤尼斯认为窗户没坏（因为，如果他们知道窗户坏了，又没有防护铁栏的保护，她们一定会立即找人修缮，保证这位全球知名的女明星的安全，尤尼斯也说过，她得知窗户损坏后，立即叫她女婿前来修理，用木板挡住了窗户，而当时已经是午夜），损坏是在后来发生的。你是否闻到了暴力谋杀的味道？玛丽莲生前与她最后通话的人表示，玛丽莲听到一些声音，便放下听筒跑去查看，但再也没有回来接电话。虽然玛丽莲嘴部没有贴胶布的痕迹，但这不能排除暴力谋杀的可能性。如果当时她未被人制服，她一定会大喊并向尤尼斯求助，尤尼斯所在的地方显然是可以听到的。但是，如果凶手使用氯仿将她麻醉，尸检中是无法检测出这种药物的。验尸官及法医病理学专家米歇尔·杜普雷解释称："如果一个人被氯仿麻醉，是检查不出来的。"但是，尸检中的确发现尸体上存在多处淤伤，其中一些符合玛丽莲被人强行按倒的推测。

●地方检察院医学法律部负责人约翰·麦纳是唯一有机会听到玛丽莲心理辅导录音的人，他获准听取录音的前提是不得泄露录音内容并对此负法律责任：

> 但是他听到的录音内容以及对格林森医生的讯问结果，都让他确信，玛丽莲·梦露没有自杀。

●验尸官野口推断：

> 如果麦纳 1962 年作出的判断是正确的，那么唯一可能的死因就是谋杀。

纽约州萨福克郡首席验尸官西德尼·B·温伯格对此案进行了调查，他认为：

本案所有证据都更具备典型的他杀特征，自杀的可能性很小。

● 洛杉矶警察局夜班指挥员杰克·克莱蒙斯是第一位到达现场的警察，他在有生之年坚持认为这是一起谋杀。事发多年后，他表示：

我认为，玛丽莲·梦露那晚是被谋杀的，那是我所见过最明显的谋杀案例。

医学及法律含义

从证据的角度来看，真正值得注意的不是玛丽莲的死亡原因，而是注射途径。我们知道，耐波他和水合氯醛这两种药效极强的镇静剂在她血液中的含量巨大，足以杀死 15 人。尸检结果确认，这些药物并不是通过正常方式进入体内，因为法医彻底检查了她的胃部和消化系统，结果非常奇怪：胃部没有丝毫药物的痕迹。

耐波他这种药物有黄色物质的包裹层，人体服用此药后，消化系统中都会有这种黄色物质残留，但是，玛丽莲的胃部没有发现这种黄色残留物。尸体上也没有发现针眼，这说明药物不是通过注射方式进入体内的。当这些事实摆在一个法医专家面前时，他会得出一个清晰的推论：药物不是通过口服方式进入身体的，一定是通过其他方式。

著名的小说人物福尔摩斯说过一句话："当排除了所有其他可能性时，剩下的那个，无论看似多么不可能，那都一定是真相。"所以，药物一定是通过不同寻常的方式进入体内，即通过肛门注射含有上述镇定药物的灌肠剂。其他的尸检结果和医学证据也支持这一观点。

至今，利用灌肠剂使镇静剂进入体内这一点，从未得到过正式确认，但其他所有可能性已被排除，只剩下这一种可能性。使用另一种方式——通过装有镇静剂的药栓的可能性也被排除，因为那会在结肠内侧造成非常明显的炎症。

我们甚至可以推断出凶手使用的灌肠剂类型，传统的袋装加软管的灌肠剂很难处理（这种老式的、带有长软管的灌肠剂，目前仍在大量使用，用以治疗便秘），本案中不可能使用这种灌肠剂，原因如下：如果使用这种灌肠剂，肠部应该已被清空，但尸检结果显示，死者的肠部并不是空的，存在“成形的固体粪便”，这点确定无疑。此外，老式灌肠剂会和栓剂一样，在结肠内部引其明显炎症，这不可能逃过法医的眼睛。

还有一种简便的灌肠剂，不用袋装，只有一个容量很小的球状容器，通过轻轻挤压，将药物挤进结肠，本案中使用的很可能就是这种灌肠剂。尸体结肠部位呈现淡紫色，这种现象符合上述推论。操作过程中，将液体挤入身体，直到液体碰触结肠壁内侧，这正是结肠出现淡紫色的位置。可见，药物就是通过这种极具欺骗性和误导性的方法进入死者体内的。2003 年，探索频道拍摄了一部纪录片，名为《未破解的历史：玛丽莲之死》，该片认为灌肠剂不可能是本案中使用的手法。之所以得到这个结论，是因为他们只考虑了老式的袋装软管式灌肠剂，完全忽视了结构简单、使用极其便利的注射式灌肠剂。此外，犯罪现场的证据以及尸检结果，尤其是结肠部位的变色现象，都完全符合使用简装灌肠剂的推论。

调查还考虑过另外一种可能性——人为失误，有人给了玛丽莲注射了含有过量镇定药物的灌肠剂。毕竟，在1962年的美国，使用灌肠剂很广泛，许多女演员都用灌肠剂控制体重，据说玛丽莲有时也会使用，尤尼斯就曾帮玛丽莲取过灌肠剂。但仔细研究后，我们可以完全确定，事实不是如此。

对于玛丽莲死于人为失误造成的药物过量这种可能性，医学专家托尼·普朗特做过研究。如果的确是人为失误，事情应该是这样的：通常，格林森医生并不负责为玛丽莲注射药物，而是由私人医生恩格尔伯格负责此事。案发当晚，由于恩格尔伯格没能出现，于是格林森医生派人取来液体耐波他溶液，并通过灌肠的方式向玛丽莲注射，让她能够入睡。在此过程中，尤尼斯有可能误将一整袋液态耐波他（50毫升）当成了5毫升，导致药物严重超量。这种可能性的确存在，但仔细想想，真的有可能吗？

我们可以通过医学分析排除这种可能性。如果事实如上所述，那么灌肠剂则是由管家尤尼斯准备的，玛丽莲的心理医生拉夫·格林森（几乎每天都和玛丽莲见面）与尤尼斯非常熟悉，对她十分信任。事实上，尤尼斯正是格林森医生安排在玛丽莲身边的照顾她的人，因此他非常信任尤尼斯，而这位管家也会如实向他汇报玛丽莲的生活习惯和健康状况。

在玛丽莲死亡当天，格林森医生下午去过玛丽莲的家，这一点很不寻常，因为格林森很少在玛丽莲家里为她治疗。当天，尤尼斯告诉他玛丽莲心情非常沮丧（可能缘于罗伯特·肯尼迪下午突然到访），于是，格林森破例前往玛丽莲家里为她治疗。此事的蹊跷之处不仅在于格林森在周末去玛丽莲家为她做治疗，还在于这次治疗的时间很长，超过两个小时，他直到确定玛丽莲情绪平静、可以控制自己时才离开。即便如此，格林森对她依然不放心，他嘱咐尤尼斯当晚留宿在玛丽莲家中，留意她的状况。后来，玛丽莲给格林森打了一通电话，告诉他小乔解除婚约的消息，心情非常愉快，这让一直担心的格林森松了一口气。在这通电话中，玛丽莲还说她找不到家里的耐波他，问是不是格林森医生将药拿走了，他回答没有。此时，他得知玛丽莲家里没有耐波他，就更放心了。玛丽莲一直在努力“戒掉”耐波他，恩格尔伯格医生只在必要的情况下才会为她注射。在此之前，恩格尔伯格医生知道接下来一段时间无法为玛丽莲施诊，所以为她开了25片耐波他，以便她能在出现断瘾症状时服用。不过，玛丽莲通常会服用水合氯醛帮助自己恢复镇定，格林森对此非常清楚。总之，当格林森得知当晚玛丽莲家里没有耐波他时，他松了一口气。你有没有注意到，帮助我们确认玛丽莲家里没有耐波他的人，恰恰就是格林森——这个后来因情势所迫不得不编造故事、谎称玛丽莲自杀的人。

因此，尤尼斯因一时大意而误用了整袋50毫升的液体耐波他作为灌肠剂溶液的说法，可信度极低。

玛丽莲自己注射灌肠剂进行自杀的可能性也可以排除。当天下午，她情绪非常不稳定，医生安排管家留宿在玛丽莲家中并时刻留意她的状况。而且玛丽莲的心理医生对其进行了长达两个多小时的心理治疗，之后医生确定玛丽莲情绪稳定，可以好好休息，并称如果她感觉良好，可以让管家开车带她去海边散散心。因此，即使当晚她家里的确有一整袋液态耐波他，即使这袋耐波他的确有50毫升，考虑到玛丽莲当时的精神状态，医生和管家绝不可能让她单独接触这袋耐波他。此外，当晚19：45，她最后一次回卧室前，向管家尤尼斯道了晚安，还说了一句：

“我想我们不用开车出去散心了。”尤尼斯当时不理解这句话，后来才得知格林森医生建议她出去转转。虽然这只是两人之间一次自然的交流，但意义重大，这说明，如果当晚医生吩咐过尤尼斯准备含有耐波他的灌肠剂，肯定在玛丽莲进屋休息之前就已准备好。所以，一袋 50 毫升液态耐波他被送到玛丽莲家并因一时失误或故意（如自杀）被用作灌肠剂溶剂的说法没有根据。

通过对上述信息的分析，我们有充足的理由可以排除本案是人为疏忽造成药物过量的可能性：

a. 没有任何证据表明，当晚玛丽莲从恩格尔伯格医生或其他人那里得到一整袋液态耐波他。

b. 格林森医生和恩格尔伯格医生正在帮助玛丽莲摆脱对耐波他的依赖性，并已取得成效，这种情况下，在玛丽莲对耐波他的用量问题上，两位医生不可能出现任何疏忽，如果护理人员计划在玛丽莲睡觉前为她注射耐波他，他们对用量更不会有任何马虎（而且别忘了，玛丽莲的管家是格林森医生安排在她身边照顾她的人）。玛丽莲是格林森最重视的病人，他为这位女明星进行心理治疗是众所周知的，所以，无论在事业上还是在个人感情上，他都会为玛丽莲的安危尽心尽责。

c. 即使管家的确一时疏忽，误将 50 毫升耐波他当成 5 毫升进行注射，导致玛丽莲因药物过量而死亡，那么她事后不可能再向死者注射水合氯醛。(别忘了，玛丽莲的血液里含有相当于 17 粒剂量的水合氯醛，虽然她在努力“戒掉”耐波他的过程中的确时常服用水合氯醛，但每天用量很小，远远达不到 17 粒！)

d. 如果在玛丽莲的死亡中确实存在人为疏忽或事故因素，为何在案发后的几十年当中，没有任何人提起此事？显然，公开这个事实会令当事人多年来所承受的巨大心理压力得到释放，而且对大多数人来说，死者死于医疗事故要比谋杀或自杀更容易让人接受。

e. 如果考虑到肝脏的耐波他含量（是血液中含量的 2.88 倍），死者体内这种药物的总量远远超过一整袋 50 毫升。(1962 年，50 毫升装的耐波他是医生可以得到的最大包装。) 50 毫升相当于 37.5 格令，即 25 片 1.5 格令的耐波他药片，但玛丽莲血液里的耐波他含量超过这个剂量的两倍，甚至接近三倍，这是只考虑到死者血液中耐波他含量的情况，如果将肝脏中这种药物说的含量计算其中，体内耐波他总量则更大。

f. 如果这是一次医疗事故，那么当天下午玛丽莲不可能清醒地打那几通电话，也不可能在晚上 21 点打电话给朋友珍妮·卡门要求她送来一些安眠药。

至此，药物通过口服或静脉注射的方式进入玛丽莲体内的可能性已被排除，我们可以确定，药物就是从肛门通过灌肠剂注射进入体内的。这不是推测，而是事实，这就是玛丽莲的死亡方式。在此基础上，我们可以做进一步推断，事实只可能是下列三种情况之一：

1. 死者自己注射了含有镇定药物的灌肠剂，意图自杀；

2. 医生或护理人员注射时，一时疏忽造成药物过量；

3. 凶手先将死者麻醉，之后向她注射了含有大量镇定药物的灌肠剂。

事实就是上述三种情况之一。

玛丽莲没有途径获得液态耐波他，而且她正处在努力摆脱对耐波他依赖性的特殊时期，医生不可能向她提供这种药（尤其是在她心情沮丧的一天）。因此，我们可以排除死者自己注射，意图自杀的可能性。在

1962 年，医生能拿到的液态耐波他最大包装是 50 毫升，而死者血液中这种药物的含量接近三倍，所以，医疗事故的可能性也被排除。只剩下谋杀这个选项，死者臀部有明显的大面积淤伤，结肠部位也出现变色现象，验尸官野口博士认为，应将这些称为“暴力迹象”。

所有这些事实让最后一种可能性成为一种必然：这是一起谋杀案。从全局的角度分析：玛丽莲血液中的耐波他含量达到人体致命剂量的 15 倍，足以杀死一头大象，相信世界上没有医生会犯如此严重错误。即使对普通的医生和病人来说，这种事故都难以想象，更何况玛丽莲的医生都是最优秀的，玛丽莲也是他们最著名的病人，他们不可能疏忽至此！医疗事故的可能性可以完全排除；死者口服药物或自己注射药物的可能性已被排除，也不存在其他人向她注射药物的可能性，因为法医在尸检时特意寻找过针眼，但却没有找到。

由此来看，我们的结论中经得起仔细推敲的，只有一个可能性——有人从死者肛门部位向她注射了含有镇定药物的注射式灌肠剂。可以确定，这是一起谋杀。请注意，此处我们使用了“谋杀”而非“他杀”，“他杀”的法律定义是死者的死亡由另外一个人的行为促成，按照这个定义，“他杀”可包括医生一时失误向病人注射过量药物，比如麦克·杰克逊的死亡就是如此；但“谋杀”则指凶手有意为之。我们可以 100% 确定，玛丽莲的死亡具备一级谋杀的特征。

这不仅仅是一个推论，而是一种必然，这是由事实证据决定的：玛丽莲是因被注射含有镇定药物的灌肠剂而死亡的，这并不是一次医疗事故，也不是她的自杀手段。从科学和逻辑的角度推断，玛丽莲·梦露就是被谋杀的，而且，谋杀日期不是官方认定的 8 月 5 日，而是 8 月 4 日晚上 20：00—22：00。

据地方副检察长推断：

> 我不知道谁杀了她，但我知道她肯定不是自杀，凶手另有其人。

我们再来简单介绍一下间接证据——玛丽莲没有留下遗书。她是个女演员，非常富有戏剧性，如果她计划自杀，没有留下遗书，这可能吗？

如果她有打算自杀，她会在那天晚上预约发型师第二天去做头发吗？（可以确定，她是在死亡当晚 21：00 做的预约。）如果你是她，你会这么做吗？有人会这么做吗？

如果她计划吞下足以杀死一头大象的安眠药（超过人体致命剂量的数倍），那么她为什么会询问医生是否带走了她的耐波他？她又为何会在死亡之前打电话给朋友要求获得几片安眠药？珍妮·卡门是玛丽莲的朋友，她相信玛丽莲是被谋杀的，否则，玛丽莲当天很晚的时候打电话给珍妮希望她拿过去几片安眠药的行为该如何解释？据卡门回忆，玛丽莲当时说：

> “卡门，你有安眠药吗？如果有，能不能给我拿一些过来？”我回答说：“我没法过去。”

玛丽莲搬到布伦特伍德的住所之前，珍妮·卡门曾是她的邻居。许多对本案有研究的人对她们两人之间的友谊都有质疑，有人认为玛丽莲身边有些人试图通过将自己和玛丽莲的故事联系，从而达到个人成名的目的，许多人将罗伯特·斯莱泽归为此类，也有人认为珍妮·卡门也属于这一类。但是，至少有一点很明确，珍妮和玛丽莲曾是邻居，也是普通朋友。

珍妮·卡门对整个案件的结论是：

> 我打赌她没有服药过量，她是被谋杀的，就是这么回事。

即使在事隔多年的1985年，罗伯特·肯尼迪与玛丽莲·梦露的情史依然是个会让肯尼迪家族蒙羞的话题。美国广播公司新闻频道20/20栏目曾针对这段历史做了充分的研究调查并就此制作了一期节目，但这期节目却在播放前最后一刻被取消，下达这一指令的就是与埃塞尔·肯尼迪关系密切的美国广播公司主管。有幸节目中的研究调查还在。西尔维娅·蔡斯问管家尤尼斯·穆雷一个问题：玛丽莲与罗伯特·肯尼迪之间是否存在恋爱关系。尤尼斯详细描述了1962年6月罗伯特·肯尼迪去玛丽莲家的情形，最后她说："我认为可以称为恋爱关系，是的。"

前美国参议员乔治·史摩瑟斯是肯尼迪总统的好友，他曾表示，总统先生向他透露过，玛丽莲与他的恋情结束之后，又与罗伯特·肯尼迪之间产生了婚外情。

在上文提到的那档节目中，还有一个更具爆炸性的发现：黑手党的确有意勒索司法部长和总统。节目采访了监控专家弗雷德·奥塔士，他有文件可以证明他曾与肯尼迪兄弟的死敌——具有黑道背景的卡车运输老板吉米·霍法签订了一份协议，后者要求他监听罗伯特·肯尼迪和肯尼迪总统两人与玛丽莲的对话，监听记录清楚地表明玛丽莲与兄弟二人之间的恋爱关系。这一发现将黑手党敲诈勒索肯尼迪兄弟的居心暴露无遗。20/20节目制片人斯坦诺普·古尔德说：

> 这期节目的故事点就在于犯罪集团一方的文件材料。从中

可以看出，美国总统和司法部长与这位全美最知名的女星之间的风流韵事显然受到势力强大的犯罪集团的监听，可能成为他们进行敲诈勒索的筹码。这个故事简直太棒了！

判断一个事件的严重性，要看这件事的附带效果：这期节目被取消之后，休·唐斯、西尔维娅·蔡斯和杰拉尔多·里韦拉都认为这属于内容审查，对此表示强烈抗议，纷纷辞职。

历史背景

截至 1962 年，不仅好莱坞“影视圈里的人”知道玛丽莲和肯尼迪总统之间的私情，华盛顿政治圈也对此有所了解。大选在即，这件事很

可能将肯尼迪总统置于不利的位置，于是，要求他在大选前结束这段关系的压力越来越大。例如，当玛丽莲表示要参加总统即将在纽约麦迪逊广场花园举办的生日宴会并演唱《生日快乐歌》时，肯尼迪总统阻止过她，玛丽莲的电影制作公司则向她的律师发了一份两页纸的法律文件，警告玛丽莲如果参加宴会，则将被视为违反合同。玛丽莲请求肯尼迪兄弟利用他们在电影制作公司董事会中的影响力为她解围，但两人均拒绝。据称，民主党领袖对肯尼迪表达过愤怒之情，在宴会之前，三位民主党参议员向肯尼迪总统发过电报，敦促他阻止玛丽莲出席这场盛大的生日宴会。

可在宴会的举行日期，玛丽莲最终还是出现了。

肯尼迪总统的公众生活与私人生活之间的界线，就在这场 45 岁生日宴会上被抹掉了。当天是 1962 年 5 月 19 日，共有 15000 位友人、同事以及政治捐款人出席了这场在纽约麦迪逊广场花园举办的宴会，在场的还有来自世界各地的媒体记者，宴会场面会在全国范围电视播放。在宴会上，肯尼迪总统“众所周知”的情人玛丽莲为他献唱一曲。

玛丽莲似乎抱着“成功在此一举”的决心，希望将众所周知的事实置于聚光灯下，达到“俘获”肯尼迪总统的目的。为了加大赌注，她当晚身着一件非常紧身、半透明的长裙出现在舞台上。这件若隐若现的裙子就像非常薄的内衣长裙，紧贴身体，玛丽莲基本上是将裙子“缝”在身上的。裙子上镶嵌了 2500 颗莱茵石，她的出现，让美国驻联合国大使阿德莱·史蒂文森不禁感叹：

> 我从没见过像那晚的玛丽莲一样漂亮的人，她似乎就是身着“皮肤”，镶着亮珠，但我其实根本看不到那些亮珠。

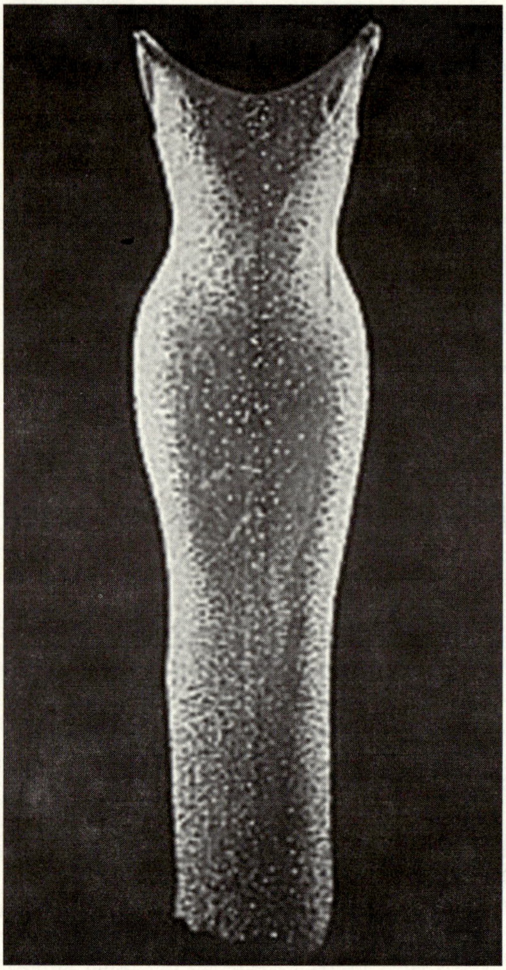

戏剧性的一幕就此开场，玛丽莲终于走上舞台，台下的观众被惊得倒吸一口气：

这么一位名人出现，那一刻，观众几乎屏住了呼吸，身在麦迪逊广场花园的15000位观众几乎以为她里面没穿衣服。玛丽莲慢慢走上舞台，身着一件奢华的白貂披肩。她站在话筒前，转过身，脱下肩上的皮草，人群中再次传来一阵惊叹声，

玛丽莲身着一件肉色的紧身长裙站在台上！

她当晚出席晚宴时穿着的那件裙子于 1999 年在纽约被拍卖，价格高达 126 万美元，足以看出这场宴会的奢华程度。

《时代》杂志的休·西德尼说过这样一段话：“她身着那件肉色长裙、没穿内衣出现时，你可以立刻嗅到欲望的味道。”

接着，玛丽莲为肯尼迪献上了一首《生日快乐，总统先生》，婉转回荡，悠悠的歌声透出丝丝撩人的气息。在场的记者桃乐茜·基加仑说，就好像“她当着四千万美国公众的面和总统做爱”。第一夫人杰奎琳·肯尼迪并不在台下，以她的过人智慧，对这一切早有预料。在得知玛丽莲将出席宴会演唱歌曲时，她立即决定放弃出席宴会，并离开了纽约。所有迹象表明，杰奎琳对她丈夫与玛丽莲的私情心知肚明。

撩人的演唱，魅惑的表演，几乎不留想象空间的着装，玛丽莲无疑吸引了在场所有人的眼球。这对总统来说是一个非常棘手的场面，但如往常一样，他依然处理得当。玛丽莲演唱结束后，肯尼迪总统走到话筒前，面带微笑、魅力难挡，他用温和的口气说：

> 听了这首演唱得如此甜美、沁人心脾的生日歌，我心满意足，可以退休了。

那个年代，白宫对媒体实施强有力的控制。据说，宴会结束之后，美国情报处特工没收了玛丽莲和司法部长在宴会上共舞的照片。第二天凌晨2：30，特工敲开了白宫记者梅丽曼·史密斯的房门：

> 他们要确保我不会报道玛丽莲和罗伯特·肯尼迪之间的事。

第二天一大早，美国情报处特工来到《时代》杂志的照片冲印室，要求他们交出前一晚在宴会现场拍摄的玛丽莲与肯尼迪兄弟的照片。

宴会之后，肯尼迪总统终止了与玛丽莲的关系，从此，两人再未见面。整件事是出于政治原因而非个人原因，不难看出其中隐藏的危险。肯尼迪总统听取了华盛顿内部人员的忠告，断绝了与玛丽莲的来往：她打到白宫的电话不再被转接；总统曾给她的私人号码也无法接通。

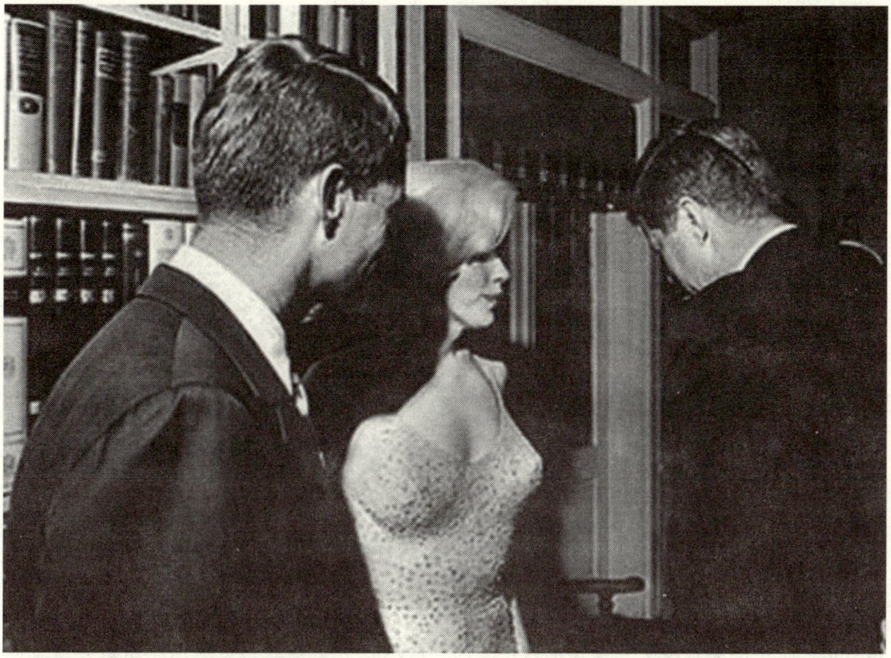

虽然肯尼迪总统有很多婚外情，但在1963年的美国，媒体并不会对此作任何报道。因为，肯尼迪总统利用个人魅力和智慧与白宫以及华盛顿媒体圈建立了和谐的关系。此外，他父亲乔瑟夫·肯尼迪的商业帝国所拥有的媒体资源也让肯尼迪总统受益匪浅。总之，在这位魅力超凡的总统面前，媒体总是表现得恭敬顺从。

因此，虽然肯尼迪总统婚外情颇多，其中还包括知名女星玛丽莲·梦露、朱迪·坎贝尔、艾伦·罗默茨和玛丽·平肖·梅耶等，但媒体一直对此保持缄默。真正的危险并非媒体报道，而是可能会遭到敲诈勒索，这正是联邦调查局局长埃德加·胡佛所担心的。正因为如此，他们怀疑艾伦·罗默茨是东德间谍时，立即将她驱逐出境；当发现朱迪·坎贝尔与芝加哥黑手党头目山姆·加恩卡纳交往密切时，肯尼迪总统迅速和她断绝来往。

联邦调查局局长胡佛警告过肯尼迪总统他可能会受到勒索，因为联邦调查局的监控信息表明，他的婚外情人与黑手党交往密切。罗伯特·肯尼迪也恳请他的哥哥在男女关系方面注意自己的言行举止，尤其要对与玛丽莲·梦露和朱迪·坎贝尔之间的关系小心谨慎，这两个女人有可能将他置于黑手党的掌握中。肯尼迪总统在种种压力面前终于让步，不久之后，在玛丽莲死亡之前的几个月，肯尼迪断绝了与她的交往。

虽然肯尼迪总统与媒体关系良好，但他与多名女性之间的性关系依然广为人知，他的婚外情相继曝出，不断挑战着公众的底线。他后来结束了与玛丽莲·梦露的交往。据说，玛丽莲在事业上得到过好友约翰·罗塞里的大力支持，此人是黑手党首领山姆·加恩卡纳的同伙。据称，玛丽莲的成功是芝加哥黑手党一手促成的，事业的起步就是由芝加哥黑手党前任头目托尼·阿尔卡多大力推动的。

芝加哥黑手党在好莱坞具有广泛的影响力，这在玛丽莲的事业中可见一斑。1948 年，当时的芝加哥黑手党头目托尼·阿尔卡多派约翰·罗塞里去要求哥伦比亚电影公司总裁哈里·科恩和玛丽莲·梦露签订一份长达数年、条件诱人的合同。科恩向来争强好胜，但对此事却毫无反抗，顺从地签下了玛丽莲这个当时毫无名气的女演员。原因很简单，科恩能获得哥伦比亚电影公司的控制权，依靠的就是黑手党的资金以及阿尔卡多和罗塞里的影响力。

在约翰·罗塞里的帮助下，芝加哥黑手党通过支持哥伦比亚电影公司总裁哈里·科恩顺利进入好莱坞电影产业，之后便在电影业呼风唤雨，顺利捧红了玛丽莲·梦露和法兰克·辛纳特拉等明星。据传闻，哈里·科恩就是电影《教父》中“马头”一幕中制片人的原型，在现实中，当芝加哥黑手党派罗塞里向科恩提出由辛纳特拉出演某个电影角色的要求时，科恩强硬地表示反对：

他们在科恩的办公室进行了一场气氛紧张的会议，据说罗塞里要求科恩让辛纳特拉扮演电影《永垂不朽》中安吉洛·马乔的角色，但科恩不仅对此反对，而且态度十分强硬，“约翰，如果非要如此，那我得打几个电话”，他在暗示背后支持他的黑社会。

但罗塞里的背后可是遍布全国的黑社会网络，科恩在他面前势单力薄，他说：“哈里，如果你不同意，你就等死吧。”

最后，辛纳特拉不仅获得了这个角色，还凭借这个角色获得了奥斯卡金像奖。

而正是上述这些与犯罪集团之间的联系，成为1962年玛丽莲死亡和1963年肯尼迪总统死亡的重要原因。

可能发生的场景

• 肯尼迪兄弟

许多书里指出，有可能是肯尼迪兄弟杀害了玛丽莲，因为这个女人过度曝光了她与总统之间的私情。但这个观点遭到各方否定，因为肯尼迪兄弟二人虽然有颇多婚外情，这些关系也为他们惹过麻烦，但有一点可以确定，他们从没有杀害情人的历史。他们对玛丽莲的兴趣显然出于肉欲，这和谋杀完全不在一个层次。罗伯特·肯尼迪尤其不可能，他一直关切贫穷妇女的生活状况，这样一个人，谋杀似乎不可能是他的所作所为。不过，的确有大量证据证明，在玛丽莲死亡当天，罗伯特·肯尼迪就在洛杉矶，玛丽莲死亡之后他迅速离开。

• 中情局

另一个可以摆脱谋杀嫌疑的就是中情局，有人曾假设，由于中情局有一部分人认为当年古巴猪湾事件中肯尼迪兄弟的所作所为背叛了情报人员，他们对此怀恨在心，便杀害了玛丽莲·梦露，作为对肯尼迪兄弟的报复。

但是这种观点存在一个很大的问题：

如果中情局的目的是将肯尼迪兄弟牵涉到这起谋杀案中，他们为何将谋杀伪装成自杀？

• 犯罪集团

如果这起谋杀是犯罪集团所为，那么，让谋杀看起来像自杀绝对是个聪明之举，这个推论有许多合理之处。

在描写犯罪集团的《背叛》(由山姆·加恩卡纳的家人撰写）一书中的描述与上述推论相符，也是许多犯罪集团调查人员所怀疑的一种可能性。据称，芝加哥犯罪集团派托尼·“蚂蚁”·斯皮罗特洛和法兰克·“德国人”·施维茨杀害玛丽莲（先用氯仿将其麻醉，然后注射含有耐波他的灌肠剂），将现场布置成死者服用过量药物的场景。从其他犯罪集团内部人员得到的说法是，杀害玛丽莲的是一支与往常不同的杀手小组，同时他们也证实这些人是“芝加哥”派去的。

另外非常有趣的一点是，水合氯醛（玛丽莲体内这种物质的含量相当于超过 17 粒水合氯醛胶囊）和氯仿有关。

罗伯特·肯尼迪执掌的美国司法部与黑手党头目山姆·加恩卡纳、卡洛斯·马塞洛之间的战争不是秘密，在黑手党看来，肯尼迪兄弟彻底背叛了他们。

要想摧毁罗伯特·肯尼迪的政治生涯，还有什么能胜过这个呢——他的婚外情人被抛弃，伤心欲绝，决定自我了结，将这一切公之于众，他的政治前途就完了！案发后，现场会有种种证据等着被发现，比如书信、字条、日记等等。玛丽莲死亡时间与最终报警时间之间之所以存在很长的空白期，就是因为案发现场需要清理，这样才能保护总统和司法部长不会被敲诈勒索。

我们仔细研究了这种情况，感觉非常合理。虽然玛丽莲死亡时具体发生了什么无法确定，但她死亡之后发生了什么是可以确定的。她死后的场面可以说是一片混乱。

有人（准确地说，有很多人）费尽心机将这起谋杀和白宫联系起来。

如果犯罪团伙希望利用玛丽莲来摧毁罗伯特·肯尼迪的政治前程，那么他们没有得逞，案发后一系列的掩盖行动挫败了

犯罪团伙的企图，这要归功于胡佛，他第一时间获取了玛丽莲的窃听录音，这让肯尼迪兄弟二人对胡佛建立了从未有过的依赖。

据一位真正的犯罪作家克里斯多夫·克莱尔称，犯罪分子在这起谋杀中使用了水合氯醛，这种镇静剂是黑手党实施谋杀的首选药品，在玛丽莲谋杀案之前的数年中，他们在多起谋杀中使用了水合氯醛。

我们再从全局角度来看看这起案件。错综复杂的斗争没有停止过，而这些斗争不单单与玛丽莲有关。据文件记载，肯尼迪总统的父亲乔瑟夫·肯尼迪曾在1960年大选之前前往芝加哥，并得到犯罪集团的支持，有人说犯罪集团将伊利诺伊州献给了肯尼迪总统，还有人说献给他的除了伊利诺伊州，还有西弗吉尼亚州。无论如何，可以确定，犯罪集团为肯尼迪总统提供了帮助。

因此，犯罪集团认为，作为回报，他们会从华盛顿获得一些“帮助”。但事与愿违，肯尼迪兄弟，尤其是罗伯特·肯尼迪把打击黑手党作为事业重心，不过中情局的立场与此不同，他们继续获得黑手党的支持，特别是在古巴领导人菲德尔·卡斯特罗暗杀计划中，双方合作很多。罗伯特·肯尼迪对此应该是知情的，他曾负责情报组织的“猫鼬计划”。这场关系奇怪但真实存在的斗争继续着，但斗争双方的合作却从未中断过，即使罗伯特·肯尼迪在他的著作《内部的敌人》中对犯罪集团的危险提出警告之后，这种合作也没有中断。罗伯特·肯尼迪执掌的司法部在全国范围对黑手党展开打击，与此同时，肯尼迪政府确实在与黑手党联合开展对抗古巴的行动。

由此看来，就有了另一种可能——这起谋杀的目的并非公开肯尼迪兄弟的性丑闻，而是伤害玛丽莲。

犯罪集团曾绞尽脑汁收买肯尼迪，比如通过与辛纳特拉之间的密切关系接近总统，但总统最终却因为这个女人与黑手党的联系而与其断绝来往。他们还试图通过窃听肯尼迪总统和另一名女人的对话想对其进行勒索，他们还做过什么类似的事，只有天知道。最后，通过玛丽莲设局，勒索肯尼迪总统，或将其杀害并间接嫁祸于肯尼迪总统，这完全就是他们想要的结果，也是他们在玛丽莲的住所安装窃听器的目的。

玛丽莲打算“泄露”她与肯尼迪兄弟的私情或美国政府对卡斯特罗的暗杀计划的说法根本经不起推敲，她担心肯尼迪兄弟会“处置”她的说法也站不住脚。

玛丽莲与她屏幕上扮演的“金发无脑”的形象截然不同，现实生活中的她头脑精明，通过勤奋的工作，让自己的事业一路走到巅峰，为什么要将这来之不易的一切置于如此危险的境地呢？她有一份对她而言至关重要的职业需要保护，这是她通过步步谋划才最终实现的，她不会因为被情人抛弃就将这一切毁于一旦。她自己也说过，这就是她与乔·迪马乔的婚姻不可能幸福的原因所在。无论是泄露国家机密，还是泄露她与总统之间的私情，在那个年代，不仅只是制造一个好莱坞丑闻那么简单，更会将她的事业瞬间摧毁。所以，一切关于玛丽莲想“公开”她与总统之间私情的说法都完全不合理。

最后，警察总会问这样的问题：受害者是否与任何有犯罪前科的人有联系？你是否能想到什么人希望看到玛丽莲受到伤害？至于这两个问题的答案，我们可以听听玛丽莲的朋友法兰克·辛纳特拉的那首歌：

芝加哥，芝加哥……

第五章 约翰·肯尼迪

1963年11月22日死亡，美国总统。

受害者：

美国总统约翰·肯尼迪。

死亡原因：

身体多处中枪。

官方裁决：

肯尼迪总统被名为李·哈维·奥斯瓦尔德的枪手暗杀，此人从车队后方建筑物六层房间的窗户向肯尼迪开了三枪。

实际情况：

肯尼迪前往德克萨斯有其政治目的——与民主党重建友好关系。但他在德克萨斯州的确有许多死敌，其中包括保守派人士、黑手党、石油巨头，甚至还包括他手下的副总统林登·约翰逊。“杀手只有一人”的说法已经遭到肯尼迪研究各界的全面否定，他们认为这种说法极其荒谬。从当时的伏击情况来看（子弹从多个角度射击），枪手肯定不止一人。奥斯瓦尔德由于与政府情报组织之间有明显的联系，于是沦为本案中的替罪羊，紧接着，政府展开了全面掩盖行动。

矛盾之处：

1. 致命的一枪来自死者前方，有证据可以证明这一点（但枪击发生时，奥斯瓦尔德所在位置在车队后方）。暗杀发生时的影响资料显示，总统的头部受到来自正面射击的强烈冲击力，导致头部以及身体向后方严重倾斜。血液喷溅的痕迹、当时在场的目击证人和耳闻证人的证词也证实，的确有子弹击中总统正面。

对所有医学证据进行详尽地研究后可以得出一个结论：

> ……多名证人看见死者额头右上方发际线处有一个非常完整的子弹孔。

达拉斯市医院急诊室医生的宣誓证词表明，总统喉部也有一个子弹孔。

关于死者遭到正面射击的证据数不胜数，无论以何标准衡量，这些都足以构成证据。

2. 奥斯瓦尔德根本做不到官方裁决中列出的罪行。军事历史上最优秀的狙击手曾尝试完成这一任务，但没有成功，更何况是奥斯瓦尔德呢？

奥斯瓦尔德是替罪羊，这一点毫无疑问。

——弗莱彻·普劳蒂上校，中央情报局秘密行动军事联络处（中央情报局与国家安全委员会5412空军秘密行动集中联络人，国防部长新闻发言人）

3. 当时有超过三发子弹同时射击车队，这说明一定有一个由多名枪手共同参与的暗杀计划。“只有一名枪手”的说法荒谬至极，明显是用于掩饰现场子弹太多这一事实的借口。

4. 奥斯瓦尔德曾在美国情报机构服役，这个信息得到了多名退役情报人员的确认。有迹象表明他从头到尾参与了暗杀总统的行动，最后被“叛徒”特工设计陷害，成为这次行动的“替罪羊”。对奥斯瓦尔德的录音进行的声音压力测试结果表明，在他说“我没有杀人，我只是替罪羊”时，他说的是真话。

这不是辩解，而是事实。奥斯瓦尔德可是一名军事特工。

——威廉姆·罗伯特·普拉姆利，前军事情报特务和中央情报局“特别行动”负责人

5. 政府明目张胆地展开了大规模的掩盖行动，将暗杀罪名安在了奥斯瓦尔德头上，无视、驳回甚至故意混淆所有会对他们的掩盖行动造成障碍的证据，隐瞒了奥斯瓦尔德与美国情报机构之间的关系，阻挠真实调查的进行。

只要提起奥斯瓦尔德这个名字，整个华盛顿都会绷紧神经，因为美国政府的情报机构在本案中做了巨大的妥协。

> 你可能一辈子也无法知道真相，我说的认真的。
>
> ——美国最高法院审判长厄尔·沃伦，
>
> 负责调查肯尼迪总统遇刺案的沃伦委员会负责人

所有证据都确定无疑地证明，车队前方遭到子弹袭击，后方也有。

如下图所示，在肯尼迪遇刺时的影像资料的第 312 至 320 帧图像中的细节，清晰地表明肯尼迪因额头被子弹击中身亡。在此之前，总统喉部已经被子弹射穿，当时坐在同一辆轿车前排座位的康纳利州长也至少身中一枪，从图中可以看出他中枪后身体所做的反应。在第 312 帧图像中，第一夫人杰奎琳·肯尼迪感觉到大事不妙，急忙侧向总统身旁，而当时总统因为喉部中枪，身体倒向前方。之后，他的额头右上方又中一枪，他的头部和身体瞬间倒向左后方。由于这一枪的冲击力巨大，肯尼迪的血液、头骨碎片甚至脑浆都喷溅出来，溅到了当时轿车后侧左后两边警卫所驾驶的摩托车挡风玻璃上。

总统身体后倾的动作在影片中可以看得更为明显。当泽普鲁德拍摄的影片最终被搬上电视屏幕时，美国观众倍感震惊，总统很明显是被来自正面的子弹击中。这段影片的增强版本可以在网上观看，每一个美国人都应该仔细看看这段非常重要的历史影像。从总统身体正面射击而来的子弹所产生的强烈冲击力在影片中十分清晰，不可能有错。

从图片中还可以看出，肯尼迪总统的头骨被击碎，中枪后，一大块头骨碎片立即飞了出来，飞过头顶，落到轿车的后备箱上。第一夫人杰奎琳·肯尼迪本能地向后伸手去接这块“飞出去”（她的原话）的头骨。一个常见的误解是，杰奎琳·肯尼迪当时伸手的目的是要将美国情报处特工克林特·希尔拉上轿车，这种说法是错误的。她伸手的时候，眼睛注视的是肯尼迪，总统额头中枪后，头骨碎片被弹向后方，她迅速伸手去接，接到一些东西后将手伸了回来，整个过程中，她的手从没碰到克林特·希尔，希尔在上车过程中也没有得到她的帮助。

肯尼迪总统的暗杀过程被以每秒 18 帧的速度录制下来。在第 312 帧，总统手抓喉部，正是急诊中心医生所描述的子弹孔所在的位置。靠他右侧的康纳利州长被从后方射击而来的子弹击中，身体也出现倾斜。

第 313 帧，高速子弹击中总统额头右上方、靠近发际线的位置。

第 317 帧，总统由于受到高速子弹的冲击力，身体已经严重倒向后方，并向左侧倾斜。

第 320 帧，在中枪后不到半秒，总统的身体继续倒向左后方，表明子弹来自轿车的右前方。很快他就完全倒向左侧，上半身躺在后座上。

杰奎琳·肯尼迪也证实了上述说法，她一再表示：

> 我手上拿着他的头骨。

有关击中肯尼迪的最后一枪的证据在鲍伯·哈里斯编辑的影像研究资料《肯尼迪遇刺——最后一枪》中得到逐帧分析和反复研究。

值得注意的是，哈里斯的研究中出现的法医学证据表明，肯尼迪总统头中两枪，这两枪几乎在同一时间击中目标，一个来自前方，一个来自后方。其实，要证明本案中的枪手不止一个，只需证明总统被正面子弹击中即可。无可置疑的是，肯尼迪至少被两颗从他正面射来的子弹击中：一颗击中额头右上方，道格拉斯·P·霍恩的作品《暗杀纪录审查委员会：美国政府对肯尼迪遇刺案中的相互矛盾的医学证据进行协调的最后努力》中对证据和证人证词的分析也证实了这一枪；另一颗子弹击中喉部，达拉斯市帕克兰医院急诊室里参与抢救肯尼迪的医生在宣誓证词证实了这一枪。

很明显，杰奎琳·肯尼迪当时手里握了一块总统的头骨碎片。而且，如果总统不是额头正面中枪，头骨碎片不可能在中枪瞬间出现向轿车尾部运动的趋势，只有在额头正面中枪的情况下才可能出现这种现象。

几分钟之后，总统被送到了达拉斯市帕克兰医院，急诊室里简直人满为患。医生立即着手抢救肯尼迪总统，但已经为时过晚。杰奎琳·肯尼迪推了推一位医生，给他看了她手中一直小心紧握着的东西：一块总统的头骨。马里奥·詹金斯医生证实了这个情节：

> 她走过来，用胳膊肘推了推我，递给我她手中一直小心拿

着的东西：一大块她丈夫的头骨。

鲜血喷溅的痕迹（肯尼迪的血液、头骨碎片甚至脑浆都喷溅出来，溅到了当时轿车后侧左右两边警卫所驾驶的摩托车挡风玻璃上）与泽普鲁德拍摄的影片中子弹射入头部右上方的画面相符。

雪莉·古铁雷斯·菲斯特是一名退休的注册高级犯罪现场调查员，是法院认可的犯罪现场重建和血液喷溅分析领域的专家，她通过犯罪现场的重建和对此案长达几十年的科学分析，得出以下结论：

- 肯尼迪总统头部的伤口是从右前方射击而来的子弹击中造成的。
- 我认为致命的这一枪来自三层地下通道的南端附近，这个位置的角度和高度与这一枪的子弹弹道完全符合，同时也可以为罪犯提供很好的隐蔽，即使站在天桥上也看不到枪手。这个位置与临近的停车场之间没有任何障碍，有利于罪犯在案发后迅速逃离犯罪现场。此外，由于肯尼迪路过此处时，会面向这个位置，构成一条直线，稍稍偏右，从这一位置射击形成的子弹弹道与肯尼迪头部只有右侧中枪的医学证据完全吻合。

探索频道曾对此案进行过研究，其结果是建立在一些无法证明真实发生过或存在过的变量和假设之上的，而事发现场的血液喷溅痕迹清晰地证明的确有正面射击发生过。(探索频道在 2008 年进行的研究在很多方面存在缺陷。例如，他们研究的那辆具有血迹的车其实并非肯尼迪总统中枪时乘坐的那辆轿车，而是一辆用于模拟现场的测试车辆，这辆车上的血迹都是在对与“受害者”枪伤“相符合”的推论基础上模拟重建的。对“相符合”的枪伤进行的推测也是根据官方对事发现场的描述进行的，都是推测的枪伤，不是真实的枪伤。简单地说，他们是在假设官方说法真实的基础上“证明了”其真实性。在这个过程中，他们犯了一个错误，在法律领域被叫作“无法证明真实性的假设”，换句话说，在依然存在质疑的方面，他们假设官方的答案都是正确的。这就好像下面这种说法：如果假设女性有前列腺，那么她们将和男人面临同样的前列腺疾病。从逻辑的角度来讲，这是一个前提错误的谬论，无论结论如何，这个论述都是错误的，因为它的假设前提根本不成立。）

从多方报道中可以确认的是，总统身中两枪之后，总统乘坐的轿车立即放慢速度，几乎停了下来，因此，车辆本身所产生的定向动能成了血液喷溅证据中的一个争论点。

鲍比·哈吉斯警官，达拉斯警察局警察（驾驶摩托车紧跟在肯尼迪总统所乘轿车的左后方）：

> 当肯尼迪总统在车里直起身体时，一颗子弹击中他的头部，这就是将其射杀的那一枪，看上去就像是他的头爆炸了，血、脑浆都溅到我身上，还有些像血水一样的东西……从当时的声音判断，射击就发生在我旁边。

哈吉斯警官立刻扔下摩托车，向路堤方向跑去，还有很多其他人也朝那个方向跑去，他们当时认为这一枪是从路边的草坪区域射击而来。

另一名骑摩托车的警察B·J·马丁驾驶摩托车紧跟在总统乘坐的轿车的左后方，不过他的位置距轿车更远一些（他在哈吉斯警官的左侧），总统头部中枪后，他的摩托车挡风玻璃上也溅满了血、头骨碎片和脑浆。

更多的血迹证明子弹来自前方：在上面这张照片中，两名驾驶摩托车的警察鲍比·哈吉斯和B·J·马丁分别位于总统乘坐的轿车后方的左右两侧（更接近紧跟着总统轿车的特工处车辆）。总统头部中枪后，他们二人的摩托车挡风玻璃上都立即被溅上大量的鲜血和脑浆，这明确表明子弹来自轿车的右前方。

枪击发生时，美国特工处特工保罗·兰迪斯位于紧跟在总统轿车后方的特工处车辆里，他站在车辆右侧的脚踏板上，所以他的位置就在总统轿车的正后方，离总统所坐的位置只有几英尺的距离。从照片中可以看到，最后一枪发生时，兰迪斯所看的方向和他证词中所说的一致：

> 我当时的反应是，这一枪是从前方射过来，应该是在道路的右侧。

医学证据

大量医学证据可以确定无疑地证明总统身上至少有两处正面枪伤：一处在喉部，另一处在额头右上方接近发际线的位置。除此之外：

多位目击证人都表示看见总统额头右上方发际线处有一处完整的弹孔。

2010年，道格拉斯在对肯尼迪遇刺案的所有医学证据相关文件进行详尽研究之后，得出这样的结论：

多位在医学以及其他方面都具有可信度的证人均证实，他们在肯尼迪总统的头部正面清楚地看到过一个弹孔，位置就在额头右上方发际线附近。

研究员鲍伯·哈里斯在对本案的影像资料进行研究后指出，从医学上分析，正面中枪是确定无疑的：

三位顶级的独立专家对存放在美国国家档案馆的肯尼迪的X光影像图进行了研究，三人分别是约瑟夫·莱利博士、兰迪·罗伯森博士和大卫·曼迪克博士，他们是分别在不同时间进行的研究，并各自得出了独立的结论，三位专家都确定地表示，总统头部中枪两次。

约瑟夫·莱利博士拥有神经学和神经解剖学的博士学位，他的结论是：

约翰·肯尼迪头部中枪，一颗来自右前方，另一颗来自后方。

兰迪·罗伯森博士，医学博士，获得专业认证的放射学专家，他的结论是：

总而言之，总统头骨的创伤并不是一颗子弹所致，而是两次分别射击的子弹所致，这是医学事实，也是科学事实。

大卫·曼迪克博士，医学博士，物理学博士，获得专业认证的放射学专家，他的结论是：

……有两枪击中头部。

可以肯定的是，达拉斯市帕克兰医院的医生对于总统喉部前方有一处明显的子弹孔这一点没有异议，他们同样可以肯定的是，总统额头中枪并导致头部后方有一大块明显的子弹射出时留下的弹孔。达拉斯市帕克兰医院里见过肯尼迪总统尸体的医护人员都表示，总统头部后方的确有一块面积很大的子弹射出时留下的弹孔，医院对此有资料记载：

- 查尔斯·J·卡里科医生，对肯尼迪总统实施抢救的主治医生之一。他表示，总统头部后方靠右侧确实有一块面积很大的子弹射出时留下的弹孔。当时的情形十分难忘，他对此非常确定。

- 查尔斯·克伦肖医生，对肯尼迪总统实施抢救的主治医生之一。他表示，总统头部后方靠右侧确实有一块面积很大的子弹射出时留下的弹孔。当时的情形十分难忘，他对此非常确定。

- 理查德·杜拉尼医生，对肯尼迪总统实施抢救的主治医生之一。他表示，总统头部后方靠右侧确实有一块面积很大的子弹射出时留下的弹孔。当时的情形十分难忘，他对此非常确定。

- 罗那德·琼斯医生，对肯尼迪总统实施抢救的主治医生之一。他表示，总统头部后方靠右侧确实有一块面积很大的子弹射出时留下的弹孔。当时的情形十分难忘，他对此非常确定。

• 罗伯特 · 麦柯里兰医生，对肯尼迪总统实施抢救的主治医生之一。他表示，总统头部后方靠右侧确实有一块面积很大的子弹射出时留下的弹孔。当时的情形十分难忘，他对此非常确定。

• 保罗 · 彼得医生，对肯尼迪总统实施抢救的主治医生之一。他表示，总统头部后方靠右侧确实有一块面积很大的子弹射出时留下的弹孔。当时的情形十分难忘，他对此非常确定。

• 肯尼思 · E · 塞勒医生，对肯尼迪总统实施抢救的主治医生之一。他表示，总统头部后方靠右侧确实有一块面积很大的子弹射出时留下的弹孔。当时的情形十分难忘，他对此非常确定。

• 奥黛丽 · 贝尔，对肯尼迪总统实施抢救的急救队成员。她表示，总统头部后方靠右侧确实有一块面积很大的子弹射出时留下的弹孔。当时的情形十分难忘，她对此非常确定。

• 美国联邦调查局侦探弗兰克 · 奥尼尔，在贝塞斯达看过肯尼迪总统的尸体。经他证实，尸体头部后方右侧有一大块伤口。

• 杰罗尔 · 卡斯特，放射线专家，他在贝塞斯达对总统尸体进行 X 射线分析。据他证实，当时总统头部后方靠右侧有一大块裂口："那一块没有了。"

• 弗洛伊德 · 瑞伯，贝塞斯达的尸检员。他在一段视频采访中表示，他亲眼看到总统头部后方右侧有一大块伤口。

• 保罗 · 奥康纳，贝斯塞达的尸检员。他在一段视频采访中表示，他亲眼看到总统头部后方右侧有一大块伤口。

七名医生表示亲眼看到总统头部后方露出了一大块小脑，有脑浆渗到了他当时躺着的急救台上。当问他们对此是否确定时，他们几乎全都表示，那样的场面此生难忘，况且，那个人还是美国总统。

枪杀现场的目击证人当中，有八成都表示有一枪是从西边射击（官方认为的狙击手据点位于东边德克萨斯教科书仓库楼上），距离最近的目击证人表示，击中总统头部、将其射杀的那颗子弹就是从草丘高处（西边）射击而来，他们都表示对此非常确定，因为那一枪的声音与之前的枪声有所不同。据他们描述，这一枪听上去与他们距离非常近，感觉子弹就从头顶飞过，以至于他们立刻扑倒在地、躲避子弹。

美国特工处证词

福利斯特·索雷尔斯，特工主管，达拉斯分部，美国特工处（事发时，他在肯尼迪总统乘坐轿车前方的那辆车里，那是车队的领头车）。索雷尔斯特工在车队的第一辆车里，坐在后排右座，枪击发生时，他正在通过车辆右侧的后视镜查看后方的情况。他的证词是：

> 听到枪声后，我立即朝车队右边的高地看，因为声音似乎从那个方向传来。

保罗·兰迪斯，特工，白宫事务处，美国特工处（事发时，他在紧跟着肯尼迪总统的轿车的那辆车里）：

> 我当时的反应是，这一枪是从前方某个地方射击的。

托马斯·L·“莱姆”·约翰斯，特工主管助理，副总统事务处，美国特工处（事发时，他与副总统乘坐同一辆车，在肯尼迪总统的轿车后方，与其相隔两辆车）：

> 前两枪听上去是在我旁边的草丘方向射击的。

美国特工处多位特工的证词都收录在文森·帕拉马拉编撰的《幸存

者的愧疚》一书中，很多特工的第一反应都聚焦在车辆前方的区域，根据声音判断，那就是开枪的位置。可以确定，案发时，现场所有执法工作人员的注意力都立刻集中到了车队前方区域（包括天桥附近、旁边的铁路调车场区域、草丘区域等，当时许多目击者同时跑上草丘，因为他们认为那就是开枪的位置）。

杰西·科瑞，德克萨斯州达拉斯市警察局局长（案发时坐在车队第一辆车里，肯尼迪的车紧随其后）：

> 在三层地下地道的顶层区域抓捕一名男性，查看那里发生了什么。

科瑞局长后来承认：

> 我们没有任何证据可以证明奥斯瓦尔德使用步枪进行射击，从来没有。直到现在，没有人能证明案发时他手拿步枪在那个楼上。

比尔·德克尔，达拉斯郡郡长（案发时坐在车队第一辆车里，肯尼迪的轿车紧随其后）：

> 请警局所有工作人员立即出发前往铁路调车场，查看那里发生了什么事，在谋杀调查组及其他调查人员到达之前，尽力确保那里的安全。

克莱德·海伍德警官，达拉斯警察局摩托车队警察（事发时，他驾驶摩托车行驶在总统所乘轿车右后方）。克莱德·海伍德警官的证词：

问：你听到枪声后做了什么？

海伍德警官：我将摩托车换至低档，然后去了枪击现场。

问：你所说的"枪击现场"是哪？

海伍德警官：……我看到 ELM 那边所有人都趴在地上，有几个人继续朝那个方向移动，于是我立即跳过 400 街区北边的路堤，路堤很高，我很难跨过去。

问：你是说你骑着摩托车？

海伍德警官：……我把摩托车放在路上，然后跑到铁路调车场。

问：……你看到有什么人从那里逃走吗？

海伍德警官：没有，所有人都往那个方向跑。

枪击发生后，海伍德警官和一百多名其他在场者以及执法人员都立即朝铁路调车场路堤方向跑去。

詹姆斯·塔格是案发时身在迪利广场的一名目击证人，据他所做的历史纪录，枪击发生后，所有人最初注意的并不是德克萨斯教科书仓库楼：

如果你在 12：30 回到迪利广场，对照当时的照片和警察录音资料可以发现，在长达七分钟的时间里，警察都没有针对教科书仓库楼展开任何行动。没错，的确有几个警察表示他们跑进这栋楼里，但这种说法是为了让警局长官的工作报告好看一些，可事实并非如此。在事后七分钟的时间里，我想奥斯瓦尔德可以帮助许多人进入那栋楼，说他们在那上班或者用其他什么理由。这段时间里，他们足以令一队人马进出那栋楼。

在泽普鲁德拍摄的影片中，大量证据可以确认总统遭到正面射击。他们一直强调，总统身体的动作有可能出于神经反应，但如果仔细观看慢镜头画面，可以清楚地看出，总统身体向后倒的动作是冲击力极大的正面射击造成的。当时，轿车行驶非常缓慢，这个动作不可能是车辆加速引起的。我从没见过任何人被射击后倒向射击反方向的情况。所以，肯定有一枪是从草丘方向射击的。

由此可见，由六个主要证据组成的证据链表明的确存在正面射击：

1. 头部和身体明显后仰；

2. 中枪后，在巨大冲击力的作用下，一大块头骨和脑浆被甩向后方；

3. 在轿车左后方行驶的摩托车挡风玻璃上有喷溅的血液和脑浆痕迹；

4. 至少 25 名具有可信度的目击证人表示，街道上有火药的味道，与街道同一高度的地方有枪支射击后的硝烟（奥斯瓦尔德应该是在六层高的位置）；

5. 一百多名目击证人表示看到或听到有至少一枪是从车队前方的草丘区域射击的，枪击发生后，执法人员听到在场人员报告有枪击发生，立即前往这一区域；

6. 通过医学证据，特别是肯尼迪总统中枪后被立即送往的帕克兰医院的医生提供的证据，可以确定，总统身体上至少有两处正面枪伤：一处在喉部，另一处在额头右侧靠近发际线位置。

奥斯瓦尔德根本做不到官方裁决中描述的犯罪行为。

如果我都做不到，一个步枪射击成绩不合格、后来勉强过关的人怎么可能做到？

——射击教练卡洛斯·海斯卡克，匡蒂科营地，
美国海军陆战队狙击手学校高级教官

美国军事历史上最优秀的连发狙击手是卡洛斯·海斯卡克教练，他是一位极具传奇色彩的狙击手，有93项射击技能得到过官方认可，他在总部位于弗吉尼亚州匡蒂科县的美国海军陆战队狙击手学校担任高级教官。海斯卡克和他的队员们对肯尼迪总统遇刺现场进行了重建，他们得出的结论是，这一枪绝不可能是一个身在六层楼上的人射击的。

“我来告诉你我们在匡蒂科营地是怎么做的，”海斯卡克回忆道，“我们重建了整个现场，考虑了角度、射程、移动目标、时间限制、障碍物等所有因素，我忘记究竟试了多少次，但最终无法做到沃伦委员会认为奥斯瓦尔德做到的事情。”

克雷格·罗伯茨上校曾是驻越南海军陆战队的狙击手，也是城市反恐特警队的神枪手，罗伯茨仔细查看了这一枪的技术细节，也亲自去了迪利广场，之后便写了一本书，名为《射击区：一个狙击手眼里的迪利广场》。罗伯茨在书中的结论非常简单：

我之所以认为这不可能是奥斯瓦尔德做的，是因为我自己根本做不到。

狙击手对迪利广场的印象

评估项目	专业评估意见	难度
武器	曼力夏-卡尔卡诺6.5mm手栓式狙击步枪是一个极不专业的选择。使用该枪进行一次射击后，再连续射击第二枪的可能性很小。	高

（续表）

评估项目	专业评估意见	难度
射击位置	对一名职业枪手来说，教材仓库楼六层的窗口是一个很难进行射击的位置，角度极差。职业枪手会选择德克萨斯州达拉斯大楼（根据芝加哥黑手党成员詹姆斯·菲尔斯的证词，这个位置正好就是职业杀手查克·尼克莱蒂所在的位置）。	很高
射击角度	射击目标所在区域被树枝遮挡，墙壁和垂直管道也会影响到枪手的射击。只有专业的狙击手才可能通过公式精准地测量出从高向低的射击角度并据此瞄准射击对象并一击致命。	几乎不可能
射击选择	如果武器是6.5mm卡尔卡诺步枪，枪手应该选择在射击对象靠近窗户或者在窗户下方区域活动时进行射击，而不是在射击对象向远方移动、距离越来越远的时候进行射击。	极高
射击顺序	在任何枪击现场，第一枪都是最精准的。但在本案中，第一枪完全错失目标，连总统所乘坐的轿车都没有击中，更别说击中目标人物，这让人不禁想到一种可能性——第一枪很可能是为了挫败此次暗杀行动而发出的警告。	极高
射击时机	官方认定的犯罪场景无法重建，因为那根本不是事实。美国军事史上最优秀的狙击手都无法完成的射击，奥斯瓦尔德更是根本不可能做到。	几乎不可能

作为一名职业狙击手，罗伯茨上校在查看了那个六层楼上窗户的角度之后，立刻意识到那肯定不是开枪的位置。

我从窗户的位置走开，内心充满愤慨，我看到的一切让我非常确定，奥斯瓦尔德不可能是这次暗杀行动的唯一枪手。

罗伯茨认为，至少有一名枪手在ELM对面的草丘上，这是肯尼迪右前方区域。他认为还有一名枪手当时在教科书仓库楼上，也就是德克萨斯达拉斯大楼所在的休斯敦街对面。

罗伯茨还仔细观察了总统头部中枪的位置，从子弹的入口和出口来看，他认为这一枪肯定是从总统正面射击的，这一点毋庸置疑。

> 沃伦委员会的支持者……表示，总统的血和脑浆都是从头骨前方喷出的，由此断定，这一枪是从身后射击的。但我的观点与此不同。一般头部中枪时，由于液体静压的增加，子弹出口处的伤口，在子弹射程方向呈现锥形的爆破状。但是，从泽普鲁德拍摄的影片中可以清楚地看到，轿车前方并不存在锥形的爆破，而是在上下左右各个方向爆出碎片，对此只有一种解释：爆炸子弹或"粉碎型"的子弹。这种子弹遇到冲击力便发生爆炸，和影片中的情形一模一样。
>
> 拥有丰富实战经验的罗伯茨在看过泽普鲁德的影片之后，对总统头部受到莫名其妙的"喷射力"的作用而倒向后方（也就是奥斯瓦尔德的前方）的说法表示反对，认为这不可思议，他说："影片中，我们清楚看到肯尼迪正面中枪。"

官方认定的奥斯瓦尔德所使用的武器性能很差，很难连续射击。杰西·文图拉是一名神枪手，曾是海军水下爆破队成员（现在改名为海豹突击队），他在2010年也试图对案发现场进行重现，他最后表示，官方说法是不可能的，这把枪不可能在六秒钟内连续射击三枪。

最近发表的一份研究结果也证实了上述结论：如果使用这种步枪，在射击第一枪后的1.6秒内，不可能射击第二枪，所以官方的结论是不成立的。研究结果还表明，总统头部中枪处的裂口本身就可以证明这是正面中枪，尸检结果与此一致。研究结果还表明，事发后政府的所作所为都是在掩盖真相，同时竭力让结论看上去客观真实。他们显然通过种种举措，使奥斯瓦尔德被认定为本案中的唯一枪手，而非多名枪手中的一个。

别忘了，正如达拉斯警局局长所说的，即使奥斯瓦尔德当时在场：

> 我们没有任何证据可以证明奥斯瓦尔德使用那支步枪进行了射击，从来没有。
>
> ——杰西·科瑞，达拉斯警察局局长

本案中的射击，只靠一名枪手是无法完成的，即使是一名非常出色的神枪手也不可能完成，而奥斯瓦尔德的射击水平与专业枪手之间还有很大距离。据他的战友回忆，他是“一名射击水平一般的枪手”。

不仅如此，奥斯瓦尔德的枪的瞄准器根本没有调，也就是说用这把枪根本无法击中瞄准的对象！历史学家沃尔特·布朗说：

> 对一名职业射击高手来说，使用一支装备精良的步枪和使用一支蹩脚的意大利便宜货会有很大不同，便宜货本身性能极差，而且这支还是组装的，射击时瞄准器都没调，射击差距会更大。去问问朋友，问个猎手，他会告诉你这根本不可能。

子弹数量很多，枪手肯定不止一个。

联邦调查局和沃伦委员会调查结果认为死者身上只有三处中枪。

> 各位先生，肯定不止三枪。
>
> ——美国特工处白宫秘密行动组达拉斯行程特工主管罗伊·凯勒曼的证词

• 第一枪

现场射击的第一颗子弹没有击中目标，而是击中了总统轿车后方的一棵树，发出一阵火花，沃伦委员会也认定这一枪错失目标。第一枪没有击中，后来的几枪却击中目标，这让人难以理解。因为对任何职业杀手来说，第一枪都是最精准的。对此有一种猜测：如果奥斯瓦尔德当时的确开枪，那么这一枪的目的也是为了引起在场人员的警觉。由于他对暗杀计划心知肚明，开这一枪就是为了破坏暗杀时机，目的并非夺命，而是拯救总统的生命。

● 第二枪

正如达拉斯医院的医生们所描述的那样，这一枪击中肯尼迪总统喉部。医生检查了伤口之后，认为这是子弹“射入的伤口”，后来他们通过这处伤口进行了气管造口术切口。

● 第三枪

射击位置与街面处于同一高度，子弹经弹射，最后击中路人詹姆斯·塔格的脸颊。

● 第四枪

击中德克萨斯州州长康纳利的背部，子弹穿过胸膛，击碎一根肋骨，最后从胸前乳头部位射出。

● 第五枪

击中肯尼迪总统背部，入口处距颈部下方四英尺，位于脊椎右方（这一枪是从轿车后方射击的）。

● 第六枪

击中德克萨斯州州长康纳利，右腕被击碎，之后子弹穿过层层阻隔，最后进入大腿部位。（康纳利州长死亡之后，调查人员曾试图获得许可对其手腕进行检查，以确定子弹的金属碎片存在其中，但这个请求被拒绝了。）

• 第七枪

子弹击穿总统所乘坐轿车的挡风玻璃。后来，轿车停在帕克兰纪念医院急诊室旁边，至少有两名警察看到挡风玻璃上的弹孔，他们分别是斯达维斯·埃利斯警长和 H·R·弗里曼警官，记者理查德·达德曼也亲眼看到轿车挡风玻璃上有弹孔。据称，弹孔就位于挡风玻璃中心偏左的位置，埃利斯警长作证时表示，据他看，挡风玻璃上的是一个弹孔，而不仅仅是一般的玻璃破碎留下的裂口，“一支笔可以穿过那个孔”。

• 第八枪

击中肯尼迪总统头部后方，这一枪距离最后一枪只有几毫秒的时间，总统中枪后头部出现轻微前倾，从视频中可以看到，在最后一枪之前的那几秒中，总统的这个动作非常明显。

• 第九枪

正面击中肯尼迪总统额头，击穿右侧太阳穴，从头骨右后方射出，造成巨大的向后冲击力，使头部和身体都向左后方严重倾斜。

弹道学专家奥兰多·马丁于 2010 年发表的研究报告被称为“肯尼迪遇刺案弹道学分析杰作”，报告结论基本与上述结论相同：

1. 现场至少射击了 5 枚子弹；
2. 这些子弹由三名枪手分别从不同位置射击；
3. 子弹的负荷和重量不同。

我们可以通过科学手段确认，枪击现场出现的子弹并不相同，也就是说，这些子弹一定是不同的武器射击的。本案中，大部分都是常规子弹，但从正面击中总统额头的那颗子弹却明显不同，是一颗粉碎性子弹，或者叫作热负荷子弹或爆炸子弹。通过物理学分析可以确定：击中肯尼迪总统前额的正是这种粉碎性子弹，但沃伦委员会并没有得到这一结论。此外，现场有一颗子弹没有击中车队，而是击中了路边的石头，这颗子弹中不含金属铜，表明官方认定奥斯瓦尔德所使用的步枪不可能是射击那颗子弹的武器。

詹姆斯·费策尔教授是前海军陆战队军官，他曾负责入伍培训和射击技术指导，奥斯瓦尔德在他所在的步枪打靶场和弹药库接受了培训。他在2000年发表了一篇关于肯尼迪遇刺案的科学分析，文章收集了各方研究成果，包括美国特工处的权威人物（文森·帕拉马拉）；对总统轿车最有研究的学者（道格拉斯·韦尔登，法学博士）；对帕克兰纪念医院和贝塞斯达提供的医学证据进行研究的权威专家（盖里·阿圭勒，医学博士）；本案研究界资历最高的权威人士（大卫·W·曼蒂克，医学博士，哲学博士）；ARRB军事记录高级分析师（道格拉斯·霍恩）；本案重启调查时担任情报特别委员会顾问、具有传奇色彩的照片分析师（杰克·怀特）；获1950年诺贝尔文学奖、举世闻名的哲学家（伯特兰·罗素）；获奖导演及剧作家（艾拉·大卫·伍德III）；曾发表过二十多本书籍和上百篇专业文章的科学哲学家（詹姆斯·H·菲泽，博士）。

这些研究的结论是：

> 整个刺杀现场至少有六颗子弹，这一点毋庸置疑，子弹总数很可能达到八颗、九颗甚至十颗。

在一些较为可信的报道中，子弹总数不止这些：除此之外，还有两颗子弹，一颗击中总统轿车前方挡风玻璃的铬合金边缘，另一颗击中榆树街边的路标。事实上，现场射击的子弹数量太大，以至于重现案发场景的难度极高。所以，负责现场安全的美国特工处不得不做出这样的描述：

> ……简直是枪林弹雨。
>
> ——罗伊·凯勒曼，美国特工处白宫秘密行动组达拉斯行程特工主管

轿车内部也存在大量子弹碎片，这一点鲜为人知：

> 杰拉尔德·波斯纳在结案报告中写道，在轿车里发现了超过六十克的子弹碎片，这个数量是极其可观的。

在达拉斯一行中，白宫特别事务小组在迪利广场区域的负责人是罗伊·凯勒曼，事发时，他正坐在总统轿车的前座上，位于肯尼迪总统前方。在向沃伦委员会提交的证词中，凯勒曼特工对该委员会匆匆得出的结论非常质疑，他对事发当时的描述是，他们突然感觉车辆驶入了一片埋伏区，因为一阵子弹从各个方向射进轿车。他不仅是“认为”现场的子弹超过三颗，而是“知道”子弹肯定不止三颗：

> 肯尼迪总统身上有四处枪伤，两处在头部，另外两处在肩部和颈部。据我们的报告显示，康纳利州长也有三处枪伤。所以，先生们，现场射击的子弹肯定超过三颗。

已退休的原中情局工作人员约翰·斯托克维尔从战术角度对这起刺杀进行了分析，结论是：

肯尼迪是在距离射击点很近的位置中枪的，枪手应该共有四名，总共射击八至十颗子弹。总统背部、喉部各中一枪，头中两枪，分别从正面和背面射击。德克萨斯州州长约翰·康纳利身中两枪。还有两颗子弹击中总统护卫两边的地面，一边一枪。

费策尔的研究也证实了上述结论：

• 官方认定奥斯瓦尔德所使用的武器不可能射击那颗让肯尼迪总统致命的子弹：因为卡宾枪无法进行高速射击。

• 包括波斯纳在内的所有人都同意，卡宾枪的初速为 2000 fps（英尺/每秒），而死亡证明、尸检报告以及沃伦委员会的调查结果都表明，肯尼迪是被高速子弹击中而死亡的，高速子弹的速度为 2600 fps 以上。

• 击中额头右侧的是一颗爆炸型子弹，这一点可以通过死者大脑内部因强烈震荡而产生大量粉碎性损伤的事实得到证明。奥斯瓦尔德使用的子弹应该是铜质外壳的常规子弹，不可能造成粉碎性伤害。

事发时，美国军事情报特工威廉姆·罗伯特·“托什”·普拉姆利正在迪利广场南侧高地（总统车队的左前方）上，从这个有利位置清晰地看到了暗杀的整个过程，他也表示现场发生的射击超过三次，而且他也用了“一阵枪林弹雨”来描述现场：

事发时，我和塞尔吉奥站在南边的高地上，位于三层天桥东边约 150 码的位置，我们站在小山坡上，距离山下大约 5 英尺，与山坡下街道旁的灯柱位于一条直线上。

突然之间，灾难来临——一阵枪林弹雨——至少有四枪，我们两人都感觉可能有更多，大概五枪，其中有两枪紧挨着，几乎同时开的枪。

普拉姆利所提到的“紧挨着、几乎同时开”的两枪与官方说法不符，进一步排除了现场只有一个枪手的可能性。

间隔很短的两枪：

多位可信度很高的现场证人都听到了几乎同时射击的两枪，时间间隔如此之短的两枪不可能是官方认定的那支步枪所射击的。这些证人中包括对枪械非常熟悉的执法人员、美国情报人员、军事情报人员、达拉斯警官以及达拉斯副治安官。

在所有这些证人的证言中，只要有一个是正确的，就能让沃伦委员会的结论像纸牌屋一样瞬间坍塌：

> 两枪相隔如此之短的事实与现场只有一名枪手使用曼力夏-卡尔卡诺步枪进行射击的说法相互矛盾。只要这些证人中有一人的说法是正确的，就能证明沃伦委员会的报告有误。

来自车队西侧（正面）的一枪：

目击证人许多都表示有一枪从车队西侧或正面射击而来，这些证人包括美国特工处工作人员、军事情报人员、达拉斯副治安官、达拉斯警官等。

总之，事发现场枪击众多，而且间隔很短，射击的方向均不相同，子弹型号也存在差异，所有这些不可能是一个枪手可以做到的。在此基础上，如果你依然认为现场只有一名枪手，那实属荒谬至极。

奥斯瓦尔德是美国情报机构特工的证据。

至少 18 名与奥斯瓦尔德有过直接接触并对其有所了解的美国情报

机构工作人员表示，李·哈维·奥斯瓦尔德曾在美国情报机构服役。

奥斯瓦尔德的遗孀马丽娜·奥斯瓦尔德也公开表示，她认为她的丈夫曾为美国情报机关工作。

军事情报“特殊行动处”侦探威廉姆·罗伯特·“托什”·普拉姆利是最早将伊朗门事件和驻哥斯达黎加“秘密人员”的情报工作公之于众的人之一（他即使不是第一个公开此事的人，也算最先公开此事的人之一），他最初于 1954 年进入德克萨斯州 Ft. Bliss 的军事“秘密”行动组，后来参加了美国中情局的反古巴秘密行动。

> 奥斯瓦尔德是一名军事特务，在军事行动组服役，这些信息我通过与他本人的接触以及与我上级情报官的交流中得知的。这不只是我的个人观点，而是事实，奥斯瓦尔德就是军事特务。

威廉姆·罗伯特·“托什”·普拉姆利的宣誓书

> 我叫威廉姆·罗伯特·“托什”·普拉姆利，是一个秘密派遣至五角大楼的陆军军事情报部门的成员。我被授予“TDY”（临时职员）身份，是在美国中央情报局有固定代号的驻外特工。我的工作内容属于机密，不过我的主要职责是担任飞行员，在 20 世纪 60 年代令美国声名狼藉的“古巴计划”中，我为中情局 JM/WACE 秘密行动执行飞行任务。
>
> 1961 年春天，我被派到该计划中一个鲜为人知的部门，叫作“W 特别行动小组（TFW）”。在美国与古巴发生冲突的

初级阶段，这个部门与很多从其他机构划分出来的部门一同在军事紧急行动中扮演最高秘密行动突击队的角色，以支持当时美国总统的政策。这个非常隐蔽的部门有时会被特工处安排执行总统的安保任务。“W 特别行动小组”中有一部分行动单位与五角大楼直接挂钩，其派遣指令和工作安排大多来自一个隐藏于五角大楼、美国中情局以及美国安全委员会白宫事务处的高层秘密行动小组，有些命令甚至直接来自美国总统。

从 20 世纪 60 年代早期到中期，一个“特殊小组”组建而成，很快编号为 5412，后来变为 5412/2，这个计划和行动小组成员经常在白宫总统办公室和白宫战情室会面。我所在的“W 特别行动小组”所接收的指令通常来自总统指挥系统，或者来自这个“特殊小组”以及与其功能极其相似的军事秘密行动组（OMC）及 CIA 秘密行动组（CAG）管理部门（中情局内部称为“行动 40”）。军事秘密行动组向军事行动和突击小组下达指令，包括 WH/Task Force W（西半球，W 特别行动小组)，这些指令都来自“行动 40”、“5412”、五角大楼、参谋长联席会议，或者直接由总统下达。

由此可见，这个军事工业大国中，总统身边安插了许多秘密军事小组，他们扮演“禁卫军”的角色或为他执行特殊任务。中情局负责为这些秘密军事小组提供后勤保障，但这一角色在任何文件中都没有记载。我所在的部门是军事部门，不算中情局部门，这在书面记录中被非常小心地避开了。

我在秘密行动中的姓名为威廉姆 · H · “巴克” · 皮尔森。猪湾事件前后，我使用的代码为“萨帕塔”。我有一份以萨帕塔为名字的机密档案，由迈阿密中情局古巴行动组制作，这份档案的部分内容在1998年8月被解密。我的等级为QC-2，这个等级有时被奇怪地称为“第二类秘密成员”。

我曾四次向美国政府进行非公开作证，包括1964年2月向负责丹佛市的联邦调查局特工；同年，向司法部、联邦调查局局长J·埃德加·胡佛作证；1975—1976年之间，向美国丘奇委员会的调查人员以及美国众议院暗杀委员会提供了证词；1989—1991年，向参议员约翰·克里就毒品走私和伊朗反政府势力相关问题作证。上述调查内容以及我的证词目前依然处于保密状态，属于“最高机密”。

此前，我曾自愿、无偿向多个执法机构和调查组织提供过以下信息，仅作为历史记录。此处，我未对之前表述的事实进行任何引申。

李·哈维·奥斯瓦尔德是一名军事特工。在他接受特工培训以及我自己接受特务培训期间，我们之间有过交往。最初见到奥斯瓦尔德是在1957年，我正在北卡罗来纳州接受培训(培训内容包括宣传、语言指令、虚假身份、身份保护等)，奥斯瓦尔德在同一个训练中心上语言课程。当时，这些学校被称为“间谍学校”，为情报人员提供“参与秘密国际行动”之前的准备课程，接受培训的大多来自中情局或者军事情报机构，至少也是某些政府秘密行动项目的参与成员。

我当时并没有特别留意奥斯瓦尔德或者他所接受的培训项目，他和我一样，只是非常普通的学员。后来，我在夏威夷参加的丛林战培训结束之后，再次见到了奥斯瓦尔德，他当时正要启程前往日本，当时我们并不相识，也没有过交谈。多年之后的1962年，一次偶然的机会，我在达拉斯市又一次遇到奥斯瓦尔德，地点就是他在橡木崖贝克利街的一处古巴行动“安全据点”。在我参与的一次政府展开的军火走私打击行动中看到他，我感到很奇怪。在一段很短的时间内，奥斯瓦尔德还能使用另一处位于艾尔贝斯特街的“安全据点”，距离贝克利街的“安全据点”只有几个街区，那里住着一个古巴人，据我所知，他名为费尔南德斯，他们正在为佛罗里达州迈阿密市阿尔法-66反卡斯特罗团体执行任务。按照我的理解和假设，奥斯瓦尔德当时在执行一些与打击达拉斯军火走私相关的任务。我后来问起过这次奇怪的相遇，得到的答案是奥斯瓦尔德与海军情报局有关，一位同事也确认了这一点，奥斯瓦尔德是一名全能特工。他当时的身份大致如此，这些非常有限的信息来源于达拉斯市爱田机场第四陆军预备役的爱德华·G·塞维尔上尉和德克萨斯州达拉斯市和圣马科斯市第112军事情报处某特殊部门的吉尔伯特·C·库克上尉，据称，奥斯瓦尔德与海军情报局有某种联系，曾经或当时依然服役于海军情报局在达拉斯地区至少两个情报部门，分别是德克萨斯州大草原城亨斯利基地情报机关和达拉斯爱田机场附近的巴赫曼湖情报机关。他们非常确定，奥斯瓦尔德与海军情报局之间存在某种联系。

在肯尼迪总统遇刺之前，我在美国政府的秘密行动中担任飞行员已有多年，特务代号为“罗尔斯顿上校”或者“罗尔斯顿”的约翰·罗塞里在佛罗里达、古巴以及德克萨斯的任务中都乘坐过我驾驶的飞机，据我所知，罗塞里参与过多个秘密情报行动，我私下在很多场合确认了这一点。罗塞里在秘密特务行动圈中非常有名，常被简称为“上校”。当时，我对针对菲德尔·卡斯特罗的暗杀计划是知情的。

我也曾两次驾驶飞机运查克·尼克莱蒂，分别前往加利福尼亚州圣巴巴拉市和内华达州拉斯维加斯，当时，我的上司向我通知任务时所说的名字是他的代号“乌鸦”，我认为这不是他的秘密代号，我也不确定他是否与军事情报机关或者中情局有直接关系。

1963年11月22日，我担任副驾驶负责运送军事情报小组到达拉斯，他们此行的目的是阻止对肯尼迪总统的暗杀计划，行动指令由五角大楼下达，中情局提供后勤支持。约翰·罗塞里当时就在飞机上。执行此次任务的情报人员最初对暗杀地点不太确定，但后来确定为迪利广场。有关暗杀行动具体安排的“内部”信息，我并不知道，但我推测，他们是通过截获或者破译电文获得相关信息的。

到达迪利广场之后，情报小组成员分别前往三个方向，寻找能够形成三角交叉火力的三名或者更多枪手或暗杀小组，他们要求我担任观察员，和我的同事和好友塞尔吉奥一同侦查南边山坡上的情况，我们同时也留意一些企图转移注意力的行动，以防凶手通过调虎离山的策略秘密建立射击位置。因此，当人们都聚集在榆树街和教科书仓库楼附近时，我们听到汽车警报声越来越近，但我们并没有留意人群所在的位置，而是留意了人群远处的周边区域，寻找一个或几个试图在我们之前发现的射击区实施三角射击的枪手。

我们到达广场时已为时过晚，来不及阻止这次暗杀计划，我们的人员没有足够的时间各就各位，各组人员之间的沟通也很不顺畅。当总统乘坐的轿车从休斯敦街转弯进入我们的视线，我和塞尔吉奥立刻听到了至少四声枪响，与我们所在的南边山坡距离很远，其中有两枪的时间间隔非常短，基本上是紧挨着，这不是回声的效果，非常清晰，是距离很远的两支步枪分别发出的。有一枪的方向与其他不同，来自西南方向，也就是轿车的前方，这一点我们十分确定。那天晚些时候，当我和同事彼此汇报情况时，我们都确定那一枪声音有所不同，这一点不可能有错，因为其他几枪都是从我们的北边和东边射击的，从西南方向射击的一枪声音完全不同，就从我们头顶掠过。我们都对枪击很有经验，对射击的声音十分熟悉，我们都可以肯定，这一枪是从西边射击而来。

随即，我们意识到应该立即离开现场，我们与秘密情报界关系密切，没有合理的理由出现在总统遇刺现场。离开时，我们在迪利广场南边山坡，也就是天桥的南边区域，闻到了强烈的火药味。

事发几个小时后，我们就从红雀机场飞离达拉斯，我们在目视飞行条件下（VFR）飞行，因为这样就不需要提交飞行计划，因此不会留下飞行记录。在返程中，约翰·罗塞里并不在飞机上，机上所有人都沉默无语，灰心丧气。那是一次非常沮丧的经历，每个人都低着头，一声不吭。

执行这次任务的人，大多数我都叫不出姓名，这是有意安排的，在这种行动中，成员之间了解的越少越好。一般在“黑色行动”中，成员之间不能彼此提问，这是个不成文的规矩。11月25日，在佛罗里达西棕榈滩举行了情况汇报会，那天正好是我的生日。这次会议由雷克斯·比尔兹利、鲍勃·班尼特和特蕾茜·巴尔内斯主持进行。

我特此声明，以上供述均系本人所知以及本人直接经历，内容真实，据我了解正确无误。

2010年7月27日

威廉姆·罗伯特·“托什”·普拉姆利

（经公证）

普拉姆利从事秘密行动的历史长达几十年，在书写此份声明时，他还在打击墨西哥贩毒集团的特务行动中担任“合约顾问”，与美国及墨西哥军方一同工作。

前中情局高级官员维克托·马切蒂（马切蒂曾是中情局副局长的执行助理，于1969年辞职）的证词中涉及奥斯瓦尔德在北卡罗来纳州纳格斯黑德特务训练营以及他所参加的海军情报局虚假叛逃项目的部分，与普拉姆利的证词完全吻合。

前中情局官员维克托·马切蒂的声明

这些行动之一是海军情报局的项目，包括大约四五十名年轻人，其目的是表现这样一个假象：一群看似丧失信心、生活贫穷的美国年轻人决心改变、投奔共产主义，他们被送往苏联或东欧国家，意图很明确——希望苏联政府怀疑他们是美国特工并将其抓获，将他们变为双面间谍，或者将他们培训为克格勃特工。这些年轻人在国内外多个海军基地接受训练，不过这个项目是由北卡罗纳州纳格斯黑德市的基地所负责的。

这一计划内容是将年轻人以叛逃者的身份送往苏联，但这些人去那里的真实目的是被苏联克格勃抓获并被训练为苏联特工，这个过程被称为“双面间谍训练”，也就是说，这些年轻人将成为同时为美国和苏联效力的双面特工。美国情报组织一旦成功地在克格勃内部安插人员，就能向其输入虚假情报，这就是奥斯瓦尔德参加的计划。

奥斯瓦尔德的行动显然与维克托·马切蒂描述的海军情报虚假叛逃计划完全吻合。

下文是维克托·马切蒂的证词，内容是奥斯瓦尔德从位于达拉斯的监狱向一个身份不明者拨打的神秘电话。

问：你们设置了电话装置吗？

维克托·马切蒂：是的。

问：所以李·哈维·奥斯瓦尔德是——

维克托·马切蒂：没错，那就是他要做的事，他试图告知对方“告诉他们我很好”。

问：这算是他的死亡判决吗？

维克托·马切蒂：当然了，因为不论他明不明白，这件事已无法挽回，一切已成定局，此时此刻，到了实施谋杀的时候。

问： 他联系的人的名字会不会不是某个特工的名字，他也许只充当联系人的角色？

维克托·马切蒂： 没错。

问： 那个人将会向上级汇报？

维克托·马切蒂： 是的，但那个名字只是一个假名。例如，如果你是和我联系的特工，你有一个电话号码可以找到我，但是你遇到麻烦试图联系我的时候，这个号码可能打不通了。

问： 就是说我应该打电话联系你，是吗？

维克托·马切蒂： 对。但是，我可能隐匿了行踪，你没法通过电话联系到我。换句话说，一般是我联系你，而不是你联系我。不过，我会给你一个号码，你可以打电话给上级，不过我已经和上级说过“别接触他”，所以已经没戏了。

问： 你认为那个中间人不一定是特工或者情报机构人员，对吗？

维克托·马切蒂： 是的，我觉得很有可能只是个接头人，必须间接联系。

问： 奥斯瓦尔德知道名字吗？

维克托·马切蒂： 他可能只是联系这个中间人，再由这个人为他与他的负责人联系，他没法跳过这个人直接与上级取得联系，这完全不可能，他只能依赖于这个中间人，跟他说“我要汇报信息”，如果这个中间人已经接到指令切断与他的联系，那么他的话就会被忽略，然后……

联邦调查局虽然公开表示支持沃伦委员会得出的“只有一名杀手”的结论，但在私下，他们一直认为共有三名枪手。

奥斯瓦尔德这个假名被多人使用。

有大量证据表明，在虚假叛逃计划中，共有两名特工使用了奥斯瓦尔德这个名字：约翰·阿姆斯特朗几十年来对这一点做了专门的研究，他撰写的《哈维·李》一书对此进行了详细的论述，2010 年出版、杰西·文图拉和迪克·拉塞尔撰写的《美国阴谋》一书完整总结了相关资料：

> 我预感他们都是虚假叛逃计划的成员，詹姆斯·安格勒敦和他在反间谍部门的朋友都从美国中情局逃出。哈维在俄国期间，李在佛罗里达与古巴人一起谋划暗杀卡斯特罗（这一时期许多人在佛罗里达见过他）。哈维是照片中耷拉着下巴那个，他与马丽娜结婚。李是照片中脖子较粗的那个，被安排设计陷害哈维，我想被杀害的是哈维，至于李后来如何，我不得而知。

从高处投落的炸弹

大卫·菲利普斯，中情局西半球行动负责人。

大卫·菲利普斯是一名具有 25 年经验的中情局人员，是历史上少数几名被授予终生情报勋章的人员之一。他最初是中情局全职特工，之后升职为分站站长，后来一路高升至西半球行动总负责人。这一时期，他负责“夜间值守”，掌握了大量内部信息。

菲利普斯在他晚年提供了一个让人震惊的信息：

> 我认为这起刺杀是一个阴谋计划，其中可能牵扯情报官员。

菲利普斯还用一个拥有虚构角色的文学作品向我们提供了这次暗杀的背景和线索。他不仅是一个杰出的策略家，还是一位极具天赋的作家。在他的一份从未发表、但却为人熟知的手稿中，他充分发挥了写作天分，向我们描述了肯尼迪遇刺案中究竟发生了什么。情报工作人员经常使用这种的方式表达观点，因为从技术上来说，这不算纪实作品，并不违反他们签署的终生保密协议。

这份未发表的手稿题为 *The AMLASH Legacy*，其中 AMLASH 是菲利普斯非常熟悉的中情局刺杀菲德尔·卡斯特罗的计划，文中角色非常符合他自己、奥斯瓦尔德以及中情局中的其他人员的特征。

在文章的高潮部分中的角色显然以菲利普斯自己为原型：

> 我是负责李·哈维·奥斯瓦尔德行动的两名官员之一……我们给他安排了在古巴刺杀菲德尔·卡斯特罗的任务……但我不知道他为何刺杀了肯尼迪，不过我知道的是，他的行动与我们为刺杀卡斯特罗而设计的计划一模一样。所以，虽然中情局丝毫没有料到总统被刺杀，但中情局要为此负责，我非常内疚。

对于像菲利普斯这样一位杰出的策略家，他文中的每一个字都非常重要，上文的关键句就是：

> 我知道他使用了我们为刺杀卡斯特罗而制定的计划。

这个信息非常有意义，说明一个最初为刺杀卡斯特罗的行动计划被“劫取”，用于刺杀肯尼迪总统，这就是当奥斯瓦尔德这名字被提及时，整个华盛顿都绷紧了神经的原因所在，这也可以解释本案为何在种种掩饰之下迅速结案。而且，这也是司法部长罗伯特·肯尼迪为何参与掩盖行动、甚至亲自指挥的原因。由此可见，本案共牵扯到两个阴谋：

1. 奥斯瓦尔德成为刺杀肯尼迪的替罪羊；
2. 政府事后急于掩饰，美国情报机构显然做出了妥协。

罗伯特·肯尼迪看到奥斯瓦尔德这个名字时，立即拨打了佛罗里达州反卡斯特罗营地的电话，情绪激动地对着话筒大喊："这是你们的人干的！"

这个“被劫持”的“黑色行动”的精明之处就在于：

> 迫使受害人掩饰罪行。

关于上述信息，请见《身处墨西哥的人》第238页：

> 随着越来越多的记载资料进入公众的视线，大卫·菲利普斯或者安格勒敦和他的反间谍团队在肯尼迪遇刺前几周负责一个涉及奥斯瓦尔德的行动这一事实也逐渐清晰起来。菲利普斯在晚年阶段以此为乐，除了两部纪实性回忆录，他还写了一部间谍题材的小说。在1987年去世之前，他完成了一部关于1963年中情局墨西哥站点的小说提纲，题为 *The AMLASH Legacy*，其中主要角色以文·斯科特、詹姆斯·安格勒顿和大卫·菲利普斯本人为原型。以菲利普斯为原型的角色是：
>
> 我是负责李·哈维·奥斯瓦尔德行动的两名官员之一。在将他成功塑造成一个马克思主义信仰者的角色之后，我们派他

前往古巴刺杀菲德尔·卡斯特罗。他到墨西哥城时我帮助他获得签证，回到达拉斯等签证期间，我见过他两次，我们将这个计划排练了很多遍：在哈瓦那，奥斯瓦尔德将在卡斯特罗乘坐敞篷吉普车经常途经之地的高层建筑物窗户建立射击位置，使用狙击枪刺杀卡斯特罗。我不知道奥斯瓦尔德究竟是双面间谍还是患有精神病，不明白他为什么刺杀了肯尼迪，但我知道的是，他的行动与我们为刺杀卡斯特罗而制定的计划一模一样。所以说，中情局对肯尼迪的刺杀并不知情，但中情局要对此负责，我也深感内疚。

奥斯瓦尔德扮演的角色可能还与“盖里·鲍尔斯”事件有关。

1960年5月1日，一架由弗朗西斯·盖里·鲍尔斯驾驶的U-2隐性侦察机在拍摄苏联军事基地照片时被苏联击落。美国最初否认盖里·鲍尔斯在执行间谍任务，但后来承认了这一点。但很奇怪的是，李显然对此事知情，甚至可能参与了在日本厚木的任务，但如此重要的信息却并没有在李的“历史日记”中记载。坠机中幸存的鲍尔斯认为，正是李向苏联提供了情报，才使苏联定位了这架U-2侦察机并将其击落。

李·哈维·奥斯瓦尔德的情报历史

- 美国海军陆战队：1956—1959年。

• 战争训练：1957 年 1 月。宣传、语言指令、虚假身份、维持掩饰身份等；北卡罗来纳州纳格斯黑德美国海军情报局虚假叛逃计划的反间谍培训。

• 军事特工：1957—1959 年。最高安全级别，海上空中控制，日本厚木市（中情局在远东地区的主要基地）；执行与 U–2 侦察机相关的任务；执行与日本东京“蜂王夜总会”女老板有关的任务；策反苏联陆军上校尼古拉·宜诺斯金。

• 双面间谍计划：1958—1959 年。奥斯瓦尔德虽然非常爱国，但通过精心计划，他建立了一个信仰共产主义和马克思主义的角色：在这一时期，奥斯瓦尔德侃侃而谈共产主义，但他私下却加入了美国极端爱国主义军事组织（例如大卫·费瑞的民间空中巡逻队），代表美国情报组织反对共产主义。他人生接下来的重要一步就是为前往苏联制订计划，这在他离开海军陆战队之前很久就已开始了。

• 前往俄罗斯：1959 年。在美国蒙特利军事语言学校接受培训。

• 建造情报传奇：1959 年。正式申请提前退役；为前往苏联的行动制定系统性计划；申请瑞士艾伯特史怀哲大学（Albert Schweitzer College），“由于他刚从海军陆战队退役，需要一个合法求学者的身份，而不是美国特工的身份，史怀哲大学寄来的材料让他有了可以自我介绍的内容，让他至少看上去像一个求学者”。

• 获准退伍：1959 年。在前往苏联之前，由于他“母亲脚受伤”（实际上，这是发生在退役之前六个月的轻伤），他获准退伍；于次日申请护照；继而前往欧洲，确定芬兰赫尔辛基是最容易进入俄国领土的城市；从对美国政策向来友好的赫尔辛基入境点获得莫斯科入境许可。

• 反情报侦探：1959 年。奥斯瓦尔德申请了位于莫斯科的帕特利斯·卢蒙巴人民友谊大学，这里是有名的恐怖主义分子潜伏地，是对美国情报组织极具价值的地方（豺狼卡洛斯以及其他革命者和游击队员都在此处接受训练）；克格勃（相当于苏联的中情局）高度怀疑奥斯瓦尔德的共产主义信仰；他对帕特利斯·卢蒙巴人民友谊大学的申请被正式否决，奥斯瓦尔德面临被驱逐出境的危险；在他被要求离开苏联的那天，他在本该与向导丽玛·史诺克娃见面的时间上演了戏剧性的一幕——“割腕”，丽玛·史诺克娃受克格勃之命，送奥斯瓦尔德乘坐下午15：00的火车回赫尔辛基，但奥斯瓦尔德并未按时出现在酒店大堂，史诺克娃撞开他的酒店房门。在这次“自杀企图”之后，他获准留在苏联。

● 反情报侦探：1959—1962。参加美国情报机构虚假叛逃计划；作为一个精心设计的情报计划的一部分，奥斯瓦尔德“叛逃”至苏联；他是多名虚假叛逃者之一，这些人扮演出向往苏联和信仰马克思主义的样子；奥斯瓦尔德“向苏联主动提供雷达机密以及其他特殊价值的信息”；盖里·鲍尔斯驾驶的U-2侦察机在进行秘密飞行时被击落，此时奥斯瓦尔德正在苏联；这件事几乎改变了历史，彻底破坏了四国峰会（美国、苏联、英国、法国）的计划，产生了巨大影响，冷战继续（鲍尔斯后来表示，他认为是奥斯瓦尔德向苏联提供了信息）；“很有可能李的叛变行为是故意安排的，目的是为苏联提供一个停止和谈的理由，而事实的确如此。1960年5月17日，和平谈判破裂，赫鲁晓夫表示U-2侦察机事件和美国的‘过激行动’是和谈破裂的主要原因。如果这是李·奥斯瓦尔德的任务，那么他成功了。”

● 美国海关入境：1962年。虽然奥斯瓦尔德在冷战正酣之时背叛美国，而且曾试图放弃美国国籍，但他和他的苏联妻子没有经过拘留或任何问询就获得了美国的入境许可；他的回程路费和他前往莫斯科的路费一样，由美国政府提供（美国国务院于 1962 年 6 月 7 日向他母亲写信确认）。

• 反情报特工：1962—1963 年。既支持卡斯特罗又反对卡斯特罗；有可能渗入了反卡斯特罗组织，参与策划了肯尼迪总统刺杀案；在美国海军情报局德克萨斯州大草原城汉斯莱基地和达拉斯爱田机场附近的巴赫曼湖基地服役；参与中情局达拉斯“安全据点”的阿尔法-66 反卡斯特罗团体以及与政府批准的军火走私者行动有关。

• 秘密行动：现在已被证明的是，有两个人分别名为李·奥斯瓦尔德和哈维·奥斯瓦尔德，这两人被合并成李·哈维·奥斯瓦尔德，执行秘密行动特殊情报任务。

• 美国中情局猜测马丽娜·奥斯瓦尔德是克格勃：有许多事实导致美国中情局认为奥斯瓦尔德的新婚妻子是克格勃成员（苏联情报机构），主要包括：在冷战正酣之时，一个十几岁的苏联女孩怎么可能在距离几百里的城市遇到一个前往苏联的美国叛逃者，两人用英文交流，并在相识不久之后结婚，一年后随其离开苏联，没有遇到任何出境困难，在冷战最严重的时期，这一切怎么可能发生？这种情况非常罕见，在当时那个年代几乎可以说是闻所未闻。那个年代之所以被称为铁幕时代是有原因的，人们不像今天这样来往频繁：如果你在国内，那你只能待在国内，这就是铁幕这个名称的由来。此外，马丽娜的叔叔是内政部（也称为苏联秘密警察局）的一名上校，据说他对侄女与一名美国叛逃者之间这场突如其来的婚姻居然持同意态度。这不禁让人想到一个问题，在反情报活动猫捉老鼠的游戏中，究竟谁在捉谁？美国情报机构派遣一名苏联移民以照顾奥斯瓦尔德为名，监视马丽娜·奥斯瓦尔德在达拉斯的活动。

1. 在纳格斯黑德基地的虚假叛逃计划和奥斯瓦尔德在此地出现分别得到了前美国中情局官员维克托·马切蒂和前军事情报特工威廉姆·罗伯特·“托什”·普拉姆利的证实。

2. “奥斯瓦尔德在1958年9月16日有一条奇怪的医疗记录，他接受了淋病治疗，从记录来看，他是在执行任务时患上这一疾病的，并非出于个人行为不当。”需要注意，美国情报机构怀疑与奥斯瓦尔德有交往的妓女将她们从美国军人口中获得的情报提供给共产主义分子，显然奥斯瓦尔德的任务与此相关，而且，只有在执行任务时他才找得起夜总会里要价昂贵的妓女。

3. 参考迪克·拉塞尔的著作《擒凶记》，文中详细叙述了宜诺斯金事件。

4. 1959年2月25日，奥斯瓦尔德未能通过一项俄文测试，但据他的妻子马丽娜和乔治称，仅六个月后，他可以流利使用这门很难的语言。“1974年，沃伦委员会的一份机密文件表明，奥斯瓦尔德曾在蒙特利美军语言学校学习，这个学校并不对所有人开放，只接收政府派遣的执行特定情报任务的人，奥斯瓦尔德在这里学习了俄语。”

5. 奥斯瓦尔德的军事情报档案被国防部秘密销毁。上文引用均来自前美国国家安全局局长执行助理约翰·M·纽曼博士。

6. 前军事情报特工“托什”·普拉姆利的证词表明，他不仅与奥斯瓦尔德同时在纳格斯黑德基地受训，而且，两次从上司口中得知“奥斯瓦尔德是美国海军情报局的人”。

7. 针对两位不同的奥斯瓦尔德的全面研究请见2011年7月《肯尼迪总统政治分析季刊》中由约翰·阿姆斯特朗撰写的《哈维和李：苏联军事记载》。

从表面上看，这起事件是公共关系上的一场灾难，令美国蒙羞；从历史的角度来看，其影响巨大，其后果不仅是美国侦察机的坠落，而且严重影响了在大国关系中至关重要的四国峰会（美国、苏联、英国、法国），可谓代价惨重，冷战就此持续下去。

艾森豪威尔总统拒绝就此事以苏联要求的方式向其道歉，和平谈判就此中止。

> 李的叛变行为很可能是故意安排的，其目的是为苏联提供一个停止和谈的借口，而这个目的的确达到了。1960 年 5 月 17 日，和平谈判破裂，赫鲁晓夫表示 U-2 侦察机事件和美国的“过激行动”是和谈破裂的主要原因。如果这就是李·奥斯瓦尔德的任务，那么他成功了。

据说，鲍尔斯将他驾驶的 U-2 侦察机被击落这件事归咎于李·哈维·奥斯瓦尔德，称李向俄国人泄露了雷达机密。奥斯瓦尔德具有最高安全级别，有权得知雷达机密和日本厚木基地协助监控的 U-2 侦察机飞行机密。从情报学的角度来看，如果他的任务是破坏和平谈判，那么他应该早就获得了这些机密。

作为一名经验丰富的中情局特工，盖里·鲍尔斯得出的结论特别值得注意。鲍尔斯是个极其冷静的人，当被问及他驾驶的飞机在苏联领空被击落时的飞行高度，他镇定地回答道：

> 不够高。

L·弗莱彻·普劳蒂上校是一名从军 23 年的退役军人，他是奥利弗·斯通导演的电影《JFK》中“X 先生”的原型。他首先被任命为国防部长新闻官，之后成为美国中情局和空军部队间秘密行动的集中联络人。简而言之，他身居政府高位，掌握大量机密情报，尤其是间谍信息。

普劳蒂上校对李·哈维·奥斯瓦尔德的结论非常简单明确：

> 奥斯瓦尔德是个替罪羊，毋庸置疑。

能为李·哈维·奥斯瓦尔德洗脱罪名的证据：

1. 奥斯瓦尔德面颊对火药残余物的石蜡检测结果为负，表明他检测前后一段时间内没有射击过步枪。虽然他身上存在火药残余，但经石蜡检测，这并不能证明他最近使用过枪支。

2. 联邦调查局没有在步枪上发现奥斯瓦尔德的指纹。我们相信，联邦调查局对谋杀美国总统的嫌疑人所使用的武器做过非常仔细的检查。最初，他们没有发现任何奥斯瓦尔德的指纹，但在联邦调查局神秘探访了正在对奥斯瓦尔德尸体进行防腐处理的殡仪馆之后，这只曾被确认没有指纹的步枪上竟然出现了一个奥斯瓦尔德的不完整掌纹。殡仪师的证词表明，他知道联邦调查局的人去过殡仪馆并取走了奥斯瓦尔德的指纹和掌纹，因为这些人离开之后，他清洗了留在尸体上的用于取指纹的墨水。米勒殡仪馆丧葬承办人保罗·格鲁迪的证词为："有特工提取了奥斯瓦尔德的指纹样本。"

3. 弹道测试无法证明奥斯瓦尔德有罪。联邦调查局为沃伦委员会进行了中子活性分析和发射光谱分析，测试结果无法定性。不仅如此，在联邦调查局实验室工作超过 20 年的首席金属铸造专家威廉姆·

A·托宾的结论是，此前得出的“只有一名枪手”的结论是建立在铅分析基础上的，但这一分析存在根本缺陷，肯定有其他枪支射击的子弹击中了肯尼迪总统。

4. 达拉斯警察局警察J·D·蒂皮特在刺杀当天被自动手枪击中，但奥斯瓦尔德所持的是一支左轮手枪，这两种手枪的弹道特征存在明显的区别。两名具有丰富枪支经验的目击者（一名警长和一名前海军作战队成员）的证词表明，他们可以肯定事发现场射击蒂皮特警官的不是左轮手枪，而是一支自动手枪。

5. 没有证人看到奥斯瓦尔德真正出现在案发现场。正如达拉斯警察局局长杰西·科瑞所说：

> 我们从来没有证据可以证明奥斯瓦尔德开枪射击，没有人看见他拿着枪出现在那个楼里。

6. 最初在教材仓库大楼中发现那支步枪的搜寻队成员认定那是一支7.65mm毛瑟枪（一种功能极差的步枪），他们的枪支经验丰富，对此非常确定，甚至可以说出枪支上的字。其中威茨曼对步枪非常了解，他曾经营过一家体育用品商店，他的描述毫无含糊之词：“这支步枪是装有4/18射程手动栓机的7.65mm毛瑟枪，还带有厚厚的棕黑色皮带。”罗杰·克雷格也是搜寻队成员之一，他甚至记得这支来福枪上标有“毛瑟”的字样。威茨曼和克雷格拒绝修改上述证词，在他们接下来短暂的人生中不断因此事受到骚扰。

7. 这支步枪的瞄准器根本没有调好，也就是说，射击手不可能用这支枪击中他瞄准的目标。众所周知，6.5mm的卡尔卡诺步枪性能极差，杀手显然不可能选择这种枪执行暗杀任务。意大利士兵曾为这种枪起了个绰号——“维和者”，并笑称，如果用这种枪瞄准射击，肯定谁也打不中。还有许多其他文章也认为枪手选择6.5mm卡尔卡诺步枪实施暗杀是荒谬的。

8. 威廉姆·C·比绍普上校是美国中情局高级暗杀行动项目成员，他不仅是研究暗杀的专家，而且亲自组织杀手实施暗杀计划，他个人对1961年多米尼加共和国的特鲁希略总统遇刺事件负责。比绍普上校直截了当地表示：

> 奥斯瓦尔德只是个诱饵，他绝不可能在那么短的时间内使用那个武器精准地连开三枪。我可以确定的告诉你，不管是谁设计陷害了这小子，那个人都干得非常漂亮。

9. 海军情报局也对肯尼迪遇刺案进行了秘密调查，得到的结论是：

- 奥斯瓦尔德不是凶手；
- 奥斯瓦尔德无法策划这起枪杀。

10. 对奥斯瓦尔德的声音录音进行的科学分析与评估结果表明，他的无罪辩解是真实的。心理压力测试（PSE）是一种测量声音压力的科学方法，乔治·奥图尔说：“压力是说谎的必要条件，而非充分条件，但是没有压力则是没有说谎的充分条件。如果某人在谈论一件对自身极为重要的事情时表现得毫无压力，则表明他说的是事实。”历史学家麦克·格里菲斯表示：“PSE的可靠性已经在多种测试中得到证明，美国成百上千的执法机构都使用这种方法，很多国家认可这种测试为法律证据。”

- 奥斯瓦尔德否认对任何人开枪，包括总统、警察或其他任何人，心理压力测试结果表明他说的是事实。

● 奥斯瓦尔德的 PSE 测试结果只能说明他在陈述事实，不可能有任何其他合理的解释。

● 我对这些录音做了 PSE 分析，显然，奥斯瓦尔德在否认刺杀总统时在讲实话。——劳埃德·H·希契科克，心理压力测试师。

政府在世界范围进行的“掩盖”隐藏了事实。

描述这场举世瞩目的暗杀的文章数不胜数，但关于政府开展的一系列掩盖行动的文章也不在少数，有足够证据可以证明：成立沃伦委员会的目的并非调查真相、而是掩埋真相，这种说法是完全准确的。

美国司法部还犯了一个错误，误将有关掩盖行动的文件作为历史文件收档。从司法部副部长尼古拉斯·卡岑巴赫的备忘录中可以看出，政府曾下达命令，采取一切行动阻止政府阴谋论的传播，确保奥斯瓦尔德在舆论的法庭上受到指控，力图让公众认为他是本案唯一凶手。

下文是司法部保存的从代理司法部长到约翰逊总统助理比尔·莫耶斯的备忘录（在奥斯瓦尔德被杀害之后不久）的原文节选，其中反映了政府的掩盖行为：

1963 年 11 月 25 日，莫耶斯先生备忘录

至关重要的一点是让美国和全世界公众相信，有关肯尼迪遇刺案的所有事实都已公布，现在就此发表声明非常重要。

1. 确保公众相信奥斯瓦尔德是凶手，且没有其他同谋在

逃，确保有充分证据使法官对他定罪。

2. 对有关奥斯瓦尔德刺杀动机的猜想必须立即制止，确保有充分证据证明这是一个共产主义阴谋或（按照铁幕时代媒体特有的语言）右翼阴谋，将整个事件的责任推给共产主义者。但目前有关奥斯瓦尔德的事实过于明显，比如他是马克思主义者、去过古巴、有一名苏联妻子等。达拉斯警察已就共产主义阴谋论发表了声明，也正是他们负责处决了奥斯瓦尔德。

3. 迄今为止，这件事的处理方式毫无颜面和可信度可言，各种猜测、谣言与真相交织在一起、混杂不清，总统被枪杀那一刻，我们根本无法让全世界认同达拉斯警察局所说的话。

我想要达到的目的是，让联邦调查局尽快发表一份报告，对奥斯瓦尔德和这起枪杀事件进行完整详细的描述，报告内容有可能与达拉斯警察局的声明内容有出入，但联邦调查局的威望较高，所以我想这不是个问题。

另一个办法就是指派一些能被广泛认可的人组成总统委员会，对本案进行调查取证并公布调查结果，但这种做法有利有弊，还需等到联邦调查局发布报告并了解了国内外公众反应之后再做决定。

目前当务之急是发表声明，承诺所有事实将会以负责而有序的方式公布，我们需要打消公众的猜想，以防国会对此进行听证。

尼古拉斯·卡岑巴赫

司法部副部长

在美国的反卡斯特罗行动中，情报机构试图利用黑手党刺杀这位古巴领袖，当这一信息有可能被泄露时，对相关事实进行掩盖就变得十分必要。常被忽视的一点是，就在肯尼迪遇刺之后，罗伯特·肯尼迪立即成为美国权力最大的人，甚至超过新任总统林登·约翰逊。在刺杀发生后的几个小时内，罗伯特·肯尼迪和肯尼迪家族的拥护者插手整个尸检过程，控制了医务人员、肯尼迪的尸体、美国特工处、执法部门以及紧急救援人员等，同样也是罗伯特·肯尼迪掌控的司法部最终掌握了所有证据，并制定了掩盖计划，最后由司法部副部长尼古拉斯·卡岑巴赫在备忘录中传达指令，要求确保公众相信奥斯瓦尔德是唯一凶手。当然，罗伯特·肯尼迪并没有参与杀害其兄长的计划，但他显然被迫参与了这起谋杀的掩盖行动，正是他掌控的司法部通过肯尼迪家族的拥护者，或他亲自下令将有关这起谋杀的真相掩盖了起来（从他们的角度来看，掩盖行动非常必要）。

> 在沃伦委员会对约翰·肯尼迪总统遇刺案展开调查时，联邦调查局和中央情报局对与本案高度相关的信息进行了掩盖……约翰逊总统和司法部长罗伯特·肯尼迪都参与了这一系列行动，包括隐瞒了沃伦委员会的某些关键结论。

中情局成员约翰·斯托克维尔的调查分析表明：

> 枪击停止之后，护卫队匆忙离开了现场，联邦调查局和其他政府机构立即着手掩盖真相。新上任的林登·约翰逊总统下令将肯尼迪遇害时乘坐的轿车运往芝加哥进行销毁。他宣称的行动目标是消除美国公众的疑虑，确保他们相信这起刺杀事件

是李·哈维·奥斯瓦尔德一人所为。

距离达拉斯很远的中情局特工手握奥斯瓦尔德的生平资料，等待向媒体提供信息。

结论

我们无法准确得知肯尼迪是如何被杀害的，但我们可以非常确定地排除不可能选项，可以了解哪些情况没有发生。毫无疑问，李·哈维·奥斯瓦尔德不可能是本案的唯一杀手，有大量证据可以证明这一点：

1. 死者正面中枪排除了此案只有一名杀手的可能性。

2. 奥斯瓦尔德不可能完成他被指控的射击行为。军事历史上最优秀的狙击手曾尝试完成奥斯瓦尔德的射击，但根本做不到，而奥斯瓦尔德的射击水平完全不能与之相提并论，用他曾经的海军队友的话说，他是一个“水平很差的射击手”。

3. 现场出现了很多次射击（远远多于沃伦委员会的调查结论中认定的射击数量，他们对现场其他射击完全视而不见），不可能由一名枪手独立完成。

4. 奥斯瓦尔德在美国军事情报局服役。“黑德尔”这个名字不仅被奥斯瓦尔德使用，它其实是一个在秘密情报行动中经常使用的“不固定假名”，也被军事情报部门的其他特工使用。

5. 事后，政府公然展开掩盖行动，阻止公众了解事实真相，特别是隐瞒了有关奥斯瓦尔德参与反卡斯特罗行动的信息。

泽卡赖亚·谢尔顿是一名拥有 28 年经验的联邦调查局退役人员，他担任特工的时间长达 25 年。谢尔顿在堪萨斯市反黑组工作了四年半，在芝加哥反黑组工作了8年，他曾是大量高级调查组成员，其中包括联保调查局在拉斯维加斯执行的“稻草人行动”（电影《赌场》的故事原型）；在德克萨斯州解决了詹姆斯·伯德驾驶卡车拖人致死的案件；捕获了抢劫拉斯维加斯星尘大饭店的武装歹徒；逮捕了一名从事药品走私的德克萨斯州州长。谢尔顿是刑事调查专家，在犯罪现场，他非常清楚应该检查哪里、寻找什么。简单地说，他对这一领域了如指掌。

曾有一位荷兰实业家雇用谢尔顿对肯尼迪遇刺一案进行调查，希望他能在亲自调查的基础上得到独立而客观的结论。这次时间跨度很长的调查获取了来自联邦调查局窃听录音、具有可信度的告密人以及案发现场目击者的大量信息，充分说明黑手党直接参与了第35任美国总统的暗杀计划。这不仅仅是他的个人观点，更是一个专业调查者根据大量客观事实证据得出的结论，用他自己的话说：

> 我没有任何理论，我只有事实。

下文是谢尔顿对肯尼迪刺杀案进行调查后获得的证据：

谢尔顿的调查报告

本报告由泽卡赖亚·谢尔顿联合公司提供。

泽卡赖亚·谢尔顿：调查员，拥有25年联邦调查局经验的退役特工。

下文是我对肯尼迪遇刺案进行了广泛的调查后得出的结论。

要对肯尼迪遇刺案进行总结，我们必须注重事实，而非理论。下面就是在调查中渐渐浮出水面的事实，它们是无可辩驳的。我对它们进行了总结，重点强调导致刺杀发生的事件，案发当天的事件以及案发后的掩盖行为，这一切都证明了一点——有人阴谋刺杀总统。

1963 年 4—11 月

• 昌西 · 霍尔特（中情局特工）

大约在 1963 年 4 月，霍尔特开始为李 · 哈维 · 奥斯瓦尔德准备身份证件，包括他所有的假名。

6 月，他前往美国路易斯安那州的新奥尔良，将身份证件交给盖伊 · 班尼斯特。曾有记者拍到霍尔特和奥斯瓦尔特在一起的照片。

9—10 月，霍尔特获得指令，为总统的达拉斯之行准备特勤处身份验证密码。

11 月 16 日，霍尔特收到一封来自彼得 · 里卡沃利的来信，得知查克 · 尼克莱蒂在亚利桑那州的恩典农场，彼得要求霍尔特开车将尼克莱蒂送到达拉斯市。

11 月 21 日，霍尔特将尼克莱蒂送至达拉斯市。

• 杰克 · 鲁比

与犯罪团伙之间存在广泛的联系，它曾直接为芝加哥黑手党首领山姆 · 加恩卡纳效力，与卡洛斯 · 马塞洛领导时期的新奥尔良黑手党有联系，同时还与达拉斯犯罪集团交往甚密。

1963 年 9—11 月，鲁比给很多有头有脸的黑手党头目打了很多电话，电话量是他在 1963 年其他时间电话总量的 25

倍。在刺杀发生前的一周，很多黑手党头目前往达拉斯联系鲁比。

• 卡洛斯·马塞洛

吉米·霍法

圣托·塔菲肯特

在刺杀前数月，这三个人一直对总统进行死亡威胁，这一消息来源是联邦政府，具有可信度。

• 詹姆斯·菲尔斯

大约在刺杀的六个月之前，菲尔斯从查克·尼克莱蒂处得到消息，他们签了合同，要刺杀肯尼迪总统。为此，托尼·阿卡尔多家中召开了一次会议，在场的有阿尔卡多、加恩卡纳和尼克莱蒂。尼克莱蒂会后通知了菲尔斯。

• 吉姆·瓦格纳

吉姆·瓦格纳是原联邦调查局芝加哥反黑组主管，现已退役。1963 年 9 月，他从一个线人处得到可靠消息，托尼·阿卡尔多向墨西哥城汇了十万美金用于资助一个行动。这条信息直接来源于联邦调查局的档案。

1963 年 11 月 22 日

• 昌西·霍尔特

他开车将查克·尼克莱蒂送往达拉斯。据菲尔斯称，尼克莱蒂是刺杀行动小组的四名成员之一。霍尔特递交了美国特勤处身份验证密码，之后驾驶一辆白色 1959 款奥兹莫比尔旅行车来到了铁路调车场。上述行动在鲍尔斯的证词中也可以得到证实。霍尔特接到命令前往迪利广场。如果行动出现问题，由他负责前往一个指定的车厢处报告。据称，迪利广场里就像在开“老友欢聚会”，这说明迪利广场里有许多中情局特工。菲尔斯也提到了霍尔特提及的名字。射击开始之后，他按照命令向那个火车车厢处报告，见到了查尔斯·哈勒尔森和查尔斯·罗杰斯（也就是霍尔特提到的理查德·蒙托亚）。这三人均被达拉斯警方逮捕，但后来被释放。可以找到很多这三人的照片，他们被称为三个流浪汉。经备受尊敬的法医艺术家洛伊斯·吉布森证实，这三人分别是霍尔特、查尔斯·哈勒尔森和查尔斯·罗杰斯，后两人是暴力罪犯。

- “托什”·普拉姆利

他表示自己是中情局飞行员，曾于案发当天早晨驾驶一架军用飞机将约翰·罗塞里送往达拉斯。菲尔斯也表示罗塞里是乘坐军用飞机抵达达拉斯的。

- 詹姆斯·菲尔斯

他表示在他驾驶尼克莱蒂的白色和深红色相间的1963款雪佛兰羚羊超级跑车驶入迪利广场时，车上坐着罗塞里和尼克莱蒂，他将车停在德克萨斯达拉斯大楼旁。彼茨特纳的电影中这辆车确实停在菲尔斯所说的位置。菲尔斯还说，他从栅栏后方的草丘上瞄准头部射击，众议院特别委员会通过声学测试也确定在这个位置有一名枪手。菲尔斯通常抽波迈香烟，案发后在上述位置确实发现了这个品牌的香烟，鲍尔斯也曾看到一个人站在栅栏旁边。菲尔斯说迪利广场里就像“老友欢聚会”，他提到了三四个名字，昌西·霍尔特也提到了这些名字。菲尔斯承认当天刺杀任务小组的成员是他自己、罗塞里、尼克莱蒂和另外一人。

● 赞普得拍摄的影片

从这部影片中可以清晰地看到，肯尼迪总统头部中枪时，他的头明显倒向左后方，证明击中头部的子弹来自右前方。

● 霍尔特、普拉姆利和菲尔斯的证词

昌西·霍尔特、“托什”·普拉姆利和詹姆斯·菲尔斯三人的单独证词能够相互印证。三人中每个人都不可能得知其他两人的证词，但他们三个的说法相同。

● 迪利广场的目击者

大多迪利广场的目击者证实有子弹从草丘位置射出。

● 玛丽·摩尔曼拍摄的照片

照片中，菲尔斯声称的射击位置——也是众议院特别委员会认定的射击位置，其栅栏后方确实有一个人。

1963 年 11 月 22 日之后

● 众议院特别委员会

声音检测结果证明确有一枪是从草丘位置射击而来，这和菲尔斯声称的开枪位置完全吻合。

● 比尔·布莱诺

他在《黑帮悍将》中表示，罗塞里向他承认了刺杀肯尼迪一事，并称刺杀小组共有四名成员。

● 山姆·加恩卡纳

约翰·罗塞里

他们两人在《双面间谍》中表示罗塞里参与了对肯尼迪的刺杀。

● 查克·尼克莱蒂

罗塞里在不同场合多次表示对自己以及其他黑手党参与刺杀肯尼迪直接知情。

● 山姆·加恩卡纳

约翰·罗塞里

查克·尼克莱蒂

这三人都被要求在国会作证，但均在作证日期之前被杀害。他们三人都参与了中情局和黑手党共同实施的菲德尔·卡斯特罗刺杀计划，也参与了对肯尼迪总统的刺杀。

● 卡洛斯·马塞洛

圣托·塔菲肯特

据联邦调查局的文件记载，马塞洛曾多次承认参与了肯尼迪刺杀计划。联邦调查局的电话窃听录音中，塔菲肯特也承认自己参与了这一计划，甚至还就此向他的律师做了临终声明。

● 乔瑟夫·格兰特

乔瑟夫·格兰特是芝加哥犯罪集团成员，与查克·尼克莱蒂关系密切。格兰特在反黑行动中是联邦调查局线人和目击证人，加入了联邦证人保护项目。据格兰特证实，罗塞里、尼克莱蒂、马歇尔·蔡发诺和吉米·萨顿（别名为詹姆斯·菲尔斯）都参与了肯尼迪刺杀计划。他还证实，芝加哥黑手党头目查克·尼克莱蒂曾在多个场合向他透露上述四人都参与该计划，尼克莱蒂说过，在“我们把他的脑袋打开花”的时候，这些人都在迪利广场。

• 弗兰克·希兰

弗兰克·希兰是众所周知的黑手党杀手，他是吉米·霍法的同伙。纪实小说《听说你刷房子了》(2004年) 中有希兰的临终独白，许多经验丰富的执法人员都认为他的独白具有真实可信度。希兰表示他和霍法向“达拉斯的肯尼迪刺杀行动提供了步枪”。据他透漏，霍法曾说黑手党高层参与了这个刺杀计划，他说：“其中有真警察，也有假冒警察，杰克·鲁比的警察负责奥斯瓦尔德，但鲁比搞砸了，所以他不得不自己完成这件事。如果他没有把奥斯瓦尔德杀掉，你觉得他们把鲁比怎么样，会把他挂起来烤了！别自欺欺人了，圣托、卡洛斯、加恩卡纳一伙人都参与了刺杀肯尼迪，当年参与古巴猪湾事件的原班人马这次都有份，他们还打算派加恩卡纳和罗塞里去刺杀卡斯特罗。

有可能的场景

我一直认为这次行动是成功的，因为杀害肯尼迪总统的目的显然已经达到了。但是，有没有可能其实行动并没有成功？有没有可能这次行动并没有完全实现目标？他们是不是还有其他目标？于是，所有那些令人疑惑的点点滴滴瞬间拼合起来，之前看似彼此矛盾的信息开始同时指向同一个方向，让我慢慢道来。

至此事实已经非常清晰，这次刺杀行动实际上有两个目标，其一是刺杀肯尼迪，其二则是让这起刺杀看上去像古巴所为，从而为入侵古巴创造必要条件。在这一命题条件下，所有证据便可以符合逻辑地串联起来，罗伯特·肯尼迪对他亲兄弟被谋杀一事试图掩饰的行为也变得十分合理，掩饰奥斯瓦尔德与美国情报组织的关系也不难理解了，后来抛出“国家安全”的理由开展掩盖行动也变得符合逻辑。如果从这个全新的角度回顾整个事件，我们终于开始理解此前试图了解的事究竟是什么。

现在来看看几种情景。许多理论试图解释刺杀肯尼迪的真正原因，但其中很多可以被轻易推翻。例如，苏联参与刺杀计划的说法完全不合逻辑，即使有任何参与成分，那也是尽力阻止这一计划的实施（详见迪克·拉塞尔的著作《擒凶记》），苏联显然非常清楚，肯尼迪在位可以为他们带来极大的政治利益，当时的苏联正面临冷战带来的严峻的经济困难，渴望肯尼迪政府能继续提供曾经在古巴导弹危机之后提供的援助，以缓解经济压力。

其他理论包括：

• 奥斯瓦尔德单独行动

关于奥斯瓦尔德刺杀肯尼迪的理论是一个极为荒谬的理论。沃伦委员会、杰拉尔德·波斯纳、文森·巴格鲁斯结论都支持这一说法，我们将他们称为“阴谋终结者”，他们就像棒球比赛中最后出场的队员，在对手面前，砰的一声关上大门。他们是有计划安排的，“最开始”先得出奥斯瓦尔德单独行动的结论，没有根据客观事实进行分析。如果对证据进行综合分析，就会知道奥斯瓦尔德根本不可能独立完成这个行动。

• 黑手党“袭击”

约翰·肯尼迪的头部被击中的那一刻，一切都结束了。就在那时，打击犯罪集团的计划停止了，胡佛夺回了控制权。

——比尔·亨得利，美国集团犯罪部，司法部

1963 年，芝加哥流传着一个说法，如果查克·尼克莱蒂签了一份

合同，上面有你的名字，你便会在尚未察觉之时就已死去。查克·尼克莱蒂是20世纪50—60年代“芝加哥”首屈一指的杀手，“芝加哥”是个犯罪集团帝国，其触角伸及全美各地，操控着芝加哥、拉斯维加斯和迈阿密海滩的大多数有组织犯罪集团。

可以确定，在案发当天早晨，尼克莱蒂携带步枪到达了达拉斯。据说，在他用来记录各个任务时间安排的“工作记录”中，1963年11月22日的记录如下，简单得让人毛骨悚然：

达拉斯——肯尼迪。

1979年众议院暗杀特别委员会报告中有一个鲜为人知的惊人发现：

有充分证据证明……霍法、马塞洛和塔菲肯特这三个肯尼迪政府进行刑事诉讼的主要目标曾与其下属讨论过刺杀肯尼迪总统，他们三人的同伙与达拉斯夜总会老板杰克·鲁比有直接联系，而正是鲁比杀害了所谓的肯尼迪遇刺案的“唯一杀手”。虽然负责调查肯尼迪遇刺案的沃伦委员会的成员了解这一信息，但他们并没有对此跟进调查。

上述结论实际上是对总统遇刺案主要调查机构的公开控诉，值得重视。

关于约翰·肯尼迪遇刺的供述：

卡洛斯·马塞洛、圣托·塔菲肯特以及约翰·罗塞里这三位黑手党头领的供述表明，他们都参与了肯尼迪刺杀计划。他们使用了类似秘密政变的方式将肯尼迪杀害，迫使司法部长罗伯特·肯尼迪、新任总统林登·约翰逊、联邦调查局局长J·埃德加·胡佛以及中情局高级官员理查德·赫尔姆斯就范，不仅对公众和媒体封闭了关键信息，而且还彼此隐瞒，有时甚至对自己的调查人员隐瞒实情。

下面是佛罗里达州黑手党头目圣托·塔菲肯特和他的朋友、迈阿密商人约瑟·阿莱曼在总统遇刺前不久的对话：

塔菲肯特：……你知道他弟弟是怎么整胡佛的吗？……记住我的话，肯尼迪有麻烦了，接下来有好戏了。

约瑟·阿莱曼：肯尼迪会重新当选总统的。

塔菲肯特：你没明白我的话，肯尼迪不会连任，他会遭到袭击。

政府的窃听录音以及黑手党内线人提供了关于肯尼迪刺杀案参与者的供述。

a. 最近解密的联邦调查局文件证实，卡洛斯·马塞洛在去世之前的几年曾三次承认他杀了肯尼迪。

b. 圣托·塔菲肯特在肯尼迪遇刺的几个月之前，曾受聘于中情局参与谋杀卡斯特罗的计划。与马塞洛一样，塔菲肯特后来也承认参与谋杀肯尼迪。

c. 据约翰·罗塞里的传记作者称，罗塞里也表示对达拉斯发生的事知情……中情局内部报告证实曾在1960年肯尼迪当选总统之前的刺杀卡斯特罗的计划中雇用了罗塞里和塔菲肯特。

卡洛斯·马塞洛、圣托·塔菲肯特、约翰·罗塞里以及约翰·马蒂诺和大卫·莫拉莱斯均在后来承认参与了刺杀肯尼迪，故意隐藏真相、试图将刺杀罪名推给古巴的行动中也可看到这几个名字。

卡洛斯·马塞洛：“我把那个狗娘养的给杀了，要有下次，我还会这么做……我真希望我是亲手干掉他的。”（这是他与一名联邦调查局线人的对话。）

圣托·塔菲肯特：“卡洛斯把事搞砸了，我们本来不应该杀约翰，要杀的是罗伯特。”（在律师面前的临终声明，西西里岛。）

圣托·塔菲肯特：计划与调查委员会谈话的黑手党成员透漏了新的间接证据，不容忽视。当山姆·加恩卡纳的尸体被发现时，嘴附近有五个枪眼，此时圣托·塔菲肯特说：“现在只剩下两个男人知道是谁杀了肯尼迪，他们不会说的。”（1975 年，在杀害了山姆·加恩卡纳之后的电话通话，联邦调查局进行了窃听。）

大卫·莫拉莱斯：“我们把那个狗娘养的处理了，可不是吗？”（与同伙在酒后的对话。）

约翰·马蒂诺：供述了他在组织并参与刺杀肯尼迪行动中扮演的角色。（临终前，多次向家人和两个朋友供述。）

约翰·罗塞里：“罗塞里在去世之前，告诉同伙他知道是谁安排了刺杀肯尼迪的行动，就是他此前为暗杀古巴领袖菲德尔·卡斯特罗而雇用的原班人马。”

乔瑟夫·格兰特：格兰特是一名值得信赖的联邦调查局线人，与众所周知的芝加哥黑手党杀手查克·尼克莱蒂关系亲密。格兰特作证时表示，尼克莱蒂曾多次承认他自己、约翰·罗塞里、吉米·萨顿（化名詹姆斯·菲尔斯）和马歇尔·蔡发诺直接参与了刺杀肯尼迪。另外，罗塞里的角色肯定不是杀手，他一直都有“英俊乔尼”的称号，因英俊潇酒为人所知，并不是杀手。

弗兰克·希兰：希兰是有名的黑手党杀手。2004 年，他在临终时表示他和吉米·霍法向肯尼迪的刺杀行动提供了步枪，他说霍法曾向他坦白自己掌握着对黑手党高层参与此事的直接证据。

弗兰克·菲奥里尼，化名弗兰克·斯特吉斯：“我们制造水门事件是因为尼克松不想泄露有关我们参与刺杀肯尼迪行动的相关信息。”

- 中情局政变

关于肯尼迪遇刺案，最广为人知的一个理论是“暗杀是中情局所为”，这个说法不合理，得出这一结论的推理存在诸多缺陷，其中最常提到的理由，其推理最为荒谬。有人说：只可能是中情局（也就是政府）做的，因为只有政府才有能力将所有真相掩盖起来。这听起来符合逻辑，但是你仔细分析了前提和结论之后，会发现事实并非如此。

首先，在整个掩盖过程中，起到关键作用的别无他人，正是罗伯特·肯尼迪，他在暗杀发生后的行为说明他在掩盖计划中扮演主要角色。

常被忽视的一点是，在 1963 年 11 月 22 日下午，美国权力最大的人并不是新任总统林登·约翰逊，而是罗伯特·肯尼迪。那天下午的林登不过是一个有名无实的总统，还没有来得及接掌权力，真正有能力掌控全局的是司法部长。肯尼迪总统在位时，就有人说政府实际上有“两位总统”——罗伯特·肯尼迪和约翰·肯尼迪的权力和职责不分上下。就在肯尼迪总统遇刺之时，政府的忠诚瞬间从肯尼迪总统转移到了罗伯特·肯尼迪身上。

那么，11 月 22 日下午及此后，罗伯特·肯尼迪都做了什么？答案是，一场令人瞠目的行动正在酝酿中：

a. 他立即联系了一位自己信任的“安全特工”：中情局特工休·哈金斯。此人立即动身乘坐一架喷气式飞机前往达拉斯，亲历了尸检过程并直接向罗伯特·肯尼迪汇报。

b. 他迅速留意到奥斯瓦尔德这个名字，随即打电话给一名佛罗里达反卡斯特罗营地的联系人，在电话上喊道：“这是你们的人干的！”

c. 他很快和中情局局长通话，大喊道：“中情局的人杀了我哥吗？”

d. 整个掩饰计划正是始于罗伯特·肯尼迪掌控的司法部，通过肯尼迪兄弟的忠诚盟友尼古拉斯·卡岑巴赫的备忘录来实现的。

罗伯特·肯尼迪打电话给中情局局长。

就在肯尼迪总统死亡“那一刻”，他问中情局局长约翰·麦康恩是不是他们杀了他的哥哥，以他当时问话的方式，麦康恩不可能撒谎，也确实没有撒谎。这一点很重要，因为罗伯特问麦康恩的时间就是肯尼迪总统死亡的时候，说明肯尼迪总统遇刺令罗伯特迅速怀疑这可能与中情局有关。

罗伯特问话的方式怎么能让麦康恩不可能撒谎呢？只有一种可能性，那就是此事牵扯到一个两人都知道的行动。罗伯特的问题应该是，是不是刺杀卡斯特罗的计划用到他哥哥的身上了……

罗伯特·肯尼迪能迅速注意到奥斯瓦尔德这个名字，是因为他知道奥斯瓦尔德是他自己负责的反卡斯特罗行动的成员。

据最新研究：

> 奥斯瓦尔德是提交给罗伯特·肯尼迪的刺杀卡斯特罗人员名单中的一员。
>
> 阿尔巴这一信息的来源包括美国特工处的约翰·赖斯（他

在阿尔巴的车库停车)。他还告诉阿尔巴，刺杀结束之后，有人看到罗伯特·肯尼迪在司法部恸哭着说：“是我杀了我哥哥!”

历史学家约翰·西姆金很聪明地观察到一点：

“一直令我疑惑不解的是罗伯特·肯尼迪在刺杀发生之后的行为，他一定在事后几个小时之内就确定他哥哥是被黑手党杀害的，而黑手党的背后是中情局和联邦调查局叛徒分子的支持。但是，他并没有就此展开调查，相反，他采取了一系列行动试图掩盖这一阴谋（控制了能证明总统头部正面和背面都中枪的脑部X光扫描和尸检过程）……约翰·肯尼迪实际上并没有下令停止暗杀国家首领的‘高级行动’，他只是竭力将其保持在自己的控制范围之内。刺杀菲德尔·卡斯特罗的计划名为‘自由行动’，由他弟弟罗伯特·肯尼迪负责……现在来看看罗伯特·肯尼迪在听到他安排刺杀卡斯特罗的杀手刺杀了他哥哥时的反应，如果对奥斯瓦尔德以及总统遇刺一案展开全面调查，‘自由行动’的细节就会曝光。制定刺杀计划的人非常聪明，他将罗伯特·肯尼迪间接牵扯到此事中，使他不得不加入掩盖行动。”

奥斯瓦尔德遭到设计陷害，无辜卷入总统刺杀一案，但政府不会对他的身份展开调查，这个名字的出现让整个华盛顿都绷紧了神经，这是因为那些知情者非常清楚，美国情报机构被拖下水了。一些研究者的结论是：

在达拉斯的枪声不仅开启了一场对刺杀凶手的疯狂搜寻，也让包括罗伯特·肯尼迪、林登·约翰逊和理查德·赫尔姆斯等政府官员展开了一系列秘密行动来掩盖一个肯尼迪总统批准的行动——美国计划十天后入侵古巴。如果这一计划曝光，肯尼迪挑选的政变领导人、古巴军事指挥官胡安·阿尔梅达的生命将危在旦夕，并导致美国在古巴导弹危机发生仅一年之后，就要与苏联发生核冲突。

因此，在许多肯尼迪总统的研究者眼中，这起刺杀显然是一把双刃剑，是挑起战争的由头：

简单来说，肯尼迪总统遇刺是反对卡斯特罗的一起挑衅事件，目的是将这一谋杀罪名扣在卡斯特罗的头上，以此作为美国报复性入侵古巴的借口。入侵行动无疑将让黑手党首领和中情局特工受益，因为卡斯特罗摧毁了黑手党在哈瓦那的赌场，也因为卡斯特罗，猪湾事件以失败告终，使中情局特工失信于古巴流亡的“自由战士”。

刺杀肯尼迪中不可告人的“绝妙之处”在于，从本质上说，它迫使受害者不得不掩饰这场罪行。还有什么能绑住罗伯特·肯尼迪的手脚呢？他是美国司法部长，手下有大量的调查人员供他支配，但是，他却拒绝调查杀害他亲哥哥的凶手。约翰逊总统并没有能力约束罗伯特·肯尼迪，因为司法部长有权力决定执行哪些任务。因此，能束住他手脚的就是这次行动的特殊性质。

此外，罗伯特·肯尼迪个人认为卡洛斯·马塞洛应该为他哥哥的死亡负责，这一点他向很多同事透露过。

正如我们在玛丽莲·梦露的章节所说的，研究人士当中出现一种很不好的倾向，他们分为“亲肯尼迪”和“反肯尼迪”两派，这种两极分化在研究界造成了一些“困局”，他们似乎否认肯尼迪兄弟（约翰和罗伯特）有婚外情（其实两人都有），也否认在玛丽莲·梦露死亡当天，罗伯特·肯尼迪在她的住所出现过。同样，研究肯尼迪遇刺案的学者也分为几派，其中最流行的就是持“刺杀是中情局所为”这一理论的派别。在肯尼迪遇刺案的研究界，至少一部分人认为，对上述这种理论的丝毫质疑都会被认为是对肯尼迪的不敬。

这种观念是错误的、被误导的。真正的研究者不会因政治派别不同而戴上有色眼镜，他只会沿着事实指明的方向前行。实际上，中情局不可能单独完成这次任务，这是一个拥有上千人的庞大组织，其中有许多小集团和派别。

当我们分析中情局在刺杀前后的行为时，可以看到一个中情局的行为模式与图谋杀害肯尼迪这一目的正好不符。

原中情局副局长执行助理维克托·马切蒂在他参与写作的《中情局和情报狂热》中透露了一个惊人的事实：

> 中情局局长曾一度考虑过向公众坦白有中情局外勤特工参与了刺杀肯尼迪。

但是从逻辑的角度考虑，我们需要意识到这个命题的逆命题也是正确的。中情局并没有作为一个机构积极参与刺杀行动，这就是他们曾考虑“公开”一些特工的行为的原因（此处，自封为肯尼迪“忠实”拥护者的人会指责这一行为是“有限的信息泄露”，但这并不合理，因为中情局显然没必要对此公开）。而且，罗伯特·肯尼迪没有揭穿谋杀他哥哥的阴谋，而是利用他的职务之便对此进行掩盖。

维克托·马切蒂和了解内情的中情局官员如大卫·菲利普斯也认

为，虽然有个别特工参与了暗杀，但中情局作为一个组织并没有参与其中。

维克托·马切蒂在他的文章都明确表示，他深切关注在情报问题上对美国公众公开事实。不过，他非常聪明地做了补充：

> **马切蒂先生：**我没有任何证据可以证明中情局参与刺杀肯尼迪总统。我自告奋勇表达我的个人观点，中情局没有以一个机构的名义参与过刺杀总统，但这并不表示不存在个别特工以个人名义参与其中的可能性。
>
> **问：**……如果中情局在暗杀中没有扮演任何角色，为什么要进行“有限的信息泄露”？
>
> **马切蒂先生：**为了保护中情局在接下来不久即将展开的掩盖计划中的角色，防止信息泄露，蒙蔽沃伦委员会，打消对中情局的说三道四，他们出于自身的原因拒绝全盘交代，这个我并不知道，只是猜想……我想暗杀计划与中情局人员之间存在某种联系，要么是中情局官员或特工，要么是前官员或特工，而这些人是中情局想掩盖的，这是一种猜想。

约翰·纽曼博士在担任国家安全局局长执行助理期间，接触了许多高级情报，他同意维克托·马切蒂的观点，认为没有证据证明中情局以一个组织的名义参与了刺杀总统，但是，他还提到：“我们最终可以确定，在总统遇刺前几周，中情局正在制造一个关于奥斯瓦尔德的骗局，这可能直接导致了达拉斯发生的一切。”

前中情局西半球行动负责人大卫·菲利普斯也得到了相同的结论，中情局的叛徒特工参与了刺杀行动，但中情局没有以组织名义参与：

我对这次刺杀的最后观点是，存在一个刺杀阴谋，其中可能涉及了美国情报官员。

据文件记载，军事情报“终止行动小组”（隶属于中情局后勤保障部门）成功地将约翰·罗塞里带往迪利广场，试图阻止刺杀肯尼迪总统的行动。可以推测，带去罗塞里（在美国军事情报领域极为活跃）的真正意图其实是通过这个行为让参与刺杀行动的人知道“他们的游戏结束了”，迫使其取消刺杀计划。

少数几名关键官员……比如罗伯特·肯尼迪、理查德·赫尔姆斯等，也会相信刺杀乃奥斯瓦尔德所为（至少最初相信），但他们的理由与其他人不同，他们会认为出于某种原因，像奥斯瓦尔德这样对美国具有价值的人已经“变质”了，但这个理由无法公开，甚至不能进行调查……

在一份保密了十年的备忘录中，沃伦委员会的律师写到：“‘反卡斯特罗’成员利用奥斯瓦尔德的最终动机显然是希望总统遇刺后，奥斯瓦尔德被捕，或者至少他的身份被确定。然后，执法当局和公众将把罪名扣在古巴政府头上，于是，武力推翻古巴政府的呼声便会势不可当。”

显然，所有对事实的歪曲和掩盖背后的逻辑是，这样的做法对于国家安全十分必要，可以避免与古巴和苏联之间的战争，这显然就是刺杀行动的意图。上文提到的“个别特工”显然“盗用”了刺杀卡斯特罗的“黑色行动”，将其用于刺杀总统。中情局西半球行动负责人大卫·菲利普斯记录下的文字也对此有所影射：

我是负责李·哈维·奥斯瓦尔德行动的两名官员之一……我们派他前往古巴执行刺杀菲德尔·卡斯特罗的任务……我不知道他怎么会杀了肯尼迪，不过我知道的是，他使用的计划正是为卡斯特罗制定的计划。

这一点也出现在《五月的七天》这部惊悚小说情景的一幕中，就在总统遇刺之后，一份谴责古巴的声明从位于德克萨斯的美国陆军情报中心发往佛罗里达的美国军事打击司令部，全副武装的战机起飞前往古巴。

联邦调查局特工詹姆斯·霍斯蒂（奥斯瓦尔德在联邦调查局的"指挥"）写到，他从两个独立消息源得到了消息，称军事打击即将开始，据他说，在奥斯瓦尔德被捕后不久：

全副武装的军用飞机被派往古巴，就在即将进入古巴领空之时，他们得到命令，迅速撤回。随着这些飞机的起飞，整个美军都绷紧了神经。

肯尼迪总统遇刺后，美军立即将战备状态提高到了三级，这是级别极高的正式防御态势，"相当于给枪上了膛，只等扣响扳机的那一刻。华盛顿陷入一片恐慌"。军用飞机接到美国军事打击司令部的命令，从麦克迪尔军事基地起飞"一路呼啸前往古巴"。但就在即将进入古巴领空的瞬间被撤回，"空军和中情局发出了一份'闪电'命令，要求美国飞机立即返回基地，以免激怒苏联"。

美国军事打击司令部显然是在1963年11月22日收到一份特别电报后下令飞机飞往古巴的：

这份电报来自位于德克萨斯的第四陆军司令部，发给佛罗里达州麦克迪尔空军基地的美国军事打击司令部，它通过古巴所谓的共产主义“宣传媒体”将奥斯瓦尔德与古巴联系起来。通过电报传送的还有两份关于奥斯瓦尔德的声明——当然都是虚假的，声明均是由军事情报机构从达拉斯警方获得的。

达拉斯警察局情报部副主管唐·斯特林通知第112情报组，称从奥斯瓦尔德处获得的信息表明他已于1959年叛变投奔古巴，现在已正式成为共产党员。

幸运的是，冷静的思考依然占了上风。出于显而易见的原因，这件事从未被公开。正如彼得·戴尔·斯科特教授观察的：

……可以看到，在胡佛制定的将奥斯瓦尔德设计为那个单独实施刺杀行动的疯子这一计划背后的逻辑。

很幸运，在军事打击开始之前，飞机就接到命令返回基地，紧随其后就是大规模的国家安全掩盖行动。如果这个场景是真实的，那么：

政府真正要掩盖的并非美国第35任总统遇刺一事，而是按照计划这场刺杀之后应开展的军事袭击，因此，连罗伯特·肯尼迪也认可了掩盖行动使用“国家安全”这个名义。

不过，中情局中的个别叛徒分子很可能积极参与了刺杀肯尼迪，这才是事实证据向我们指明的。

在一篇题为《有关肯尼迪遇刺案的观点》的极富智慧的文章中，长期研究肯尼迪的学者马丁·沙克尔福德将1963年11月22日所发生的一切所反映出来的所有派别之间混杂不清的利益关系巧妙地融合起来：

1. 中情局特工

2. 反对卡斯特罗的古巴人

3. 黑手党头目

4. 林登·约翰逊

5. “德克萨斯石油界”

沙克尔福德是对的。所有这些派别都在这场刺杀中扮演了角色，所有这些派别似乎都具有一定的可信度。因此，许多学者开始相信的、最有可能反映此案真实情况的是，这些不同派别“混合”在一起对这场刺杀负责：与军事情报机构有紧密联系的查克·尼克莱蒂和约翰·罗塞里这样的暴徒分子（山姆·加恩卡纳、卡洛斯·马塞洛和圣托·塔菲肯特的犯罪集团）与许多美国情报特工叛徒串通，同时，这群德克萨斯大富豪已经收买了腐败不堪的德克萨斯州政客林登·约翰逊，如果林登当选下一任总统，他们求之不得，于是，他们从反卡斯特罗计划中复制了这个刺杀计划。

> 这场暗杀很可能是一个涉及中情局、黑手党和反对肯尼迪的古巴流亡者的阴谋，目的就是终止卡斯特罗的统治（通过任何必要的方式）并把枪对准肯尼迪。这正是罗伯特·肯尼迪在1963年11月22日下午立即开始怀疑的……

对中情局特工约翰·斯托克维尔来说，这一切都显而易见：

> 由中情局、古巴流亡者和与黑手党相勾结的叛徒分子共同在达拉斯安排了一次军事伏击，并将肯尼迪成功杀害。这次伏

击和紧随其后的掩盖行为肆无忌惮，令人震惊。其实，之前曾有在芝加哥、迈阿密和休斯敦刺杀肯尼迪的计划，但均被提前阻止或以失败告吹。

我个人认为，以我对中情局的了解，它的ZR/RIFLE项目（一个暗杀小组，“猫鼬计划”的组成部分。）很可能串通古巴流亡分子以及犯罪集团的山姆·加恩卡纳、约翰·罗塞里和查克·尼克莱蒂，共同策划了这个阴谋。ZR/RIFLE被参议院教会委员会揭露，中情局行动总指挥理查德·毕塞尔不得不承认了这一项目的存在，项目创建人威廉姆·哈维也对此承认，此人行为粗鲁、性格鲁莽，对自己与犯罪集团的联系引以为傲。

“猫鼬计划”由中情局、军队和黑手党共同组成，行动目标是古巴首领菲德尔·卡斯特罗。正是这个位于南佛罗里达州计划的成员被怀疑是将计划目标转向了肯尼迪总统的“叛徒”。

另有其他证据表明，这场暗杀就像一场莎士比亚戏剧，美国第36任总统林登·约翰逊直接参与了“杀害”第35任总统肯尼迪。在林登漫长且肮脏的政治生涯中，杀害对手、勾结犯罪集团腐败堕落的行为数不胜数。如果一旦当选总统，就拥有得天独厚的优势掌控掩盖行动。

“罗伯特·肯尼迪‘将设立沃伦委员会作为一个打消公众疑虑的公关手段’。据大量报告称，肯尼迪刚一听到他哥哥在达拉斯遇刺就开始怀疑这是一个阴谋。从他在刺杀发生后几小时和几天内的电话和询问内容，他得出了一个不祥的结论：肯尼迪总统是一场国内政治阴谋的受害者。”

事实上，在刺杀发生之后，罗伯特·肯尼迪向苏联派遣了一名特使，传达了一个信息，其部分内容是：

> 我们知道这是一个国内高层政治阴谋……

中情局退休职员E·霍华德·亨特在一份临终声明中证实，林登·约翰逊总统协调了这次代号为“大事件”的行动，涉及其中的有中情局特工柯德·迈耶（肯尼迪当时正与柯德·迈耶的妻子有一段很认真的婚外情）、大卫·莫拉莱斯和威廉姆·哈维，林登还雇用了一名法国杀手，这名杀手在案发时从肯尼迪乘坐的轿车前方射击。亨特还手绘了一张“命令链条”(图下方写着“法国枪手格拉西·诺尔”)：

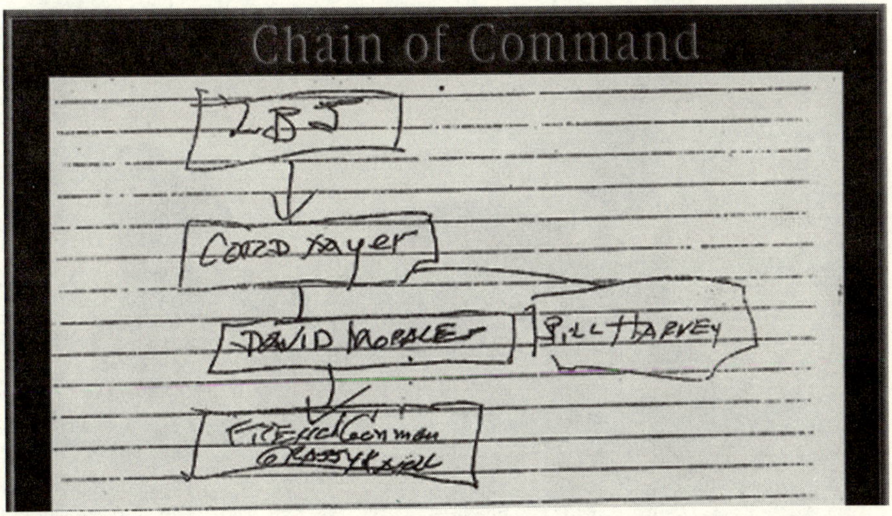

约翰逊对肯尼迪总统的怨恨之深在各种文件中可见一斑，但有时，一图胜千语，看看下面这两张照片：

雇用法国黑手党与比尔·哈维留下的文件记载内容一致，他是美国暗杀部门的负责人，由于职业原因，他留下的文字记载少之甚少，但下面这段文字得以留存：

> 威廉姆·哈维在记录中推荐使用法国科西嘉方言，因为“西西里岛人”与黑手党有联系。

麦克·默茨是科西嘉黑手党的一名冷酷无情的职业杀手，他通常使用他的死敌、前自由战士琼·苏特的名字，经常被称为“疯狂比尔”的哈维雇佣。

> 默茨是法国科西嘉黑手党成员，但他本人并非科西嘉人（同样，为这个黑手党效力的杰克·鲁比也非科西嘉人，而是犹太人）。

有证据证明，在1963年11月22日事发当天，默茨身在达拉斯，当时使用的别名依然是琼·苏特。

> 24个对应字母（A–X）分别代表中情局承认的欧洲杀手（从1960年到1964年）。代号为QJWIN的是麦克·默茨。中情局备忘录表明，此人在肯尼迪总统遇刺后要求立即撤离达拉斯。麦克·默茨是一名经验丰富的杀手，是卡洛斯·马塞洛和圣托·塔菲肯特参与的法国贩毒网络的核心人物。

职业杀手和佛罗里达州反卡斯特罗行动的叛变特工相勾结，以近乎专业军事水准完成了在达拉斯迪利广场的伏击行动。应该注意的是，试图阻止这一刺杀计划的美国军事情报小组对目标的定位也准确无误：由三名枪手分别从北丘、南丘和达拉斯教科书大楼形成三角区域分别进行射击的军事化的伏击。但不幸的是，他们到达现场时间太晚，而且当天这一小组成员间沟通受阻，然后就发生了我们都知道的一幕。

在刺杀发生当天上午，军事情报组织派遣的阻止刺杀行动的小组将约翰·罗塞里送往达拉斯，由此可以看出罗塞里（不仅与芝加哥黑帮组织有瓜葛，也与美国情报机构以及反卡斯特罗行动密切相关）在刺杀肯尼迪总统这一阴谋中扮演关键角色。将他送往达拉斯的目的是让他通知同伙计划已暴露，取消行动。显然，约翰·罗塞里完成了美国情报机构交给他的任务，直接在迪利广场传达了“中情局要求取消行动”的信息。因此，罗塞里也拒绝承认自己参与了射击。用当时全国最有名的杀手查克·尼克莱蒂的话说：

> 他不想违背中情局的命令，他希望行动取消。他是以行动中止小组成员的身份来的。他们派了一架飞机专程送他过来，目的就是通知我们取消行动。

美国情报机构非常清楚这一刺杀计划，甚至了解袭击地点等细节，试图通过罗塞里阻止这一计划，因此他们派遣一个军事情报精英小组破坏这一刺杀计划，他们甚至在刺杀小组“撤退”时得到消息。但是，根据芝加哥黑手党成员詹姆斯·菲尔斯（曾与前联邦调查局特工、集团犯罪专家泽卡赖亚·谢尔顿保持联系）的描述，尼克莱蒂与其同伙产生争执，对方称：是“那个人”（芝加哥黑手党头部山姆·加恩卡纳）签的“合同”，只有他才能叫停这个行动：

> 你知道我们无权叫停行动，只有一个人可以……我不会听

别人的命令……到现在为止，我从大头目那里得到的命令是继续行动。

无论如何，行动还是继续了。据传闻证据（尼克莱蒂告诉他的保镖，保镖告诉我们）——这可以算是整个20世纪最重要的对话之一，尼克莱蒂说服了罗塞里，靠的是芝加哥街头的老话：

去他们的，我们继续。

据传闻，之后他们就“继续”了。由于白宫扮演了帮凶的角色，所谓的调查显然都是名义上的。

两个和肯尼迪总统关系最亲近的人的“决定性发言”如下：

戴夫·鲍维斯，美国总统特别助理（案发时正在肯尼迪总统后方的车里）。

总统特别助理戴夫·鲍维斯在达拉斯乘坐肯尼迪后方的轿车，距离仅有大约10英尺，他清楚地看到至少两枚子弹从被无数次提到的车队前方的草丘地带飞来，这就是阴谋的证据，因为据官方说法，奥斯瓦尔德是从车队后方德克萨斯教科书仓库楼的六层窗户射击的。鲍维斯感觉他们当时“驶进一片埋伏区域”，但还表示沃伦委员会曾向他施压更改证词。

肯尼·奥唐纳，美国总统特别助理（案发时正在肯尼迪总统后方的车里）。

下文是前众议院议长提普·奥尼尔的著作节选：

有一次，我正在与肯尼·奥唐纳和其他一些人在波士顿吉米的港岸饭店吃饭，期间谈起了这起刺杀。

奥唐纳说他十分清楚地听到从栅栏后边传来两声枪声，我非常震惊。

“但这和你对沃伦委员会说的不一样。”我说。

“没错，”他回答道，“我告诉了联邦调查局我所听到的，但他们不相信，说那肯定是我的想象。于是，我作证时就说了他们想听的，我只是不想再为我的家庭带来更多的痛苦和麻烦。”

“真是难以置信。”我说。

“我实在不该那么做，我本应该说出事实。提普，你得理解我。这个家，每一个人都希望这件事赶紧过去。”

戴夫·鲍维斯当晚也和我们一同进餐，他对案发时枪声的回忆与奥唐纳相同。

第六章　马丁·路德·金

1968年4月4日死亡，民主权利领袖，诺贝尔和平奖得主。

死者：

马丁·路德·金。

死因：

中枪身亡。

官方判决：

詹姆斯·厄尔·雷从二楼房间的浴室窗户（站在浴缸沿上）射击了住在街道对面汽车旅馆的金博士。之后，他（根据描述案发场景的国家展览提供的资料）走过走廊来到房间，小心地将步枪和其他部件装进一个可以被轻易认出属于他的盒子，捆好包裹，穿过跨越整个建筑物的走廊，走出后门，从楼背面的楼梯下楼，将盒子放在大楼的入口处，然后驾驶他的白色野马车从田纳西州孟菲斯市一路驶往佐治亚州亚特兰大市，路上没有遭到警察拦截。

真实情况：

金博士被一颗子弹击中身亡，子弹呈明显自上向下、自右向左的运动方向。子弹击中右脸，之后向下穿过喉咙底部，切断脊髓，之后留在左肩位置。子弹轨迹与从官方确定的被告所处位置射出的子弹轨迹差距很大。警察在街上发现了一支包裹完好的步枪，它似乎就等着警察发现，这支枪上有可以证明它属于被告的明显标志。两个月之后，詹姆斯·厄尔·雷在伦敦被捕并被引渡回美国，被控谋杀。

金博士遇刺案自始至终没有得到令人满意的判决。没有公开审判，被告没有获得“在法庭申辩”的机会。被捕之后，他受到死刑威胁，被迫认罪。为了免受电椅的折磨，他最终认罪并被判终身监禁。不久之后，他试图撤回认罪状，在此之后的 29 年之中，他一直希望在法律顾问的帮助下撤回认罪状并获得陪审团审判的机会，但所有努力都以失败告终。在本案中，他从未获得陪审团审判的机会，所以根本谈不上对事实证据的裁定公正或是不公正。

矛盾之处：

1. 金博士体内发现的子弹并不是詹姆斯·厄尔·雷的步枪射出的，主持审判的法官已排除子弹为被告步枪射出的可能性。

2. 弹道测试结果表明，雷射击的子弹弹道与本案中不符。

3. 弹道测试结果表明，雷所持步枪射击的子弹弹道与本案不符。

4. 经弹道测试证明，雷所持步枪射击的子弹弹身都有一种特别的凿痕，这是由步枪生产技术的缺陷造成的。案发现场击中金博士的子弹不具有这一特征。

5. 弹道测试结果表明，本案中子弹的射出位置与被告被控的射击位置明显不同。官方报告中，这一枪是从街道正对面、与死者高度基本相同的位置射击的，但事实上：

- 尸检结果证明，子弹轨迹呈现明显的从上向下、从右向左的角度，并非直线射击；
- 弹道测试也证实了从右向左、从上向下的子弹运动方向；
- 案发后立即拍摄的现场照片上，四名现场目击证人都在抬头向右上方看，这与弹道测试证明的自上向下、自右向左的子弹轨迹一致。

6. 子弹来自旅馆对面公寓卫生间窗口的说法从未被证实过。

7. 官方报告认定凶手从公寓卫生间窗口射击，但卫生间的设计根本不允许枪手从窗口射击。如果枪手从这个位置射击，不仅要站在浴盆边上保持平衡，而且窗户旁边有一堵墙，离窗口之间的间距很短，枪身长达六英寸的雷明顿步枪根本无法在这个位置进行射击。

8. 雷所持步枪的瞄准器根本没有调好，他不可能击中他所瞄准的目标。

9. 根据证词可以断定，案发现场应该有两把步枪：一把是被特意放在那里、用于陷害“替罪羊”的步枪，另一把是真正的凶手使用过的枪，案发后被拆卸并送离案发现场，凶手也按一套完整的计划在他人协助下逃离现场。

10. 詹姆斯·厄尔·雷从始至终坚称他所使用的步枪，从未向马丁·路德·金开枪，他多次要求通过高级弹道测试对此进行证明。联邦调查局进行的弹道测试无法证明雷使用的步枪就是暗杀武器，国会委员会下令进行的弹道测试也无法证明这一点。1997 年，雷的法律顾问要求进行的弹道试验依然无法在雷的步枪与击毙马丁·路德·金的子弹之间建立任何联系。

11. 詹姆斯·厄尔·雷的确曾在美军服役，但他并不是一名出色的步枪射击手。

12. 没有人亲眼看到这次射击，也没有人在犯罪现场看到这名枪手。只有一个人曾表示在案发时看到詹姆斯·厄尔·雷就在那间公寓，但这名证人的可信度值得怀疑（他当时处于醉酒状态，而且鉴于他所在的位置，他不可能看到被告逃跑的一幕）。但的确有一位可信的目击证人（一个加油站站长）在案发时看到詹姆斯·厄尔·雷正坐在他的车里，但这个地方和案发现场之间有几个街区的距离。

13. 詹姆斯·厄尔·雷没有作案动机。检察官甚至完全省略了陈述被告谋杀动机或者指控具有种族倾向的环节。

14. 被告此前没有暴力犯罪史。他只是个小偷，谋杀而且是谋杀大人物这样的大事，完全不符合他的性格和过往经历。

15. 联邦调查局副局长威廉姆·沙利文负责詹姆斯·厄尔·雷谋杀

案的调查，他坚信，像雷这样八年级就辍学的人不可能完成控告中的所有罪行。沙利文写道：

> 我确定，一定有人教过雷如何获取加拿大假护照、如何逃离美国以及如何前往欧洲，这些事他不可能独立完成。而且，雷哪有钱支付伪造护照的费用和飞机票？

16. 整整一包证据出现在雷的公寓里，而且这个包裹还能被轻易辨认出是詹姆斯·厄尔·雷的物品。雷是一名职业罪犯，他很清楚在犯罪现场留下大量罪证就好像留下了一张名片，宣布他就是罪犯。法官黑尼斯举出了一个“绝佳证据”可以证明雷是被陷害的：一名目击证人表示：“一名男子将包裹丢在大楼门口，然后沿着街道向南走去，这一幕发生在案发前十分钟。”

17. 案发后，被认定为“枪手窝藏点”的公寓的周围所有草坪和灌木都被绿化工作人员修整过，证据被销毁了。从好的一面来看，这只是违反了犯罪现场的处理规范；但从坏的方面来看，这就是对犯罪现场证据的销毁。

18. 据称，雷是在受到死刑威胁后被迫认罪的，而且对方告诉他，认罪是保证他父亲和弟弟免受监牢之苦的唯一方法。雷说自己成了一个更大的阴谋中的棋子（官方承认，有一个被雷称为“劳尔”的蒙特利尔人也与本案有关）。

19. 马丁·路德·金博士的家人从始至终坚信詹姆斯·厄尔·雷不是真正的凶手，他们支持为他洗脱罪名。

20. 雷曾七次上诉，不断要求扩大取证范围，申请出庭呈交证据。

21. 马丁·路德·金的家人提起了非正常死亡民事诉讼，提交了相关的弹道学证据，说明雷的步枪不可能是击中死者的武器。

22. 在一次法庭审判中，法官宣布马丁·路德·金遇刺案为谋杀，“某些政府部门参与了本案”，但这个本该惊天动地的判决却几乎无人知晓。

> 在分析了审判中提交的大量证据之后，陪审团认为，除了乔沃斯外，黑手党、地方政府、州政府以及联邦政府部门显然联手制定了对我丈夫的谋杀阴谋。陪审团还接受了大量可以证明詹姆斯·厄尔·雷不是凶手的证据，认为凶手另有其人，雷只是一个替罪羊。
>
> ——科雷塔·斯科特·金

1999年田纳西州法庭陪审团做出判决：马丁·路德·金遇刺案是一个由美国政府机构参与的阴谋，但大多数美国民众对此一无所知。巡回法院法官詹姆斯·E·斯维尔根在公开庭审中复述了陪审团的判决：

> 关于劳埃德·乔沃斯是否参与谋杀马丁·路德·金的阴谋，答案是肯定的。关于政府部门是否也参与了这一阴谋，答案也是肯定的。

美国历史上最重要的庭审证词被美国主流媒体完全忽视，媒体对这场美国史上最重要的审判也只字不提，一位业内专家对这种严重的媒体操控现象提出了强烈谴责。

威廉姆·莎普是一位刑事司法学教授、律师，也是《秘密行动季刊》的出版人，他是法院认定的情报问题和政府利用媒体方面的专家，他对政府使用复杂的虚假信息愚弄大众的问题专门做过研究。他曾在多起诉讼中作为证人出席作证，其中就包括马丁·路德·金家人提出的民事诉讼。

莎普先生作证时表示，从历史角度对所有资料进行分析，可以清晰地看出中情局和联邦调查局都有杀害马丁·路德·金的企图，甚至还曾逼他自杀，特别在他公开反对越战之后，这些企图更加明显。他们还在全国性的报纸上编造虚假故事，无耻地对金博士进行媒体攻击。

1964年11月18日，联邦调查局局长埃德加·胡佛在一个新闻发布会上将金博士（即将获得诺贝尔和平奖）称为“这个国家最臭名远扬的骗子”。三周之后，也就是1964年12月10日，金博士被授予诺贝尔和平奖，对他的褒奖致辞如下：

他是西方世界中第一位向我们展示用非暴力方式进行斗争的人，他是第一位在斗争中建立起兄弟般深厚情谊的人，他将这份情谊传递给所有人、所有国家和所有民族。

但这并未能阻止联邦调查局对他的刺杀：

在他们的行为中，最令人震惊的是他们伪造了一盘录音带，企图污蔑金博士与多人发生过性行为。但事实证明，录音大部分内容均是虚假，其中真实的部分也与性行为完全无关，这个录音是拼凑出的。此外，众议院委员会感到最荒谬的是，他们制作这份录音的最初目的是逼迫金博士自杀。就在他前去领取诺贝尔和平奖之前不久，有人将这盘磁带寄给他，并附了一封信，大致内容是，如果他不自杀，这份录音将被公开。

莎普进一步表示，政府滥用信息的现象遍布美国，过去如此，现在依然如此，美国民众对此无力反抗，媒体的力量如此强大，共谋一词已被赋予了明显的贬义：

我是说，“共谋”一词本来只表示一件事中不只有一人参与。但如果你仔细想想，几乎在任何地点发生的任何事情都不只有一人参与。但我们通常假设大多事情中并不存在共谋。有了这个假设，拥有宣传机构和造假机构的政府就能够成功地让大众接受虚假信息。

我们特意收集下列证词呈现给读者，原因很简单：至今为止，美国人对此几乎一无所知。莎普先生表示：

• 中情局预算的三分之一左右用于媒体运营，其中包括国内宣传，例如确保公众相信肯尼迪总统、罗伯特·肯尼迪议员和马丁·路德·金遇刺案中不存在共谋。他们的预算是保密的（保密的原因就是：你不会告诉被你愚弄的人，他们被愚弄了），每年至少十亿美金被用于媒体宣传，大部分用于美国国内宣传；

• 直至今日，美国情报部门依然大力开展媒体宣传，试图推翻阴谋论、巩固大众对官方历史记载的认同；

• 媒体对 1999 年的民事审判做出的金博士遇刺案为谋杀的判决几乎视而不见，这与美国政府对媒体报道的操控直接相关。

至此，“詹姆斯·厄尔·雷是杀害马丁·路德·金的凶手”这个错误的结论已深入人心，即使有与这一结论相反的证据出现，大众也会拒绝接受，这就是虚假信息发挥作用的原理。

> 发布虚假信息不只包括在媒体上发表一些文章，也包括阻止媒体公布部分信息。我首先想说的是，正如我过去提到的，虚假信息会在很长一段时间里产生强大的作用。三十年里，官方的说法是詹姆斯·厄尔·雷是杀害马丁·路德·金的凶手，并称他是个人作案，没有同谋……这一信息被印在公众脑子里长达三十年，如果有人突然站出来表示：这是我干的，不是雷干的，是我干的，这有录像，有视频画面可以证明这件事就是我干的，99%的人不会相信，因为大脑根本不会去思考，而是直接得出结论——这不可能。这就是虚假信息在公众的大脑里停留三十年所产生的强大的心理效应。

法医学、弹道学和医学证据

本案中的弹道学证据存在严重矛盾。在提交新证据时，乔·布朗是主审法官，他用两年的时间对本案作案工具的技术特征进行了仔细研究，结论如下：

击杀金博士的子弹不可能是雷所持的步枪射击的，通过科学测试可以排除这颗子弹来自那支步枪弹壳的可能性。

所有的弹道测试结果完全无法匹配。布朗法官对此表示：

- 所有有关子弹弹道的物证都让人感到恐慌。
- 首先，步枪型号不匹配。
- 雷明顿 Gamemaster 步枪为唧筒式步枪，将其放置在那个窗台进行射击的难度极大。
- 这支步枪的瞄准器根本没有调好。
- 测试射击结果表明，这支步枪的瞄准器没有对准，存在数英尺的差距，大约在 100 码的位置。
- 瞄准器型号不匹配。
- 在当时的情况下，用雷明顿步枪朝向下倾斜的方向射击的困难极大。
- 金属成分检测结果排除了死者体内子弹来自那支步枪弹壳的可能性。
- 击杀金博士的子弹并不是案发现场被发现的那支步枪发射的。

在负责处理詹姆斯·厄尔·雷的上诉时，布朗法官告诉国会黑人同盟组织，本案判定的作案工具——雷的步枪不可能是击毙金博士的步枪。发表这一言论之后，布朗被调离此案，理由是“立场存在偏见”。

美国国会议员辛西娅·麦金尼曾写道，布朗法官曾经确定地向她和其他国会黑人同盟组织成员表示，雷的步枪不是击毙马丁·路德·金的那支枪。下面是她的原话，与她的谈话录音完全相同：

昨天，乔·布朗法官非常确定地告诉我们，此前判定的作案工具并不是击杀金博士的武器。

学者麦克·里维罗表示：

弹道测试的结论是非此即彼的确定性结论，要么子弹符合弹道特征，要么子弹不符合弹道特征。要么詹姆斯·厄尔·雷的步枪射出了那颗子弹，要么他没有射出那颗子弹。从法律上说，不能被证明的事，就是没有发生的事。从法院泄露的一份报告显示，第二组弹道测试结果表明，詹姆斯·厄尔·雷使用的步枪具有技术缺陷，发射的每颗子弹都会出现凿痕，但击中马丁·路德·金的那颗子弹上却没有这一痕迹。法官要求另外进行一组弹道测试对此进行证实时，联邦政府非但没有遵从法院的要求，更是于1998年3月7日将这位法官调离此案。

马丁·路德·金身上只有一处中枪，因此，这颗子弹的弹道信息是最关键的证据。

子弹的弹道是不会说谎的，它能清晰地表明子弹的运行轨迹，帮助我们准确地确定开枪位置。

金博士是在田纳西州孟菲斯市洛林汽车旅馆中枪身亡的，他当时站在306房间的阳台上，但这间房间其实位于二层。与其一街之隔的是一个二楼公寓卫生间的窗口，也就是詹姆斯·厄尔·雷被控进行射击的位置。

子弹击中金博士右脸，并沿着从右向左、从上向下的方向穿过身体，向下穿过喉咙底部，切断脊髓，之后留在左肩位置。

根据子弹轨迹，开枪位置位于死者右上方，这与案发之后立即拍摄的照片内容吻合，照片上阳台上有三名在场人员手指均指向右上方。

法医杰里·托马斯·弗朗西斯科关于尸检的证词如下：

> 检查结果显示死者面部右侧中枪，子弹从体内运动至颈部，穿过喉咙底部的脊髓，最后停留在左侧肩胛骨附近的皮肤下方。

事实上，子弹的真实运行轨迹说明枪手肯定是从一个明显高于死者所在位置的地方进行射击的，这个结论与官方的说法矛盾。通过逻辑分析不难得到这样的结论，如果枪手的位置与死者所在位置高度相同、低于或者微微高于死者位置，子弹击中死者后不可能在死者身上形成明显向下的运行轨迹。正如我们常说的：弹道证据不可能说谎……但政府会说谎。

但是，从雷的公寓卫生间窗户射出的子弹只会稍稍高于金博士的阳台——事实上，这种情形可以被称为平射弹道。

1979 年，美国国会众议院暗杀特别委员会调查了金博士遇刺案，他们委派三位知名法医病理学专家组建复核委员会，对尸检结果进行复查。其中一位就是业内知名的纽约首席法医麦克·巴登博士，他是这个复核委员会的发言人。对于弗朗西斯科得出的子弹弹头朝下的结论，他表示认同：

> 巴登博士表示，金博士身中一枪死亡，子弹击中面部靠右

大约一英寸、嘴部下方半英寸的位置，击碎了领骨，之后子弹穿过了脸部区域、进入颈部，对大动脉造成多处伤害，导致脊柱多处骨折，最后停留在背部左边。子弹呈向下、向背部运动的轨迹。

因此，枪手的位置高于死者，与死者处于不同的高度，位于街道对面的詹姆斯·厄尔·雷的公寓不可能是射击位置，这与官方的说法不同。如果击中金博士的子弹的确来自街道对面的公寓方位，那么从科学角度来讲，子弹穿过死者身体的轨迹肯定是水平的，或者稍稍向上倾斜，因为雷的房间也在二楼，但由于这座建筑位于一个斜坡上，所以这个房间稍稍高于金博士所在的阳台。但是，击中死者的子弹明显向下，证明这颗子弹是从明显高于死者的位置射击的，所以，官方的说法违背了物理规律。

作家麦克·里维罗表示：

如果你回顾我过去的文章以及从公寓房间窗户拍摄的照片，你就会看到，那基本上是平射弹道。

我们还知道，这一枪来自死者右方，因为子弹沿着从右向左的方向穿过死者身体。这应该是金博士所在的二楼阳台右上方的位置，或者说是射击目标“两点钟”的位置。这和官方判定的射击位置差距很远，雷的公寓并不在死者的右边，而是正对着阳台，而且高度太低，显然无法射出明显向下运动的子弹。

那么这一枪到底是从哪开的？是从死者上方的位置，这也是职业杀手喜欢的位置，与照片中现场证人手指的方向一致。

下文是1979年美国众议院暗杀委员会的官方调查结果，文字从国家档案馆保存的报告中直接节选而来。坦白地说，这都是些官腔文章——但请你慢慢阅读，脑子里时刻记着射击高度和方向这两个问题，看看能否有收获。

> 从外在证据来看，尸检小组认为，金博士在中枪时正站在阳台栏杆边与楼下人行道上的某人讲话。根据调查委员会的发现，子弹的运行轨迹与右上方射击位置一致。尸检小组确定，击中金博士的子弹是从茂比利街对面射来的，因为死者的身体面对这一方向，而且从这个方向射击的子弹会呈现向下运动的轨迹。小组成员进一步确定，这颗子弹可能是从南主街422½区域射出的。调查委员会无法找到医学证据确定这颗子弹是否从阳台对面二楼房间的浴室或者房间窗户下方的灌木丛射出。

上述声明中的假设存在很大的逻辑问题。如果这颗子弹来自死者正对的方向，那么子弹不可能从右向左穿过脸部。从金博士的位置来看。雷的房间就在街道正对面，稍稍向右偏；想象死者面前有一个钟面，雷的房间大约位于12：30的位置。如果金博士“面对那个方向”，那么显然，一颗从稍稍偏右的方位射击的子弹不可能在击中死者脸部右侧之后沿着明显自右向左的方向穿过身体（除非死者身体以明显的角度向下、向左倾斜，但如果是这样的话，他就不可能正对他被认定面对的方向！）而且，他们还说子弹还有可能是从街道上射击的，这样一颗子弹居然可以在击中二楼的目标之后在死者体内向下运动！“窗户下方的灌木丛”与街道处于同一高度，有没有人能向我们解释一下，一颗从街上射出的子弹是如何在击中二楼的目标后呈现向下倾斜的运动轨迹的？案发地区确实存在一些坡度，但金博士所在的位置依然高于“窗户下方的灌木丛”，这一点可以从下面的照片中得到证明。

下面是一张金博士中枪几秒钟之后拍摄的照片，当时尸体躺在阳台上，现场证人都在向他们认为的开枪方向张望并用手指着那个位置：

枪击发生几秒之后，金博士的助手用手指向高处（死者“两点钟”的位置），这个位置与官方报告中的射击位置相差甚远。金博士中枪后躺在地上，膝盖朝上，第四个助手在他身旁抚慰，他也看着右上方约两点钟的方向。

在场证人手指的“两点钟方向”是一间顶层阁楼，不过现在已经被一堵墙挡住了，对职业枪手来说，那是一个绝佳的“高位射击”的位置：

我们可以将阳台上的灭火器作为标志点，AB 连线是从灭火器到詹姆斯·厄尔·雷公寓卫生间窗口之间的连线，但这条线与现场目击证人

图中“AB”表示雷的公寓与阳台之间角度，也就是官方认定的射击角度。“BC”连线表示阳台上目击证人眺望和手指的方向，这与官方认定的射击位置完全不同。案发时，右上方顶层阁楼提供了向下射击马丁·路德·金的有利高度，这是职业杀手最喜欢的射击位置。由此可见，图中这两个位置分别是“两点钟方向，高于阳台”和“12：30 方向，低于阳台”。

眺望和手指的方向差距很大。

下面再来看看照片中目击证人手指的方向，连线角度没变，因此，各位，“官方”版本中一定遗漏了什么。

浅色虚线代表现场目击证人手指的方向：“两点钟方向，高于阳台。”深色虚线代表的是假设他们认为子弹来自雷居住的公寓，他们应该指的方向：“12：30 方向，低于阳台。”

> 案发后立刻拍摄的照片是无可置疑的。目击证人所指的方向为詹姆斯·厄尔·雷的公寓的说法是毫无根据的，这一枪是从高于浴室窗户的其他方向射击的。

照片证据是案发后立即拍摄的最原始、最清晰的证据。但当这张照片刊登在报纸上时，照片的说明文字称，他们（阳台上的人）手指的方向就是雷开枪的公寓方向，这简直是赤裸裸的谎言！那根本不是他们所指的方向。

如果阅读了《马丁·路德·金——致命的那一枪来自另一个方向》和《马丁·路德·金遇刺案中被忽视的证据》这两篇文章，不难发现这些发现中的基本常识。

至此，我们有两个证据可以证明击中金博士的那一枪——唯一的一枪——不是从官方认定的位置射出的，而是从尸检报告证明的射击位置，也就是照片中现场证人手指的位置射出的，这是两个完全不同的位置。

照片中出现的那几个人可以说是20世纪最重要的谋杀案的关键目击证人，但令人震惊的是，警察竟然没有和他们当中的安德鲁·扬或其他几位进行谈话：

> 扬、贝弗尔、杰克逊和凯尔斯对《时代周刊》透露，虽然他们亲眼见证了发生的一切，但孟菲斯警察局、田纳西州警察局以及联邦调查局没有向他们提过任何问题。

学者特德·威尔伯恩做了更进一步的研究。他走进詹姆斯·厄尔·雷的二楼房间浴室，从这个位置拍摄了金博士中枪时所在阳台的照片，他和他的研究人员对窗户位置的描述如下：

从这个位置可以更加清晰地看出，浴室窗户和金博士被击毙时所在的位置基本处于同一高度。

因此，从上述窗口位置射击的子弹不可能在死者体内呈现向下的运动轨迹：

警方声称的射击地点——浴室窗口显然与现场目击证人手指的方向以及验尸报告结果不符。

案发时，如果像官方描述的那样，那么那个晃晃悠悠站在浴室边上、向浴室窗户张望的人不可能一枪击中站在街道对面二层阳台上的金博士：

在詹姆斯·厄尔·雷的公寓卫生间里，窗户右侧本来有一堵墙，由于这堵墙的阻碍，他不可能开这一枪。依我的理解，在这间公寓被改造为博物馆后，这堵墙被“拆了”。

一个职业杀手站在卫生间浴室边上，在一个狭小的空间试图用一支根本放不下的步枪进行射击，这种说法实在荒谬。

一位联邦调查局弹道学专家证明，即使是最优秀的枪手也无法完成官方诉状中的射击行为。据他称，要开这一枪，步枪的枪托就得向墙壁内插进六英寸。检方称雷将身体蜷缩在浴缸台上射击，这种说法也极不可信。

除此之外，还有更有力的证据可为詹姆斯·厄尔·雷洗脱罪名：他枪里的子弹与犯罪现场发现的子弹不符，步枪型号也不符。没错，各位，全国最顶尖的取证实验室一直没找到证据可以证明雷使用的步枪就是作案工具。事实上这支步枪使用的子弹与击中金博士的子弹不同。

詹姆斯·厄尔·雷的无罪证据

1. 从金博士尸体中取出的子弹（只有一颗子弹）并非来自被告的步枪。

2. 子弹不匹配。金属测试结果显示，击中金博士的子弹与被告使用的步枪子弹不符。

3. 雷使用的步枪不是作案工具。这支枪与击中金博士的子弹不匹配。这个发现是一个非常清晰明确的证据：在对詹姆斯·厄尔·雷使用的步枪进行的多次弹道测试中，没有任何一次测试结果能在这支枪与案发现场击中马丁·路德·金的子弹之间建立联系。乔·布朗法官在两年的时间内主持了关于这支步枪的听证会，他举起这支枪对陪审团说："我认为，这不是谋杀工具。"

4. 雷使用的步枪甚至还没有进行瞄准，瞄准仪还没有调节，也就是说，枪手不可能击中他在瞄准器中瞄准的对象（职业杀手不会也不可能犯这样的错误）。布朗法官说："这个武器连谷仓那么大的目标物都无法击中。"

5. 弹道测试结果表明，击中死者的子弹并非来自控方所说的方位，而是来自完全不同的方向。

6. 政府显然利用了他们手中的巨大权力，为了证明雷使用的步枪就是本案的作案工具而不择手段，试图通过弹道测试在这支步枪和击中马丁·路德·金的子弹之间建立联系。但是，他们没有达到这个目的。

7. 雷（通过他的法律顾问）不断要求对他的步枪进行高科技检测，通过取证实验室设计的新方法和先进的弹道测试技术证明他不可能实施这次射击。但他的要求不断地被拒绝。政府担心的是什么？为什么不允许进行高科技测试？

8. 通过新的证词可以确定：案发现场有两支步枪：一支是“故意放在现场”的步枪，目的是陷害被告；另一支枪是“现场射击”的步枪，案发后这支枪被拆卸，真正的凶手按照一个有组织有配合的逃跑计划被转移出犯罪现场。

9. 雷不可能完成这一犯罪计划。他只完成了八年级的教育，即使负责詹姆斯·厄尔·雷谋杀案的联邦局副局长威廉姆·沙利文也坚信，像雷这样只受过八年级教育的人不可能完成所有被控罪行。沙利文写道：

> 我确定，一定有人教过雷如何获取加拿大假护照、如何逃离美国以及如何前往欧洲，这些事他不可能独立完成。而且，雷哪有钱支付伪造护照的费用和飞机票？

10. 政府认为雷应该被定罪，但死者家属却对此存在异议，他们自始至终都为被告进行辩护，甚至与律师一同为了被告的释放忙前忙后，因为他们坚信，被告不是杀害马丁的真正凶手。金博士的家人也举证表明，雷使用的枪不可能射出击杀死者的那一枪。

大量报告证明，被告的法律顾问多年来不断要求用更先进、科学上更准确的新方法对被告使用的步枪重新测试。被告是要求测试的一方，控方是阻止测试的一方，这一点充分说明谁在追寻真相，谁在躲避真相（雷对他的判决进行了七次上诉，不断要求扩大取证范围）。

加里·雷维尔是众议院暗杀委员会的特别调查员，负责调查1968年发生的马丁·路德·金遇刺案。他很快注意到最初的判决中存在严重的信息遗漏：

> 是这样的。首先，假设你是一名检查员，你受命调查一起涉及显要人物的谋杀案，你接受了这个任务开始调查，你首先要做的就是与被判刑的罪犯见面。在第一次与他交谈时，你发现他与警方和媒体口中那个狡诈的杀手形象大相径庭。这就是我在调查马丁·路德·金遇刺案时遇到的情形。我与雷交谈后，花费数日研究了法律文件，结果让人震惊，这个案子简直是颠倒黑白。直至今天，如果法庭对此案进行审理，依然没有证据可以证明此人有罪。但此案没有进行过法庭审理，詹姆斯·厄尔·雷承认了被捏造的不实之罪。

詹姆斯·厄尔·雷是一名盗窃惯犯，曾在洛杉矶因盗窃一台打字机入狱。他曾在芝加哥试图抢劫一名出租车司机，不但抢劫没有成功，他还因此再次入狱。他盗窃邮政汇票，手持物证被捕，在联邦监狱服刑三年。后来，他又在圣路易斯抢劫杂货店时被现场抓获。他就是一名反复被抓的三流小偷。

据雷维尔观察：

> 这样一个人有可能用数月时间单枪匹马跨越美国甚至其他

国家（加拿大和墨西哥），有条不紊地、不慌不忙地追踪诺贝尔和平奖得主、民权运动英雄马丁·路德·金博士，并于1968年4月4日扣下扳机，将其一枪射杀吗？此后，他（依然单枪匹马）有可能逃过孟菲斯市所有警察（当天早些时候，孟菲斯警察局督察员山姆·埃文森特将他手下的四支警察机动部队从洛林旅馆附近撤离，为杀手提供了便利）以及一贯行事高效的J·埃德加·胡佛手下的联邦调查局特工的追捕，最终逃至加拿大和欧洲吗？

詹姆斯·厄尔·雷是个只接受过八年级教育的辍学生，他过去的小偷生涯也"不太成功"。大多对此案不存偏见、保持中立的学者和联邦调查局马丁·路德·金遇刺案调查小组负责人认为，一定有一个被告提到过的"劳尔"这样的人在背后密谋和指挥詹姆斯·厄尔·雷的行动。雷不是一个犯罪高手，如果他单独行动，显然没有能力前后使用多个化名（五个），以专业水准伪造护照并设计巧妙地出逃国外的计划。

例如，雷使用的化名均为居住在蒙特利尔的居民的姓名，但他只在去往这个城市之前使用这些名字。在暗杀发生前的九个月里，他所使用的五个化名中有四个都是加拿大居民的真实姓名，这四个加拿大人住在多伦多的同一区域，而且其中三个名字都与他自己的姓名詹姆斯·厄尔·雷非常相似。

虽然他在本案之前也曾使用化名作案，但没有证据可以证明他在案发后逃往多伦多之前曾去过这个城市，所以，他为何会使用这些特定的名字很难解释。

联邦调查局副局长、詹姆斯·厄尔·雷谋杀案特殊调查小组负责人威廉姆·沙利文认为：

> 雷太笨了，我觉得他连一个小杂货铺都抢劫不了。

所以，整个行动对于像詹姆斯·厄尔·雷这样的小盗贼来说太过复杂，他没有能力制订这样的计划。正因为这个原因，许多严肃学者认为这个行动是一个设计周密的大阴谋，雷在其中的角色就是留在谋杀现场背黑锅。

这基本上就是被告在试图撤回认罪时描述的情况，他告诉调查员，一名被他称为“劳尔”的人在他幕后操纵，向他下达命令购买步枪并为步枪、车以及其他物品付款。这些指令和钱一定来自某个地方，这一点毫无疑问。据雷称，这把枪被留在案发现场是为了陷害他，直到后来他才恍然大悟，自己只是一个更大的阴谋里的棋子。

据乔·布朗法官说，被告曾向枪械店店员解释过他为什么要换货，因为“别人告诉他”他最初购买的 0.243 英寸口径的步枪“不适合执行这次任务”。

> “别人”，我相信这两个字在所有人眼中的意思和我的想法相同。

这起谋杀案中还有很多反常之处，尤其是犯罪现场。这让人由衷地担心，也许真如被告所称，他是本案中被设计陷害的替罪羊：

- 没有证人亲眼看到这次射击；
- 没有证人亲眼看到这一枪是从雷的公寓房间浴室射出的，也没有任何证据可以证明这一枪是从同一方位射出的；

• 只有一个目击证人表示看到雷从那间浴室逃出，但这个证人的可信度非常可疑；

• 另一名具有较高的可信度的证人表示，他记得在案发时詹姆斯·厄尔·雷正在几个街区之外的车里坐着；

• 步枪特征与犯罪现场不符——完全不符。由于公寓浴室的构造，雷的步枪几乎不可能从浴室窗口向外射击。窗户右侧有一堵墙，雷明顿步枪根本无法放置在窗户与墙之间的位置。即使枪手成功地将步枪置于窗口之上，他也不可能通过步枪的瞄准器进行瞄准——空间根本不够！后来这一建筑群被改造为国家民权博物馆，浴室里的这堵墙被拆除了（这个行为非常可疑）。如果那堵墙还在，你可以清楚地看到，没有任何一个职业杀手会选择那个位置射击人类历史上意义重大的那一枪。

现在，我们将上述所有案发现场证据与弹道学证据相结合，你会看到，任何一个头脑清醒的检察官都不会将如此疑点重重的案件带上法庭，除非当权者强迫他们这么做。各位，别忘了，马丁·路德·金体内发现的子弹不是雷的步枪射出的。

本案中还有许多其他蹊跷之处让人不安。安德鲁·扬是亚特兰大市长、美国驻联合国大使以及美国国会议员。在20世纪60年代，他是金博士坚定的支持者，本案发生当天，他就在孟菲斯市的那间旅馆与金博士在一起。除了一些明显的疑点外，还有许多隐晦的疑点令他对这次枪击感到疑惑不解。

• 显然，案发时他距离金博士很近，但奇怪的是，负责调查本案的联邦、州以及当地的执法部门没有任何人提出与他谈话。

• 案发后的第二天早晨，孟菲斯市派绿化工作人员砍去了案发地附近的大面积绿化植物，这显然是对案发现场的破坏行为。

安德鲁·扬：

> 那天发生的事，让我们疑惑不解的一点是，我们当时手指的方向是街道对面，那里有一座楼，也有一个灌木丛，大约6到8英尺高，有人说子弹是从那片灌木丛射击而来的，但联邦调查局说子弹是从那个浴室窗户射击的。很奇怪的是，第二天早上一起来，我们发现那片灌木丛不见了。

另外，要注意一个十分重要的事实，历史记载中忽略、回避、故意混淆甚至直接抹掉了所有人对此案件的一个记忆：詹姆斯·厄尔·雷从未承认杀害马丁·路德·金。从法律的角度来看，认罪陈述和供述是完全不同的两个概念。雷的认罪方式在法律上被称为“埃尔福德辩护”——这是基于北卡罗来纳州以及1970年埃尔福德的案例法，是指被告如果认为即将被判罪名成立，他可以进行认罪答辩，但与此同时依然坚持自己无罪。因此，在法官即将判罪的情况下，一个认为自己无罪的被告依然可以提交认罪陈述。这就是詹姆斯·厄尔·雷的律师让他做的。

詹姆斯·厄尔·雷向他律师雇用的调查员表示，他最初一直认为自己所做的只是“法律认罪”，因为他的确与此案有瓜葛，但他并没有承认自己就是杀害金博士的凶手。他坚信这其中一定有阴谋。其实他很清楚确实有阴谋，他与本案直接相关——他就是被陷害的人。

- 那两个问题他都没问过我，如果他问我，我会回答我没有射杀金博士，但我的确与这个暗杀行动有关，因为他们雇用我购买了那支被认为是作案工具的步枪，我还将这支枪带到了孟菲斯。
- 我虽然签了认罪文件，但我对陪审团主席说，我不想认罪，但是他试图说服我认罪。他说，为了从轻判刑，我应该认罪，媒体已经给我定了罪。

警方在犯罪现场发现的那个包裹的标志过于明显，就像是詹姆斯·厄尔·雷在现场留下的“名片”。这个包裹里面有：

- 一支雷明顿步枪，其序列号与詹姆斯·厄尔·雷在阿拉巴马州伯明翰购买的步枪序列号相同；
- 这支步枪的弹药和一架望远镜，上面有詹姆斯·厄尔·雷的指纹；
- 一个收音机，上面有雷在美国密苏里州监狱服刑时的囚犯编号；
- 联邦调查局表示他们在许多物品上都发现了詹姆斯·厄尔·雷的指纹，包括步枪。

杰西·文图拉和迪克·拉塞利指出，凶手将上述物品留在作案现场的做法非常荒谬——这些东西应该不是他留下的：

> 后来，雷表示将这些东西放在案发现场的另有其人，目的是陷害他。现场目击证人盖伊·卡奈普表示，这个包裹是有人在案发前十分钟放到他的店门口处。这样就合理了，不是吗？案发后不久，另一位目击证人奥利维亚·卡特林看到一个身着方格衬衫的人从洛林旅馆对面的一栋楼里跑出来，驾驶一辆65款的绿色雪佛兰呼啸而去。

试问：一个职业杀手会在逃离案发现场之前额外花时间把如此明显的证据留在那吗？这太愚蠢了？根本不合理。

所以，这件事根本没有发生过。巡回法庭法官亚瑟·黑尼斯的证词表明，上文提到的店主盖伊·卡奈普是一名可信的目击证人，卡奈普说有人在案发前就将那个包裹放在他店门口，他对此记忆清晰，并就此做过证。

黑尼斯法官作证时还表示，在枪击发生前，旅馆旁边的消防站就已经人满为患。有人就在街道对面看着金博士，因此，“当他们看到金博士倒下后，整个消防站瞬间就像炸开了锅……凶手逃离现场，除了时间不够（如果是雷开了枪，那么之后他不但回到房间，包裹了物品，还要将包裹放在楼口处后再开车离开），就当时的环境来说，案发后怎么可能有人能在众目睽睽之下将包裹放在楼口处并顺利逃走”？这份关键的证据却被隐瞒了，或者说至少没被充分考虑，但这些证据充分说明官方的说法极其不可能。

黑尼斯法官对官方报告中关于本案描述的荒谬之处做了总结：

> 案发现场满是警察，在这种情况下，“詹姆斯·厄尔·雷从二楼房间的浴室窗户开了一枪，然后走过走廊回到房间，小心翼翼地将所有东西包裹起来，拿着包裹横穿大楼来到楼体背面的楼梯，走下楼梯，将装有步枪和收音机的包裹放在卡奈普的店门口”。之后，在没有任何人协助的情况下，驾车离开，从田纳西州孟菲斯市驶往佐治亚州亚特兰大市，路上没有遭到任何警察的拦截。你认为这就是事实？可能吗？

另一位证人表示，“枪响刚过，克拉克将一支步枪送到吉姆烤肉店的后门处，他将步枪拆成两段，并用一块桌布将它包好。劳尔第二天将枪取走”。显然，这支枪并不是被留在案发现场、被确定属于詹姆斯·厄尔·雷的步枪。一定存在两支枪，我们知道雷的步枪并不是作案工具，作案工具一定是另一支枪。

还有一位证人表示，案发时他就在雷所在的公寓楼上，就在浴室旁边的大厅里。据他回忆，当时浴室的房门开着，里面没有人。他的证词与另外一份证词相符，此人表示詹姆斯·厄尔·雷在枪击发生时坐在他自己的车里——这名证人亲眼看到了这一幕，而这是在距离案发现场几个街区之外。

众所周知，雷是个很差劲的枪手，案发时的那一枪——瞄准一位大人物精准地一枪致命，对他来说难度极高。此外，本案的被告——一个八年级的辍学生，显然不可能策划整个案件。原因很简单，不可能。

> 雷的枪法极其不准，而且，他过去虽然有过持枪抢劫的经历，但从未在作案过程中伤害任何人。有位作家曾将此人之前的经历描述为“笨手笨脚、荒唐滑稽的抢劫和盗窃”，这样一个人却被描述成这样：将金博士一枪击杀，案发后成功逃脱警方的追捕，在逃时间比美国历史上任何政治杀手都长。

清晰明确的事实摆在面前，官方报告却要让我们相信另一套完全无法让人信服的说法：

- 就像李·哈维·奥斯瓦尔德，詹姆斯·厄尔·雷是“单独作案”，没有同谋……
- 就像他们口中的杰克·鲁比……
- （罗伯特·肯尼迪遇刺后不久）就像他们所说的瑟翰·比沙拉·瑟翰……
- 虽然“官方版本”里充满了各种不可能性，漏洞大得能穿过一辆大卡车……
- 虽然詹姆斯·厄尔·雷没有明显的作案动机，正如奥斯瓦尔德、鲁比和瑟翰一样。

雷显然只是个小打小闹的盗贼，没有实施谋杀的动机：

> 雷只是个小罪犯，不太可能犯下源于种族仇恨的罪行，他似乎没什么种族主义倾向。有一种说法是，雷杀害金博士是为了达到个人成名的目的，但案发后他却选择了不顾一切逃避追捕（他几乎成功逃脱），鉴于此，这种说法实在难以令人信服。

他没有明显的杀害马丁·路德·金的动机，控方也没有提出令人信服的作案动机。时至今日，依然没有发现明显的作案动机，也没有人提出过作案动机。作案动机的缺失值得注意：

> 控方没有提出被告的谋杀动机，也没有指出雷有种族偏见。雷曾多次申请对本案进行陪审团审判，但由于他此前提交的认罪陈述，这些申请都遭到拒绝。

还有一点需要考虑，詹姆斯·厄尔·雷没有暴力历史：他过去所犯的都是盗窃罪——以偷窃为生，他在犯罪过程中坚持不伤人，这一点从他的犯罪记录中可以看出。

被告的弟弟对此发表的观点非常浅显易懂，他说：

> 如果我哥哥确实是杀害金博士的凶手，那么他这么做一定是为了挣很多钱。他做的所有事情都是为了钱……

雷的其他兄弟也表达了相同的观点：

我说过，如果这件事是他做的，那么其中一定牵扯大笔金钱，他不可能是因为怨恨或仅仅因为他不喜欢某个人就起了杀念，那根本不是他做的事。

不过，他的确是一个绝佳的“替罪羊”人选，他能嗅到金钱的味道并寻味而来，但又不够聪明，无法意识到自己已经中了圈套。因此，许多学者“对证据的诠释是，雷被牵扯到一个复杂的行动中，他遭到设计陷害，最后成为金博士遇害案的替罪羊”。这种结论显然比“官方版本”更有说服力，官方的结论不只是荒谬，而且根本不可能。

历史角度

马丁·路德·金遇刺一事在全国一百多个城市引发了大规模暴动，一个主张和平和理性的人竟然在光天化日之下被枪杀，民众为此发起暴动一点都不令人意外。

20 世纪 60 年代以嬉皮士和主张和平关爱的政治氛围而闻名，但从 1967 年的“爱之夏”运动之后，形势急转直下，动乱频频发生，仅一年之后，载满了国民警卫队的坦克和战车驶入美国大街小巷，与美国民众为敌。在这十年的最后时期，全国处于一片混乱，马丁·路德·金遇害正是导火索：

- 残忍的溪山战役和来势凶猛的“春节攻势”，让每一个守在电视机前时刻关注越战的美国人感到心惊胆战；
- 朝鲜将侵犯朝鲜水域的美国情报军舰普韦布洛号截获，舰艇和全体船员全部被扣留；
- 反战游行示威队伍占领了全国多所大学校园，他们公开反对政府政策、反对政府“维持秩序”的国民警卫队；
- 主要城市和主要大学校园爆发了大规模民权抗议运动；
- 在公众普遍抗议的情况下，约翰逊总统被迫宣布放弃竞选连任；
- 马丁·路德·金和他的民权示威游行运动逐渐掀起高潮，引领整个国家摆脱了一场永远无法胜利的战役，朝着全新的方向迈进；
- 就在这时，正在巅峰时期的金博士被杀害；
- 每天晚上，电视新闻不停地播放城市里火光冲天的画面，民众以此发泄心头的绝望和沮丧；
- 参议员罗伯特·肯尼迪宣布参加总统竞选，就在他眼看就要获得总统候选人提名并成为总统之时的 6 月 6 日遇害，而官方对此所给的说法依然是“凶手一人作案，没有同谋”；
- 似乎每次当你打开电视准备收看节目的时候，总是突然听到，“现在为您插播一段突发新闻”；
- 1968 年的民主党政党大会演变成一场芝加哥街头的血腥大屠杀，

警察对和平的抗议者大打出手，在现场进行报道、受到全世界关注的新闻报道人员也遭到警察的攻击；

- 上述所有事件均发生在 1968 年 1—8 月期间。

马丁·路德·金改变原有行程来到田纳西州孟菲斯市的目的，是要领导一场由当地清洁工人发起的游行。这场游行逐渐显示出暴力迹象，马丁对此十分担心，于是他来到孟菲斯，目的就是要领导这场游行和平地进行，他很清楚，他的出现有利于这场游行保持和平的方式。

詹姆斯·厄尔·雷曾七次上诉，不断要求引入新证据，但这些请求都被立即拒绝。

雷所做的最后一次努力是请求对控方确定为作案武器的步枪进行测试，这支枪是由雷购买的，金博士被射杀后，警方在案发现场附近找到这支枪，上面有雷的指纹。但雷表示，这支枪出现在案发现场就是为了陷害自己。

马丁·路德·金的家人曾提起过非正常死亡民事诉讼，他们提交的弹道测试证据表明詹姆斯·厄尔·雷的步枪不可能是射杀死者的武器。

在 1999 年的庭审中，陪审团认为马丁·路德·金的死亡为谋杀，“某些政府部门参与了本案”，但这份本该惊天动地的判决却几乎无人知晓。此时，詹姆斯·厄尔·雷已无法出庭听到这份宣判，因为他于一年之前在狱中死亡。

詹姆斯·厄尔·雷的被捕非常重要，但这件事却并没能阻止政客们恬不知耻地继续肮脏行径。看看下面这段话吧，出自联邦调查局副局长之口：

> 雷在伦敦被拘留了两天后，胡佛将这件事通知了媒体。他

有意等到罗伯特·肯尼迪葬礼举行的那天公布了这个重磅消息，试图让联邦调查局最后一次取代肯尼迪成为头条新闻。我告诉胡佛，雷的被捕应归功于加拿大皇家骑警，但胡佛不这样认为，于是联邦调查局就莫名其妙成了抓捕凶手的功臣。

虽然上述太多事实令人发指，但是比起他们在金博士生前对他的所作所为，实属小巫见大巫。美国政府通过联邦调查局进行了一系列秘密行动，试图阻止金博士领导的民权运动，打击他在全国掀起的运动浪潮。他们甚至使用敲诈勒索的方法，对象就是金博士，这个行动名为“反间谍计划”。其他政治活动家也是这项计划的打击对象，其中包括弗雷德·汉普顿和马克·克拉克（本书第八章详细描述了这两人遇害的情况）、迪克·格雷戈里、斯托克利·卡迈克尔、H.“Rap”·布朗、休伊·牛顿、埃尔德里奇·克利弗、博比·希尔、大卫·赫利尔德、杰罗尼莫·普拉特和杰夫·福特。

下文是美国参议院对情报活动所做的最终报告的节选：

• 从1963年12月至1968年死亡，马丁·路德·金一直是联邦调查局大量行动的目标所在，他们试图“中和”他作为民权运动领袖的力量。用联邦调查局负责与金博士“作战”的官员的话：

这场战役毫无规则可言，曾用于苏联特工的手段也用于其中，这些手段被用于我们在国内确定为目标的所有个人或组织，根本不分青红皂白。这就是一个野蛮无情的行当。

• 联邦调查局通过大量监控获得了有关金博士的活动计划的情报，几乎动用了它所拥有的所有情报搜集技术。

● 联邦调查局为了摧毁金博士领导的民权运动，在教堂、大学和媒体对他进行污蔑。他们试图说服国家教会委员会、世界浸礼会联盟以及全国主要的牧师停止对南方基督教领袖会议提供资助，并试图说服他们：黑人领袖应该将金博士彻底隔离，推翻他民权运动领袖的位置。

● 联邦调查局得知金博士获得了诺贝尔和平奖之后，试图对金博士在即将前往的国家接受国家首脑以及驻该国美国大使的接见活动进行破坏。

● 联邦调查局为记者提供了据称是用监控设备在金博士的酒店房间录下的磁带，同时将磁带寄给了金博士。据联邦调查局国内情报部负责人表示，录这盘磁带的目的是在金博士与其妻子之间挑拨离间，借此破坏金博士的公众形象。寄去的磁带还附有一张纸条，据金博士本人和他的顾问表示，纸条的内容是如果金博士不自杀，磁带内容将被公开。

许多人认为马丁·路德·金在他生前最后两年进入了极其危险的领域——他对当权者造成了严重的威胁。他是 1964 年诺贝尔和平奖得主，一生中大部分时间是一位牧师和反战主义者，成为寻求通过和平、非暴力途径反抗压迫的标志性人物。但是，这一切在他生前最后几年彻底改变。

他逐渐相信，对黑人的压迫乃至对全世界贫困人群的压迫都深深植根于不公正的经济制度，这种制度需要改变。

这种变化在他的演讲中有所体现。金博士是第一位强烈反对越战的美国领袖，他激动人心的演讲启发了成千上万的民众，聚集了来自全世界各国人民的力量，他号召所有人为一个目标而努力——结束疯狂持续的战火：

> 无论如何，这些疯狂的行为必须停止，我们必须现在就停止。我以上帝的孩子的名义，以越南无辜民众兄弟的名义，我为那些土地被荒废、家园被摧毁、文化被侵蚀的人民而言，我为那些一边经历着希望破碎的痛苦、一边承受着亲人死于越战战场的美国穷苦人民而言。我作为一名世界公民，为这个走向我们所选择的的道路的世界而言。我作为一个热爱美国的公民，想对这个国家说：这场战争由我们发起，这场战争的结束也应由我们开始。

他将“敌人”赋予了人性——这对美国军事当局是一个直接的打击：

> 他们知道必须前进，否则就会被我们的炸弹炸得片甲不留。于是他们流浪，妇女、儿童、还有老人。他们亲眼看着我们在他们的水里下毒、糟蹋他们的农田。推土机从他们的土地上驶过、推倒宝贵树木的那一刻，他们一定在流泪。他们徘徊在医院，越南军队每造成一人伤害，美军就会伤害至少二十人。至今，我们已经杀害了他们上百万的同胞，大部分都是孩子。他们来到城市，成千上万的孩子无家可归、衣不遮体、成群结队，像丧家之犬一般在街头奔跑。他们看到孩子向士兵乞讨食物却受到侮辱，他们看到孩子们一边把姐妹卖给士兵，一边为母亲招揽着生意。

他的信仰的变化让他获得了越来越多的支持者：他不仅是一个将所有被奴役家庭集合起来的黑人牧师，而且是一个充满活力的国际运动领袖，他代表着被不公正的经济制度所忽视的贫困阶层，他的矛头直指地球上最富裕的阶层。这之所以被认为是一个威胁，这就是原因所在：

> 真正的同情不只是向乞丐丢一个铜板，而是要意识到，产生乞丐的那个庞大的机制需要改变。当贫富差距变得如此明显，真正意义上的价值革命很快就会蓄势待发，它带着满腔怒火，跨过大洋，目睹了西方资本家在亚洲、非洲和南美洲投入大量资金，不顾当地社会利益，只为赚取利润，于是它说，“这不公平”。

他还没有结束，继续演讲：

> 一场真正的价值革命就是要打破这种世界秩序，面对战争大声说，“这种解决分歧的方式不公平”。这种用汽油弹攻击人类的方法，这种让这个国家的家庭充满孤儿寡母的方式，这种在原本仁慈的人类血液中注入仇恨的方式，这种让人们从黑暗、血腥的战场受到身体和精神的残害后回到家中的方式，不是智慧、公正和友爱的方式。一个年复一年将大笔支出用于军事防卫而不是社会福利的国家，其实正在走向精神的地狱。

在生前最后一年，他一直在积极组织华盛顿贫穷民众游行，有人预测，这场游行会使华盛顿彻底关闭。他的话就是民众的游行口号：

> 我的朋友，眼前的事实就是，明天就是今天。此刻，我们面临最紧急的情况。在变幻莫测的生活和历史之中，有一样东西叫作悔之晚矣。拖延为时间之窃贼。

1957 年，一位身在海外、极富先见的美国官员表示，在世界革命大局中，我们的国家似乎站错了立场。过去十年里，压迫渐渐显露，正是压迫让美国的军事顾问出现在委内瑞拉。为保护美国投资的安全，维护社会稳定，美国在危地马拉发起反革命行动，这也是美国直升机被用来打击柬埔寨游击队伍，美国汽油弹和美国部队被用来打击秘鲁反抗活动的原因。面对所有这些，我们不禁想起了约翰·肯尼迪的话，五年前，他说："正是那些让和平革命变得不可能的人，最终让暴力革命成为必然。"

如果美国的社会和政策没有深刻的变化，我们将为这些人还有许多其他人游行，永不停休。

显然，他对世界上最具实力的商人和最强大的政权造成越来越严重的威胁，有人认为那些当权者觉得有必要消除他这个威胁。

金博士非常清楚他已时日不多，剩下的时间应该非常有限了，对此：

他对自己的死亡早有预期，预感非常强烈，以至于在他生前最后几年，他只有身处没有窗户的房间时才能得到些许放松，他时刻担心会有人拿枪瞄准他扣下扳机。他每看到一个陌生人，就开始怀疑，是否死期已到。

有些人认为对金博士的悼念能够帮他们净化心灵，得到历史的原谅，但我们不这样认为，美国白人应该为这起谋杀承担起责任：

美国白人早已忘记金博士的思想能激起多么强烈的愤怒和

仇恨，在那起凶手一路追踪金博士到孟菲斯并将其杀害的凶残案件发生之后，他们居然宽恕了自己。一个人举着枪，身后其实有着成千上万人的支持，这让凶手的行为看上去似乎并非一件恶事，甚至有点英勇献身的味道。所有这些人都应该为金博士的死亡负责，可遗憾的是，除了那个全国纪念日，金博士的牺牲换来的胜利却并不多。

可以这样说，金博士将其生命中大部分时间奉献给了一场关于哲学的赌博，以此来促进民权和人权运动，而这场赌博的最终结果现在依然不得而知：

最终，金博士用难以逃脱的死亡结局为社会的变革出了一份力，成为我们对真理的执著追求的标杆。

从历史的角度来看，他对真理的执著追求，现在依然没有定论，平心而论，我们认为这种道德衡量标准应该是金博士能够认同的。可以这样说，他所追求的社会变革——在追求人文社会的国家努力实现经济平等，而不是简单地追逐商业统治——尚未完成。他的死亡让我们记住的不应该只是一个法定假期，我们还应该思考更多。

第七章 罗伯特·肯尼迪

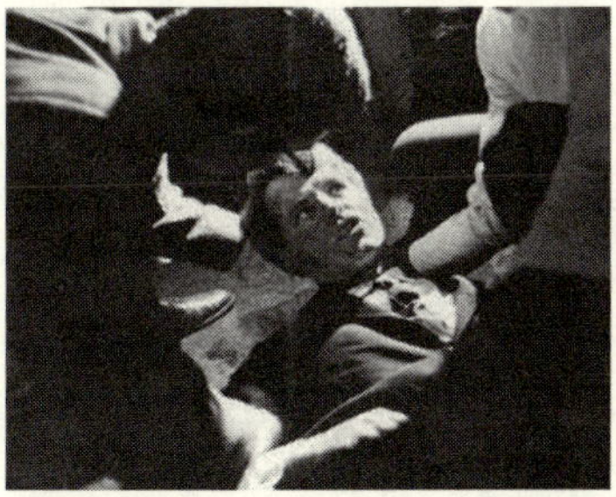

1968 年 6 月 6 日死亡，美国参议员，美国司法部长，美国总统候选人。

受害人：

罗伯特·肯尼迪。

死亡原因：

多处中枪。

官方裁决：

本案凶手是瑟翰·比沙拉·瑟翰，他对当时正在大使馆酒店厨房中的肯尼迪进行远距离射杀，被判“一级谋杀”罪名成立，且为“单独作案、没有同谋”。

真实情况：

三处中枪的位置均在背部，子弹沿着从背面向正面、从下到上的角度穿过身体。验尸官认定，致命的一枪是从右耳后方近距离射击，这一枪不可能是被告所射，因为他与死者距离太远。此外，被告的射击不可能留下从背面到正面的子弹轨迹，因为被告的位置在死者的正面，他射击的子弹只能留下从前到后的弹道轨迹。

前后矛盾：

1. 瑟翰所在位置与肯尼迪之间的距离很远，令肯尼迪一命呜呼的那颗子弹出自瑟翰之手。验尸官称，这一枪是从左耳后方 1~3 英寸的距离处射击，是一枪短距离射击。对于案发经过，当时房间里所有人只对一点达成了共识，那就是瑟翰的位置不够近。

2. 弹道分析表明，本案主要枪手距死者距离比瑟翰近，位于肯尼迪右后方，而瑟翰位于肯尼迪的左前方。所以，他射击的子弹不可能从背面击中死者且在体内呈现从后向前的运动痕迹。

3. 瑟翰所在位置与肯尼迪高度相同，而子弹以从下向上的角度穿过死者身体，与死者的位置不符。

4. 瑟翰的枪里共有八颗子弹，但在案发现场共发现了十四枚子弹，表明至少存在两名枪手，至少射击了十四颗子弹。

5. 精神病科医生认为瑟翰是他们见过的最易被催眠的人，他的日记本中反复出现“罗伯特 · 肯尼迪必须死”这样的字眼，医生也认为这是他在催眠状态下写的。种种迹象表明，瑟翰在案发时处于精神恍惚状态。

6. 洛杉矶警察局调查人员表示，他们找不到任何关于瑟翰在暗杀发生前六周内的活动记录，他们将其称为瑟翰的“白雾”期。据他们表示，这种完全消失的现象极为罕见。

7. 瑟翰 · 比沙拉 · 瑟翰在 1968 年因“一级谋杀”罪入狱，但被指控的罪行并非他所为，而且他并不满足这一指控的条件，在案发时也不具有清醒的意识，因此这一行为不可能是他事先预谋的。有证据表明，被告与死者间的距离一直很远，从未达到可以进行近距离射击的距离，令肯尼迪致命的一枪不可能是他射击的。此外，通过弹道分析也可以证明，击中肯尼迪参议员的子弹不是被告所持枪支射击的。所有上述事实清晰明确地表明，这个被定罪“一级谋杀”的罪犯其实应该“无罪”释放，他本就不应该被扣上这个罪名而入狱。

在我们眼里毫无疑问的是，那天晚上，有人向食品间开了至少十四枪，瑟翰并没有杀害参议员肯尼迪。

——罗伯特·乔琳，研究此案长达数十年的法医

如果你相信这名所谓的凶手可以用只有八颗子弹的手枪射击十四枪，那么官方的说法应该不会让你失眠……但是，它的确让许多人夜不成眠，尤其是那些坚持疑罪从无和公平审判原则的人，那些坚信司法体制即使不能做到真正的公正也至少应该表现出公平表象的人。

除了上文提到的在子弹数量方面矛盾，瑟翰·比沙拉·瑟翰“据说”从离肯尼迪距离很近的位置射击了一枪将其射杀，但经许多目击者证实，他和死者的距离一直很远，从未接近到足以进行近距离射击。

子弹射击方向也与瑟翰所在位置不符。据专家分析，击中肯尼迪的子弹从后向前穿过身体。如果这些子弹的确由这名所谓的凶手射击，那么子弹只可能在体内沿着从前向后的方向运动，因为所有人都确定：瑟翰位于罗伯特·肯尼迪的前方。

不仅如此，子弹的运行方向还呈现从下向上的角度。如果这些子弹是从瑟翰的位置射击而来，那么子弹只可能从上向下运动——他所持枪支的位置和角度决定了他射击的子弹不可能在死者体内呈现从下向上的运动轨迹。

从瑟翰在案发时所处的位置和角度来说，要射击具有上述角度和运行方向的子弹在技术上是不可能的。所以，如果一定要说击中肯尼迪的子弹都是瑟翰射击的，那么子弹肯定违背了物理规律——但这是不可能的。

肯尼迪体内发现的四颗子弹都在背部右侧，呈向身体正面

运动趋势。中枪时，肯尼迪正在朝瑟翰的方向移动，整个射击过程中，肯尼迪的身体始终面向瑟翰，中枪后他说了最后一句话“大家都好着吗”，然后倒向后方——他一直都是面对瑟翰，所以，瑟翰射击的子弹不可能击中肯尼迪背部并向身体正面移动，除非肯尼迪的身体被彻底翻转。

本案中每颗子弹都呈现向上运动的轨迹，角度非常明显（大约 80 度）。所有目击证人都表示，前两枪发生时，瑟翰的枪是水平的，之后握枪的手被后座力猛烈反弹到身后的保温桌（由于他与肯尼迪距离非常远，枪口向上倾斜后，其发射的子弹在到达肯尼迪的位置之前就会高出近 20 英尺，不可能击中肯尼迪的背部）。

根据验尸结果，尸体上所有子弹轨迹都呈现从下向上的方向：击中头部的子弹沿向上倾斜 15 度的方向运动，击中后背的子弹轨迹为 59.67 度和 80 度，就好像枪口向上地顶着肯尼迪的背部射击的。而与这一切都不符的是，瑟翰所持的枪当时处于平行方向。

法医罗伯特·J·D 是医师法律学教授，也曾是一名法官和律师，他对本案的证据做了大量科学测试。他和法医声学专家菲利普·万·普拉格共同进行了一次综合研究，结果表明，考虑到击中房间其他人的子弹，大家猜猜共有多少？总数远远超过瑟翰枪里的八颗，至少达到十四颗。声学证据表明：

在我们眼里毫无疑问的是，那天晚上，有人向食品间开了至少十四枪，瑟翰并没有杀害参议员肯尼迪。

之所以得出这个结论，一个极其重要的原因是，从科学角度分析，瑟翰杀害肯尼迪这个说法没有可能性。

乔琳博士：

> 可以确定，杀害肯尼迪的不是瑟翰，他不仅没有做这件事，也没有可能做到这件事。

演员罗伯特·沃恩是肯尼迪的密友，他高度关注本案的调查情况，而且关注时间很长，长达几十年。沃恩曾写过很重要的一段话：

> 科学研究得到的证据无可辩驳，所以结论毋庸置疑，在那个灾难之夜，有两支枪分别从两个不同位置、两个不同方向射击。

还有一点很有意思：被告对案发过程毫无记忆。这里所说的不是由于体内肾上腺素的分泌导致的记忆模糊，而是他对整个事件完全没有丝毫记忆。

这个所谓的杀手还有一个“白雾”期：令洛杉矶警察局调查人员感到震惊的是，瑟翰在暗杀发生之前的六个星期完全没有留下任何记录，这个人就好像从地球上消失了！更加令人吃惊的是，他即使在催眠状态下也对这一时期的生活毫无记忆，结合上述两点，我们不禁想到了电影《满洲候选人》中的情节，极其相似，不是吗？

> 同时，洛杉矶警察局暗杀调查小组按照瑟翰在暗杀发生之前的活动制定了一个非常详细的时间表。“我们把他带回来了一年多，仔细监视了他的生活——他去了哪、做了什么、见了

什么人等。但中间有十到十二周的时间是空白的，就像一团白雾，我们永远无法看透，瑟翰本人对这一时间段也完全没有记忆”，第一位审问瑟翰的洛杉矶警察局夜间指挥官比尔·乔丹这样说道。

精神病科医生伯纳德·戴蒙德事后立即表示，瑟翰曾接受过催眠：

此前，戴蒙德见识过瑟翰被迅速催眠，后来意识到他有过频繁接受催眠的经历。戴蒙德让瑟翰处于轻度催眠状态，递给他一个笔记本，让他将知道的关于肯尼迪的事情写下来。瑟翰写的是“RFK RFK RFK RFK RFK”。戴蒙德要求他不要只写名字，然后瑟翰写到，“罗伯特·肯尼迪，罗伯特·肯尼迪”。肯尼迪怎么了？他又写到，“RFK RFK RFK RFK RFK 必须死 RFK 必须死 RFK 必须死”，他一共写了九遍，直到戴蒙德让他停止，他才停了下来。

当时，南加利福尼亚精神病学和法学研究所所长、区检察官办公室代表西摩·波拉克和凯撒也在场，他们看到实验沿着上述的模式进行了很久，之后戴蒙德问瑟翰是否认为自己“疯了”。

“不是，不是，不是，不是。”瑟翰写到，依然处于催眠状态。如果他没疯，为什么他书写的方式如此疯狂？“练习，练习，练习，练习，练习。”为什么练习？“精神控制，精神控制，精神练习，精神练习。”

用专业的角度对瑟翰的日记本进行详细观察和分析之后，可以确定，上面的文字一定是在催眠状态下写的，也让许多人开始怀疑，在某个时刻，可能发生过金钱交易：

这个问题也令辩护团调查员鲍勃·凯撒大伤脑筋，他怀疑答案也许和瑟翰笔记本中的钱有关系。他越想越觉得一定存在金钱交易，或被承诺过有金钱交易，但瑟翰在接受催眠后遗忘了这件事。“你在一遍一遍重复地写同一件事，”他向瑟翰说，“当你写到杀害肯尼迪时，你的文字变成一种无法解释的短语。”瑟翰对此完全不知情：他不记得写过这些文字，也不记得有个笔记本，他坚持这么说。

下面的内容可以证明，射击肯尼迪的一定有第二把枪。但在此之前，请记住，他们从来没有在肯尼迪中枪死亡与第一把枪之间建立联系。

枪支专项小组对证据进行分析后得到以下结论：

调查人员发现，现场的子弹无法与瑟翰所持的枪联系起来。

按美国政府的官方说法，本案中没有同谋，但从案发现场来看，肯定有第二支枪存在，因此一定有同谋，只有“一个疯子”的说法才是最疯狂的。

第二支枪的幽灵几乎改变了一切。

弹道学专家威廉姆·W·哈珀的发现

知名的刑侦专家和弹道专家威廉姆·W·哈珀对弹道学证据的回顾极具启发作用。哈珀研究了现场发现的子弹、尸检报告和警察描述的弹道图，据此完成了一份陈述作为宣誓证词，下面是相关结论：

“罗伯特·肯尼迪被两颗从不同位置射击的子弹击中。位置 A 是瑟翰所处的位置，在肯尼迪参议员的正前方，与肯尼迪面对面，许多目击证人都证实了这个射击位置。位置 B 在尸检报告中得到确定，与肯尼迪距离非常近，就在他的右后方，有四颗子弹从这个位置射出，其中三颗击中了肯尼迪……从瑟翰的位置射击的子弹击中罗伯特·肯尼迪的可能性微乎其微。”

瑟翰被定罪判决之后，哈珀通过科学分析确定，从参议员肯尼迪和记者威廉姆·维塞尔体内发现的子弹是分别由两把不同的枪射出的。

哈珀的发现在一份 1988 年才公开的洛杉矶警察局文件中得到证实，目前这些文件可以在加利福尼亚州档案馆查阅，文件证明，洛杉矶警察局使用 Hycon 弹道照相机对这两颗子弹进行了独立分析，该警局刑事专家拉里·巴盖特的结论如下。

使用 Hycon 弹道照相机发现：

> 对肯尼迪的射击角度比对维塞尔的射击角度更明显，两枪角度相差 1/2 度。

结论：

1. 肯尼迪和维塞尔体内的子弹不是同一支枪射出的；

2. 肯尼迪体内的子弹不是瑟翰使用的左轮手枪射击的。

后来也有学者表示，洛杉矶警察局在测试中使用了一支替代枪（并非瑟翰真正使用的那支枪）并将此测试结果作为审判中使用的证据，他们显然想借此在瑟翰所持的枪和击中参议员肯尼迪的子弹之间建立联系。

案发过程的三盘录音磁带也由斯坦福研究所的顶级法医声学专家麦克·H·L·赫克进行了检测，结果表明当晚至少有十声枪击（瑟翰的枪里只能射击八颗子弹）：

> 基于对这三盘磁带进行的声学分析、示波分析和光谱分析，我个人在一定程度上确定，从参议员的胜利演讲结束到瑟翰·比沙拉·瑟翰被缴械期间，共有至少十次射击。

洛杉矶警察局坚持官方的立场，认为在枪击发生之时，除瑟翰外没有其他枪手向大使馆酒店的厨房射击。但事实上，显然存在其他枪支射击，我们都知道，瑟翰的左轮手枪只能装八颗子弹，但现场发现的子弹总数不止这些。

此外，许多目击证人表示，他们亲眼看到穿便装的人在暗杀发生时拔出手枪，这种说法的前提是假设那些便衣是情报部门特工，但当时并没有特工保护罗伯特·肯尼迪。另一种假设是这些人是正在保护参议员的洛杉矶警察，但当时肯尼迪身边并没有携带武器的保镖，洛杉矶警察局也表示这些人不是便衣警察。但这些人就在那：其中一名目击者的用词是他“绝对肯定”有其他便衣在射击发生时拔出了枪。

瑟翰被捕时看上去很正常，但专家留意到他当时处于大脑恍惚状态，与整个事件完全脱离，这一点在审判中也被提到。

检方问：“你是否记得在与霍华德的对话中说过：‘我在法官面前，是吗，还是没有？’霍华德说：‘没有，你会很快被带到法官面前的，可能会接受审判。’……那次你没问霍华德‘审判什么？’”

“先生，我不记得我问了还是没问。”

瑟翰并没有问霍华德“审判什么”？但是，他不清楚自己是否出现在审判现场，可以证明他思想混乱。他虽然表面正常，却不知道他是不是曾面对法官。如果格兰特·库伯进行辩护，霍华德先生会站在证人席上进行解释，刺杀发生几个小时后瑟翰的许多行为非常怪异，地方法官助理不得不反复询问以确认犯人是否知道自己之前在哪。

对于瑟翰为何出现如此怪异的行为，瑟翰自己比谁都疑惑不解：

“如果我想杀他，先生，那我会那么愚蠢地将那个笔记本留在那，等着警察去发现？”瑟翰这样说道，再次对自己一开始就预谋杀害罗伯特·肯尼迪的说法表示质疑。

洛杉矶警察局所做的目击证人证词的总结报告涉嫌彻底伪造。黑人工业和教育联合会会长布克·格里芬是一个绝佳的现场证人，他自己也这样认为：

我是一个受过训练的记者，我懂得关注细节……而且我对这样的案子来说，完全不是一个外行。你知道，我经常报道枪击事件还有其他案件，我的生长环境里经常有枪击发生，我已经习惯了子弹横飞的环境，我从小受到的教育就是在这种情况下保持冷静的头脑。我视力没有问题，我也不是一个会撒谎的人，我非常清楚我看到了什么。

可以为瑟翰·比沙拉·瑟翰洗脱一级谋杀罪名的证据

1. 知名刑事专家和弹道学专家威廉姆·W·哈珀进行的弹道测试结果表明，击中参议员肯尼迪的子弹不是瑟翰的手枪射出的。

2. 瑟翰没有在任何时间与肯尼迪接近到足以发出将其射杀的那一枪。可以确定，致命一枪是从距离死者头部不足三英寸的位置射击的，所有目击者都表明被告离死者的距离太远。

3. 所有击中参议员肯尼迪的子弹都沿着从背部向正面的方向穿过身体，所有目击者都表示，被告是面对死者，因此被告射击的子弹只可能沿从正面向背部的方向穿过身体，不可能与此相反。

4. 击中参议员肯尼迪的子弹弹道都呈现向上倾斜的角度，根据所有目击者描述的被告所处的位置，他击中参议员的子弹弹道肯定会呈向下倾斜的角度。

5. 此案并非被告事先预谋的，因为被告在案发时意识恍惚，甚至对案发经过毫无记忆，即使在使用过硼酸钠以及催眠状态下依然毫无记忆，他印象中最后发生的事情是与一个女孩喝咖啡，然后就是被警察拘留。

6. 被告没有杀人预谋。确实如此，他怎么可能有杀人预谋呢？案发后，警方对瑟翰进行了长达数月的审问、催眠回忆甚至使用招供药物，没人能找到丝毫他要枪杀参议员的动机，被告对此毫无记忆。

7. 瑟翰不存在杀人动机，或者说没人能确定他有杀人动机。警察和检方试图证明罗伯特·肯尼迪向以色列提供五十架飞机的计划是导致肯尼迪遇害的原因，但这不符合逻辑，因为瑟翰是在 5 月 18 日开始接受精神控制并在日记本中记录杀害罗伯特·肯尼迪相关的文字，这是在肯尼迪首次公开表示支持向以色列出售飞机及其相关的媒体报道的日期 5 月 21 日之前。

8. 被告对罪行毫无记忆。警察非常疑惑，经过专家长达数月的密集审讯，瑟翰依然对此案毫无记忆，也对为何有这一行为无法做出合理的解释。零动机，零记忆。

9. 警察确定，被告在执行任务时明显处于药物控制之下，因此对其行为毫无记忆。瑟翰被捕后，警察立即用手电筒照射他的眼睛，这是一个用来确定疑犯是否处于药物作用中的程序，执行这一程序的洛杉矶警察阿瑟·普拉圣西亚宣誓作证称，他的瞳孔对灯光毫无反应，“这表明他当时处于外部力量的控制下”。

10. 瑟翰主动要求进行多项心理测试和催眠，他甚至要求服用“招供药物”。测试结果和大量审问结果都表明，他曾受到“精神控制”，案发时意识不清醒。

11. 还有种种迹象明确表示，被告曾被“精神控制”。在催眠状态下，你让他像只猴子一样爬杆子，他也会乖乖听话，但在他恢复意识后，对事情经过完全没有记忆。经专家鉴定，瑟翰是他们所见过的最容易被催眠的人。他日记本中反复书写着“罗伯特·肯尼迪必须死!”的字眼，这是被他们称为“自动写作”的典型例子：瑟翰被催眠后精神极度恍惚，机械性地在他面前的纸上重复写下“罗伯特·肯尼迪必须死！罗伯特·肯尼迪必须死!”(这发生在案发后他被拘留期间)。

心理学医生伯纳德·戴蒙德：

> 请允许我明确表示，非常明显，瑟翰曾受过精神控制。

12. 案发后的掩饰行为可谓明目张胆。例如，洛杉矶警察局刑事专家对他们之前发表的声明中对案情的描述表示否认。他们此前表示找到了本案中的子弹，但后来对此否认。他们曾表示在酒店食品间的墙壁和房门上发现了弹孔，但后来却改口说在这些地方没有发现弹孔，可这是最初他们亲口说过的!

事实不是如此，这是一位调查此类案件的专家亲眼观察了弹孔之后得出的结论。联邦调查局特工威廉姆·贝利在案发后立即到达现场，对此案进行了调查，为目击者谈话做准备，他表示：

> 我在食品间区域转了一圈，在两扇弹簧门之间的门框上发现了两个弹孔。我见过很多犯罪现场，这明显就是弹孔，弹孔周围区域的木头上的损伤都是新近形成的，我还可以在两个弹孔里看到子弹的底部。
>
> 这其中的数字极其简单明了：瑟翰使用的手枪最多能装八颗子弹，既然已经在现场找到了八颗子弹，如果真的只有一支枪，那么墙壁或者门框上不可能再有其他子弹。在墙上发现任何子弹或者弹孔可以确凿无疑地证明，现场有第二支枪存在。

类似上文中提到的门框上的弹孔等关键证据迅速消失在洛杉矶警察局的“证据黑洞”中，之后再未出现过。后来，据说这些证据被“无意中销毁”，案发现场的照片也不翼而飞，证词也被明显改动。

美国国会议员阿拉德·洛温斯坦对案发后的掩盖行动总结如下：我不知道洛杉矶警察局执法人员为何要阻碍罗伯特·肯尼迪遇刺案的调查。但我知道，如果他们一旦决定阻止调查，接下来要做的就是：事实要被隐瞒或者歪曲，不利证据要被销毁，要发表新的声明替代此前的声明，直至达到阻止调查的目的；对爱提棘手问题的人，要让他们的动机受到怀疑，最好对其扣上追求私利或思想古怪的帽子。

13. 对目击证人骚扰不断。一名目击者后来描述了洛杉矶警察局对她进行的“骚扰”（她的原话）：

……我只有二十岁，但天天心烦意乱，我只能乖乖说他们想让我说的话。

格里芬还告诉警察他曾看到瑟翰在案发当晚出现在三个不同地点，在其中两处，他看到瑟翰与一名漂亮女人在一起，好像是他当晚的同伴。他说之所以留意到他们二人，因为他们看上去有点“不得体”。

第一枪射出时，格里芬就在食品间外面，他发现之前和瑟翰在一起的那个漂亮女人当时与另外一名男子跑出了食品间，于是格里芬大喊：“他们跑了！”

其他目击者也表示见过这两个人，枪击发生后，其他所有人都跑进食品间去查看肯尼迪的情况，但一个漂亮的年轻女人和一个阿拉伯长相的男子却跑了出去。由此看来，他们的描述是一致的。有人注意到，这名男子满头大汗，手拿一支枪，但枪是用报纸遮住的。其他目击者表示，这两人跑出房间之后就大喊："我们杀了他！我们把他毙了！"不止一人看到这一幕、听到这些话，他们的描述也是一致的。

洛杉矶警察局认为有必要怀疑格里芬的陈述。

> 洛杉矶警察局在案件总结报告中没有采纳布克·格里芬的叙述，并称："格里芬承认一男一女逃出房间的情节是无稽之谈。"但在任何录音、文字记录以及执法人员对格里芬的谈话总结中都找不到有关这份声明的任何证据，显而易见，这种做法的意图就是诽谤证人，这更加证明那些声称格里芬撒谎的人居心叵测。

格里芬对此非常气愤，他的确有理由气愤，因为这幕后显然存在一个不可告人的目的，相关人员为达到这个目的不择手段。

法官的判决是，瑟翰在这起一级谋杀案中"为单独行动，没有同伙"，这显然与以上情景不符。瑟翰后来对他的律师说：

> 就算耶稣也救不了我。

他是被司法系统设计陷害的，从这个角度来看，他是对的。难以置信，刺杀发生四十年之后，瑟翰·比沙拉·瑟翰还在为他从没犯过的罪行服刑。一级谋杀罪成立需要罪犯有意识地预谋，但从上文可以看出，他不可能杀害参议员肯尼迪，那在科学上和逻辑上都不可能。对此只可能有两个原因：没人能找到一个联邦法官愿意公正地看待无罪证据，或者这个案子是个“烫手山芋”，无人敢接——大概第二个原因更有可能。

可能的情况

有一些有趣的证据可以证明瑟翰可能之前受到“精神控制”。

案发后见过瑟翰的人感到震惊的一点是，他的面部表情和行为举止都和他平时有天壤之别。

> 乔治·普林顿曾参与制服瑟翰，他看到瑟翰“深褐色、极为平和的眼睛”后，深感震惊。另有一名目击者回忆称他看上去“非常平静”，他几乎处于一种超然的状态，就好像他有一个内在的生命，与周围那个歇斯底里的环境完全无关。

洛杉矶警察局夜间指挥比尔·C·乔丹曾向瑟翰宣读了他的合法权利，看到被告在那样混乱的情境下表现出的平静，他非常吃惊。乔丹说：

> 枪击发生后，食品间里一片混乱，“但嫌疑犯情绪一点都不激动，好像比一个因为交通违规而受到一点小惩罚的人还平静”。

过去的确出现过通过催眠实施代理谋杀的案例。

被称为“希腊人”的亿万富翁亚里士多德·奥纳西斯与肯尼迪家族之间的关系令人好奇，这很可能是个重要线索。关于两家间不共戴天的仇恨记载颇多：

> 小富兰克林·D·罗斯福……问罗伯特他们应该怎么应付奥纳西斯的出海邀请，司法部长语气坚定地说：“把那个游艇给淹了。”

调查记者彼得·埃文森特指出，通过重重联系，奥纳西斯与瑟翰之间也有关联。瑟翰的那段“白雾”期与奥纳西斯的一名联系人穆罕默德·哈姆沙瑞的加利福尼亚之行恰好重合，此人与恐怖组织也有联系。

奥纳西斯和哈姆沙瑞两人都与著名的催眠师比尔·布赖恩保持联系，比尔的工作还使得他有资格担任影片《满洲候选人》的技术指导。

比尔·布赖恩是一位催眠大师，可以说是史上最优秀的催眠师，他曾效力于中情局的 MKULTRA（神经控制试验）和 ARTICHOKE（大脑控制项目）工作。不论你是否相信，他的确能让接受治疗的病人“假装流血”。在 1961 年旧金山为出庭辩护律师举行的催眠研讨会上他就做到了这一点，许多人都亲眼见识过，这并不是什么花哨的把戏。

奥纳西斯是布赖恩医生的一位病人，经常介绍朋友和同事给这位著名的催眠师。由于有关中情局行为研究项目 MKULTRA 和 ARTICHOKE 的记载大多已被秘密销毁，因此无法得知他们在 1964 年项目终止时是否成功制造了“满洲候选人”（被编程的杀手），但曾参与这个秘密项目的专家米尔顿·克莱恩（也是美国临床和试验催眠协会会长）的总结如下：

> 并不是每个人都能做到，也不一定能每次都做到，但是的确可以做到。

因此，杰奎琳·肯尼迪与亚里士多德·奥纳西斯之间的婚姻不仅极具意义，而且也与罗伯特·肯尼迪遇刺有关。

林登·约翰逊听到这场婚姻的消息时非常高兴，这正是他想看到的，这就是对罗伯特·肯尼迪的报复：

> 亚里士多德·奥纳西斯和杰奎琳·肯尼迪即将结婚。
>
> 这对约翰逊来说简直就是莫大的喜讯。三天之前，他宣布放弃总统竞选，肯尼迪阵营嘲笑他是被罗伯特吓跑的，这番言论一直令他火冒三丈。
>
> 约翰逊打算什么时候出这张牌，我们不得而知，但就在卡尔拜访了美国总统办公室之后，尤金·麦卡锡看到了约翰逊总统，当他提起罗伯特参选总统的话题时："他什么都没说，而是默默地用一只手指划过喉咙，做出一个割喉的动作。"

杰奎琳·肯尼迪公开宣布与奥纳西斯结婚的计划时，全世界为之震惊，每个人都在问：为什么？这个组合太奇怪了，坦白地说，没人会真的相信"真爱"这个理由。据奥纳西斯的一位朋友和同事透露，奥纳西斯曾说过一段话，让他永远难忘：

> 他说了这段有趣的话："一段利益的婚姻可以解决很多问题，我亲爱的朋友。"
>
> 我当时没有反应过来这句话的意思，直到他们两人结婚时，我才恍然大悟。

不难预料，公众并不看好这段婚姻。只看下面的新闻头版标题就知道了：

今天，约翰·肯尼迪又死了一次。

我们的反应只有愤怒、震惊和沮丧。

在瑟翰的笔记本中，出现过两个与亚里士多德·奥纳西斯有着特殊联系的名字：亚里士多德·奥纳西斯儿子的情人菲奥娜·蒂森，奥纳西斯曾对她进行过死亡威胁；另一个是斯塔夫洛斯·尼阿克斯，他是奥纳西斯多年的死敌，也拥有一个实力雄厚的商业帝国。

在第一页，瑟翰在用阿拉伯文写下一个名字：

菲奥娜。

第二页：

尼阿克斯。

第三页，在两行之间：

十万美金和美元——一百。

瑟翰用阿拉伯文写下：

他们应该被杀了。

在旁边，写了一个数字：

三。

菲奥娜、尼阿克斯和肯尼迪：这三个名字并列，让人感到奇怪。

扬尼斯·乔贾克斯是奥纳西斯的律师、好友和心腹，也是他很多年来最亲密的生意伙伴。据他称，奥纳西斯是罗伯特·肯尼迪遇刺背后的主使者：

事实上，很可能是奥纳西斯支付了射杀罗伯特·肯尼迪的子弹费用，这让扬尼斯感到非常痛苦，他再次怀疑奥纳西斯与哈姆沙瑞之间的生意的性质，这已经不是第一次了。

“有时，一些事件之间的联系可以归为偶然，但有时，这种联系过于明显，令人不得不怀疑其中存在阴谋，”乔贾克斯沉默了一下，然后说，“当一个爱尔兰名字、一个苏格兰名字和一个希腊名字——三个奥纳西斯最恨之入骨的名字同时出现在一个身在洛杉矶的巴基斯坦杀手的笔记本中，而且奥纳西斯还曾在巴黎向这名巴基斯坦恐怖分子支付了一百万美元（远远高于这个巴基斯坦人要求的金额），不仅如此，在这三个人当中，第一个人已经被杀害，这种情况下，你不得不认真地考虑一种可怕的可能性。”

据说，奥纳西斯在博比遇害之前就对此有所知情。

奥纳西斯是在 1968 年 6 月 5 日，周三早晨约十点听到这个消息的，当时他正在大西洋的一艘游艇上吃早餐。身在纽约的迈耶告诉他罗伯特没死，但情况不太好。“早晚会有人很快去修理这个混蛋的。”奥纳西斯说。他不是个虚伪的人，他话语间的麻木不仁并没让迈耶感到惊奇。奥纳西斯要求他第一时间通知他肯尼迪的死讯——“对他来说，肯尼迪的死讯就像圣塔安尼塔马场四点钟比赛结果一样，会让他激动不已”，迈耶后来说：

瑟瑞恩（奥纳西斯的情人，当时与他同在一艘游艇上）记得奥纳西斯在听到这个消息时的冷淡反应，“在与外部世界完全脱离的情况下听到这样一个消息，我十分意外，我觉得阿里应该不会难过，因为罗伯特的死亡对他很有利，但他的反应……就好像他早就知道这个消息”。

奥纳西斯其实坦白过他参与了这起谋杀。他向情人海琳·盖丽特承认过这件事：

> 他面对大海站着，游艇的灯光照着海水，水面泛起粼粼波光。他背对着盖丽特，他说话说了很久，盖丽特才意识到奥纳西斯在说话：“就像有人在祈祷，真的……我只能这么描述。”就在她努力理解这些话的时候，他转过身来，讲述了事实：
>
> “海琳，你知道吗，我花钱请人杀了罗伯特·肯尼迪。”
>
> 他就好像在陈述一件很简单的事……然后我记得我好像说：“罗伯特·肯尼迪？哦天啊，阿里。”
>
> 他做了一个地中海式的耸肩动作，好像是说那又怎么样……奥纳西斯其实已经承认了自己是罗伯特·肯尼迪遇刺案的同犯，海琳在内心深处很害怕自己相信了他的话。“我越想越觉得他说的是事实，”她说，“这就是阿里的魅力所在，他可以极度相信你。”

奥纳西斯的另一位关系亲密的同事、曾为他打理许多非法交易的大卫·卡尔也表示，他知道“奥纳西斯是罗伯特·肯尼迪刺杀案幕后主使之一”。

克里斯蒂娜·奥纳西斯（她曾向杰奎琳·肯尼迪提出要求：“如果你想要我父亲的钱，那你就得跟他的姓。”——杰奎琳钱也拿了，姓也跟了。）在二十一岁时得知她父亲参与了罗伯特·肯尼迪的刺杀，她

（向乔治克斯等家庭密友）表示这件事一直让她承受巨大的心理负担。她后来向记者描述了一个“净化版”的事情经过：

> 阿里曾向一名阿拉伯恐怖分子支付了保护费，以确保他的奥林匹克航空不会被劫机，劫机在当时是个巨大的危险。他后来得知一名叫穆罕默德·哈姆沙瑞的巴基斯坦恐怖分子用这笔钱谋杀了罗伯特·肯尼迪。

历史角度

1966年之前，罗伯特·肯尼迪经历了一场个人转变，过去很多人认为他是一个权力至上、冷酷无情的政客（信奉“不要失去理智，要伺机报复”），他曾集中力量打击犯罪集团等。但是那场个人悲剧和历史悲剧将他彻底改变，变成一个乐于尘世、高瞻远瞩的智者，突然之间，他似乎十分关心世间每一个不幸之人的生活，开始思考如何通过政治策略改变他们的命运。最能证明这一转变的就是他于1966年6月6日为南非开普敦大学学生所作的演讲，一些学生对政府的种族隔离政策表示反对，而肯尼迪并没有避开这个极具争议的政治话题，而是从更高的道德和哲学层面上阐述了这个问题：

> 与言论自由同行的是，听到人民的声音，让人民分享政府决策权。每一个让生活充满价值的事物——家庭、工作、教育——都取决于政府的决策，也都可能因为政府忽视人民意愿而被摧毁，我所指的是每一个人。所以，只有当政府不是只听到富人的声音、某个宗教信徒的声音、某一个种族的声音，而是听到所有人的声音时，对人类最为重要的仁慈之心才能得到

保护，延续下来。

他的这番话让人热血沸腾，就像美国的《独立宣言》，就好像他在全世界宣读这一宣言，号召国际平等：

> 我们必须意识到，所有人在上帝面前、在法律面前、在政府议会面前享有绝对平等。我们必须这么做，不是因为这种做法能带来经济利益，虽然事实的确如此；也不是因为上帝的律法要求如此，虽然它的确有此要求；不是因为其他地方的人们希望如此。我们必须这样做，是出于一个最简单也最根本的原因：这是正确的事。

事实证明，肯尼迪掌握了将政治运动置于历史和哲学角度进行分析的技巧，他甚至可以用非常亲近、非常私人的方式做到这一点：

> 仅仅几个小时的时间，飞机载着我飞过了曾是人类历史熔炉的大洋和国家，我瞬间想到了可以追溯至几千年之前的人类迁移。我迅速瞥了一眼，我们穿过了几百万人曾挣扎和死亡的战场。那里已看不清国与国之间的界线，没有巨大的峡谷或高耸的城墙将人与人分开，只有大自然，只有人类的建筑物——住宅、工厂、农场——随处可见，展示着人类为了生活富足而做出的共同努力。世界的每个角落，新科技和通信拉近了不同人群和不同国家间的距离，一人或一国之忧必然成为全人类之忧。这种全新的亲密关系正在揭下一个虚假的面具——一个关于差异性的错觉，这种错觉是所有不公、所有仇恨和所有战争的根源所在。

这篇生动的演讲因最后一段内容十分激动人心而被称为《希望的涟漪》：

> 上千名美国和平工作团的志愿者改变了许许多多国家城市和村庄中被隔离的贫民窟。成千上万的默默无闻的欧洲民众反抗了纳粹的侵略，许多人牺牲了，但所有这些努力最终带来了国家的强大和自由，正是这些数不胜数的勇敢之举塑造了人类历史。每一次对理想的坚持，每一次改善他人生活的行动，每一次对不公的反击，都荡漾着一丝希望的涟漪，这些从千千万万个能量和勇气中心散发出的涟漪，凝聚成一股洪流，将冲垮那堵为压迫而建造的高墙。
>
> ……中国有一句老话，“宁做太平犬，莫作离乱人”。无论你愿意与否，我们生活在一个乱世，一个充满危险和不确定性的时代，但这也是人类历史上最富创造性的时代。在这个时代，每个人最终都会受到评判，评判自己，他为建造一个新世界做了什么贡献，他的理想和目标是否为这一努力增砖添瓦。

在他领袖风范的激励下，这一耀眼的希望在千千万万的民众身上具体化了，而这也让 1968 年 6 月 6 日他的死讯深深地刺伤了许多人的心灵。就在一个充满同情心、拥护平等的领袖即将当选为总统之时，他却突然离开了。

1968年6月8日下午，一列火车将罗伯特·肯尼迪的尸体从华盛顿运往纽约，在整个路程，成千上万的民众自愿来到火车道两旁，向他致以最后的敬意。

第八章　弗雷德·汉普顿

1969 年 12 月 4 日死亡，全国有色人种协进会青年委员会会长，伊利诺伊州分会主席，美国黑豹党副主席兼发言人。

受害人：

弗雷德·汉普顿。

死亡原因：

身体多处中枪。

官方裁决：

在警察突击行动中，他因袭警而被击毙。警方称，他们试图对其实施逮捕，但在房间内遭遇猛烈枪击、被迫反击。警方的证词表明，双方射击数量超过200枪，交火时间十到二十分钟。

真实情况：

这次突击行动是由十五名便衣警察组成的特种战术小组发起的全面攻击，该小组装备精良，从机关枪到霰弹枪，一应俱全。他们并没有敲开门实施逮捕，而是在凌晨4：45同时冲进房间前后门，猛烈射击。弹道学证据表明，屋内只开了一枪，而且这一枪击中房门，没有伤及任何人。

除了这一枪之外，现场所有射击都是警察所为，射击对象就是房间内的人。受害者事先已被一名联邦调查局线人下药麻醉，案发时，他躺在床上处于无意识状态，中枪之后又被拖至床下，但此时他还活着，警方近距离射击了他的头部。

矛盾之处：

1. 警察突击之前，受害者已被麻醉、处于完全无意识状态。医学测试结果表明，一名众所周知的联邦调查局线人在弗雷德的水中放入大量麻醉效力极强的巴比妥酸盐，他上床后一直处于无意识状态。目击证人表示，此后他从未清醒过，更不可能开枪射击。

2. 法医专家西里尔·韦切特对汉普顿的血液检测结果深感震惊：

“汉普顿的血液样本中速可眠成分或者说是巴比妥酸盐的含量极高，达到每分升4.5毫克，是人体中毒剂量或者致命剂量的四倍。”

3. 韦切特说：“如此之高的速可眠含量是一个极为重要却被忽视的证据。如果这份毒理学报告内容真实，那么在警察展开突击行动时，弗雷德·汉普顿正处于深度睡眠甚至昏迷状态。如果事实的确如此，他不可能开枪射击，更不可能发起火力攻击，那么警察从头到尾都在说谎，整个行动就是一场政治暗杀。”

4. 韦切特很快意识到，本案中子弹弹道分析结果也与官方说法完全不符：“如果这些弹道分析准确无误，那么汉普顿中枪时并不是直立面对警察的，而是处于平躺姿势，警察向他开枪时就站在他稍偏右的位置。”

据我们估计，警察突击时，屋内约有二十名黑豹党成员，但只有两人被击毙，分别是弗雷德·汉普顿和马克·克拉克。

——联邦调查局特工格雷格·约克

弗雷德知道自己被监视……

——杰弗里·哈斯

执法部门流传着一句老话，计划再周密的罪犯也有一时疏忽，我想，当警察成为罪犯时也不例外。

——西里尔·韦切特博士

上学时，弗雷德·汉普顿天资聪慧、体育出众，他立志将来成为一名律师。他以优异成绩从芝加哥高中毕业之后，逐渐成为政治积极分子。他用自我防卫的理念对种族主义和公开的政治压迫进行合法和理智的反击。警察对他的谋杀就是他一直致力改变的有组织压迫行为的实例之一。

汉普顿在专科学校学习法律预科课程，并利用他所学到的知识在他生活的区域伸张正义。为了反击芝加哥较为贫穷地区的警察压迫，汉普顿和他的同伴对警察的活动进行跟踪监视，他们要让警察知道自己的行动都在民众视线之中。黑豹党的成立为弗雷德·汉普顿提供了展示才华的绝佳机会。

与当时媒体描述的邪恶组织完全不同的是，黑豹党其实是一个政治防卫组织，信奉人不犯我、我不犯人的原则。该组织的全称为黑豹自卫党，主张实行禁毒政策（禁止吸毒和贩毒行为），并大力提倡十点项目，其内容包括提高教育质量、建立社区健康中心、加强政治活动和政治教育、实施免费早餐项目、对弱势群体提供补助等。正如芝加哥黑豹党健康诊所创始人撒彻尔医生所说：

> 黑豹党是一个有武装的宣传组织，它提出矛盾、树立榜样、为民众提供开展革命的途径。我并不是说黑豹组织意图推翻政府，但我们将矛盾提出，置于民众面前，让他们决定是否希望政府有所改变。

汉普顿极其聪明地在黑豹党和其他组织之间建立了战略联盟，第一个，也是最重要的联盟是黑豹党与控制了芝加哥西南区域街道的主要犯罪团伙建立的互不侵犯条约，这些区域被犯罪集团严密控制，连警察都不敢进入。

黑豹党还与黑石突击队（拥有超过5000名成员）和黑色信徒组织（拥有约5500名成员）等大型组织之间建立了休战协议，从而能够在芝加哥最混乱的区域招募技能成熟的成员。这一战略使黑豹党成员数量迅速增加，使其在运动核心人群——城市中心贫民区里最贫困、被剥夺公民权利的少数群体中巩固了权利基础。

事实上，首次提出“彩虹联盟”概念的不是杰西·杰克逊，而是弗雷德·汉普顿。他不仅在黑豹党与芝加哥最大的街头犯罪集团之间订立了约定，还与青年洛得党、青年爱国团体、学生非暴力协调委员会、学生争取民主社会组织、褐色贝雷帽组织以及红卫兵组织等多种多样的组织建立了战略联盟。

汉普顿所做的努力渐显成效，城市最贫困的部分已经开始发生改变。他将街头那些犯罪集团转变为政治性组织，他们不再只盯着贩毒的勾当，其中黑色信徒组织开展了大规模的游行示威活动，抗议芝加哥建筑工地拒绝雇用来自少数群体的贫困民众，这些社会政治活动取得了明显成效，他们将建筑工地彻底关闭，直到对方同意雇用城市贫穷民众。黑石突击队集中反击臭名远扬的芝加哥政治机构，成功地使多名活动分子和其他社区成员担任政治职务、正式成为贫困区域的代表。鉴于汉普顿在工作中取得的杰出成绩，黑豹党全国领导人任命他为该党全国发言人。

1969年5月，汉普顿举行新闻发布会，公开宣布彩虹联盟休战协议，这是一项令人称道的成就，它一方面实现了不同社会政治利益集团的统一，另一方面展现了黑豹党促进政治变革的卓越能力。

此后，汉普顿得到了全国政治领域的关注，他在黑豹党做出的成绩令人称道，他利用杰出的组织能力，实现了白种学生与内城贫困居民、西班牙裔民众以及来自所有阶层的民众的联合，这更使他名声大噪。

联邦调查局将黑豹党确定为“反间谍计划”的目标组织之一，其中，弗雷德·汉普顿是关键目标。

汉普顿的雄辩进一步帮助他在事业上如鱼得水，他曾提出的口号，如今依然被世人熟知：

> 你可以扼杀革命者，但你扼杀不了革命。
>
> 据我所知，在极端情况下，没有什么行为比极端行为更理智。

虽然汉普顿的雄辩为他赢得了大批拥护者，但最终让他在与街头团伙打交道以及处理政治事务时取得成就的是他的组织才能。据说，被暗杀之前，他即将实现与芝加哥南部最大犯罪集团的战略联盟，这将使黑豹党成员数量瞬间翻番。

1969 年 12 月 3 日晚，汉普顿在当地一家教堂为众人上一堂政治课。就在那晚，他讲完课回到家，熟睡中的汉普顿在警方所谓的突击行动中被杀害。更糟糕的是，整个过程都被汉普顿的女友亲眼目睹，而她当时怀有八个月身孕。

据案发现场目击证人的证词，汉普顿被暗杀时情况是这样的：

> 警察瞄准房间里汉普顿的床所在的位置展开了火力攻击，但汉普顿并没有醒来，联邦调查局安排的线人事先在他的水里下了麻醉药巴比妥酸盐，此时他正与女友一同躺在床上。警察看到汉普顿肩部中枪，然后将他拖下床，在场的黑豹党成员哈

罗德·贝尔听到警察的对话：

“这是弗雷德·汉普顿吗?”

“他死了吗？……把他拉出去。”

“已经奄奄一息了，应该活不成了。”

后来又有两声枪声，后来发现这两枪是对准汉普顿头部的近距离射击。据汉普顿的女友黛博拉·约翰逊称，此后一个警察说：

“现在他死了。”

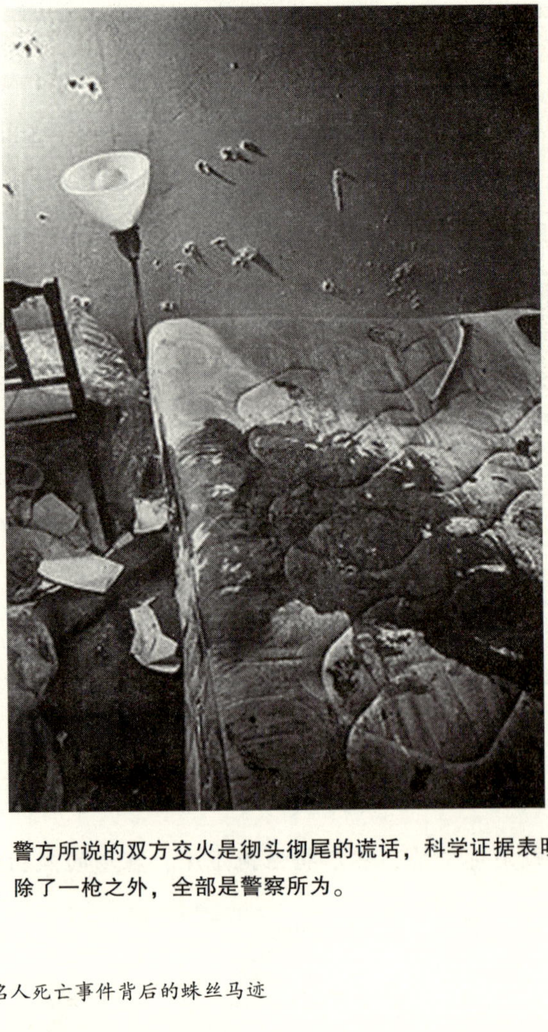

法医确定，警方所说的双方交火是彻头彻尾的谎话，科学证据表明，房间内发生的上百枪射击，除了一枪之外，全部是警察所为。

汉普顿就是在这张床上中枪的，之后他被拖到地上，警察对他进行了近距离射杀。

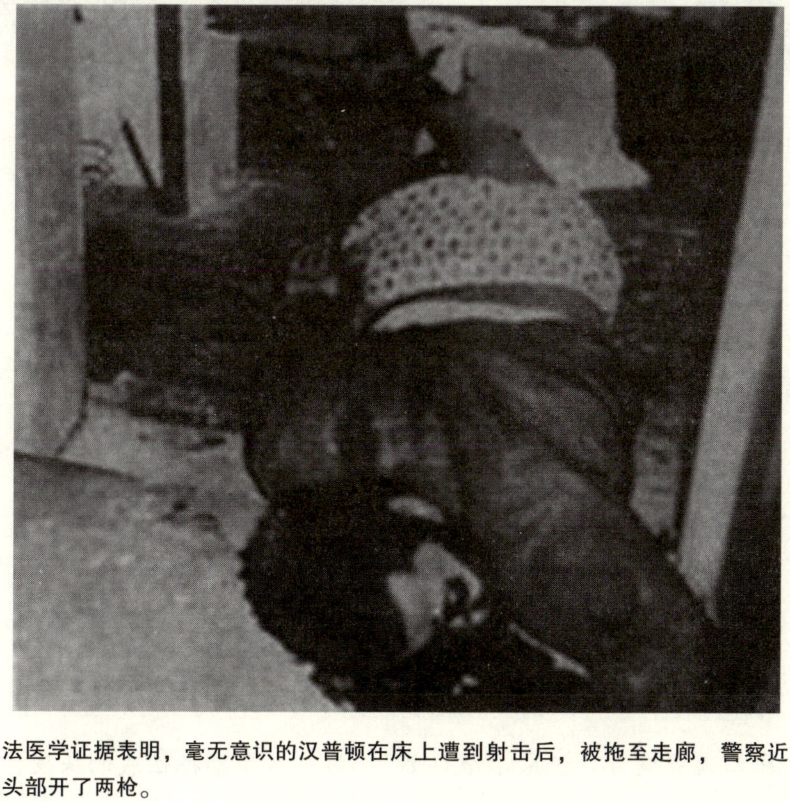

法医学证据表明，毫无意识的汉普顿在床上遭到射击后，被拖至走廊，警察近距离向他头部开了两枪。

线人为警方提供了汉普顿房间的详细图纸，所以警方知道目标的准确位置，他们冲进房间，一路火力攻击到达目标所在之处。

二十五天之后，小弗雷德·汉普顿出生。

这位母亲对孩子父亲被害当天凌晨发生的一切是这样描述的，原话是：

> 我抬头看到子弹好像是从房间的前部和后部的厨房方向射击过来，子弹全部瞄准床所在的位置。火光横飞，床垫不停地晃动，看到眼前这一切，我知道完了。后来射击突然停了下来，但弗雷德再也没有动过。我举起双手走出房间，警察站成两队，其中一个抓住我的睡衣，扯了下来，我当时怀孕八个月，"真是意外啊，来了个孕妇"！另一名警察抓住我的头发，

将我甩到了厨房。我向四周看了看，罗恩·撒彻尔坐在餐厅的地上，浑身是血。罗琳娜·布鲁尔也在厨房，身上有伤、血流不止，她快站不住了，警察抓起她、一把推到冰箱门上。之后，我又听到枪响，然后一个陌生的声音说："他已经奄奄一息了，估计活不成了。"我想他们说的是弗雷德。枪声再次响起，但很快就停了下来，另一个陌生的声音说："现在，他死了。"

第九章　文森特·福斯特

1993年7月20日死亡。

受害人：

文森特·福斯特。

死亡原因：

中枪身亡。

官方裁定：

自杀。

真实情况：

一个星期二的下午，死者尸体在公园被发现。有证据表明死者被他人谋杀，作案工具是一支口径 0.22 英寸、射击低速子弹的手枪，死者身上没有子弹射出身体的伤口。这与官方说法不符，官方声称死者使用一支口径 0.38 英寸的柯尔特左轮手枪近距离射击高速子弹（直接射进口腔）。

矛盾之处：

1. 最早在公园发现福斯特尸体的目击证人出于好奇对尸体进行了仔细观察，他宣誓作证时表示死者两只手中都没有拿枪，并对此确信无疑。美国联邦调查局曾胁迫这名证人更改证词，遭到他的拒绝。

2. 但根据官方的说法，死者手中有把枪，但口径并非 0.22 英寸，而是口径 0.38 英寸的左轮手枪，这种手枪射击后会产生强大的后坐力，将手枪从自杀者手中弹到几英尺之外。

3. 在手枪、死者手部或袖口上都没有发现任何子弹反冲力溅出的血液或身体组织纤维。按照官方说法，如果他的确使用口径 0.38 英寸的柯尔特左轮手枪近距离射击高速子弹，那么上述情况不可能出现。

4. 福斯特手上的火药燃烧痕迹表明火药是从枪管前部留在手上的，如果他是自己手握手枪进行射击，这一痕迹应是从枪管后部留在死者手上。

5. 现场手枪上没有福斯特的指纹。据联邦调查局确定，手枪上共有两个指纹，但都不是福斯特的指纹。

6. 福斯特衣服和眼睛上发现的火药残余并非来自他手中那支枪里的火药。

7. 法医学证据表明尸体被移动过，现场证人的证词也指向这个结论，因为案发现场几乎没有血迹。一颗口径 0.38 英寸的高速子弹射穿头部时会产生巨大的射出伤口，造成大量失血。这是因为头部中枪后心脏依然保持跳动，直到体内没有更多血液支持心脏跳动时它才会停止，因此在案发现场应该会看到死者倒在血泊中。但事实上，案发现场几乎没有血迹，从法医学角度分析，对此有两种可能性：一种是死者在其他地点被杀害，之后尸体被移动至此处；另一种是死者中枪之前就已经死亡。

8. 现场的血迹也证明尸体被搬动过。血液不会自下而上流动，只可能沿着重力方向流动。但是福斯特脸部的血迹却呈现由下向上的流动方向，与重力作用方向相反，说明尸体在案发现场被发现之前，曾处于另一种姿势。警方未对死者身上的尸斑进行检测，这本该是警方调查的常规程序，尸斑可以表明死者死亡时是否处于被发现时的姿势。

9. 据联邦调查局的报告，福斯特的鞋上没有泥土，无法提取样本。但是，在案情重现过程中，两人穿着与死者脚上款式相同的鞋从停车场步行至案发现场，两人的鞋上都沾有大量泥土，足以提取样本。这进一步表明尸体被移动过。

10. 经三位字迹专家的独立分析，在福斯特位于白宫的办公室里发现的“遗书”是他人伪造。

11. “遗书”上没有福斯特的指纹，但据称他曾将这份“遗书”撕成二十八片。

12. 国家档案馆公布的验尸报告表明，福斯特颈部也有枪伤，但这处枪伤并未公开。

13. 没有证据表明福斯特手中的枪属于他本人，也没有证据表明射杀死者的子弹来自这把手枪。

14. 福斯特手中的枪不属于他本人，而是故意被放置在现场的，这支枪是职业杀手喜欢的类型，它由不同枪支的零部件组装而成，无法追查其来源。

15. 福斯特手中的枪口径为 0.38 英寸，但死者的枪伤较小，击中他的子弹口径应该是 0.22 英寸，最初没有公布死者头部并无射出伤口，也是出于这个原因。案发现场的验尸官表示：“死者的伤口与低速子弹的射击特征相符。”口径 0.38 英寸的高速子弹会在中枪者身上留下一个面积巨大的射出弹孔。此外，口径 0.38 英寸的武器会引起剧烈的爆炸，造成明显的反冲力，血液和口腔组织纤维会被喷出弹出口腔，但现场的手枪上没有发现任何血迹或组织纤维痕迹。

16. 据官方报告称，射杀福斯特的子弹从他的头骨后方射出体外，但在现场没有找到这颗子弹。尸检人员确定，死者身上没有子弹射出身体的伤口，多名目击证人也确认了这一说法。

17. 现场发现的所谓作案工具——装有口径 0.38 英寸的子弹筒，一颗子弹已被射出，还有一颗留在弹筒中，两颗子弹口径均为 0.38 英寸，这与案发现场其他证据不符，因为现场没有大面积血迹，尸体上也没有射出弹孔。

18. 最早到达案发现场的证人是一名医疗技师，据他回忆，现场出现的不是左轮手枪而是自动手枪，他对此提供的详细描述，与自动手枪的特征完全相符。

19. 美国广播公司公布的彩色照片清楚的显示，福斯特手里拿的是一把黑色手枪，但福斯特家人一致表示文森特·福斯特的手枪是银色。联邦调查局将案发现场的手枪拿给福斯特的妻子辨认时，他们拿出的是一把银色手枪。

20. 福斯特妻子在她丈夫平日存放手枪的地方查看时，却发现了一把她不认识的枪，家人均称这不是福斯特的手枪。

21. 在福斯特家里能找到的唯一一颗子弹的口径为 0.22 英寸，并非 0.38 英寸。联邦调查局拒绝公布他们手中那把银色手枪的口径数字。

22. 目击证人的证词表明，福斯特的尸体最初在公园被发现时，他的车并不在附近，但附近有另外两辆车。尸体被发现以后，福斯特的车才出现在停车场，而另外那两辆车则消失了。

23. 福斯特个子很高，接近 1.95 米。但奇怪的是，当他的车在公园被发现时，驾驶员的座位被调整得十分狭窄，只适合身高大约 1.73 米的人，福斯特在这样的座位上驾驶会非常困难。这表明，福斯特的车是在案发后由其他人驾驶到公园的。

24. 福斯特头骨的 X 光射线图要么丢失了，要么从未拍摄过，总之这项证据官方没有公开过。案发现场的照片也“不翼而飞”，从未被公开。

25. 案发后，官方迅速定案为自杀，没有对他杀的可能性进行调查，这不符合暴力死亡案件的常规调查程序：提出假设、进行调查、排除一切凶杀可能性。

26. 福斯特家人说，他是个非常顾家的人，作为三个孩子的父亲，他非常称职。在他死亡当天的早晨，他给母亲写过一封信，内容与往常无异。他也没对妻子儿女做过特别的交代或解释。福斯特的妹妹当天从千里之外前来探望他，他对此十分兴奋，还保证要带她在白宫吃一顿午餐。此时的他不可能有丝毫自杀的念头。

子弹不会莫名其妙地消失，不见踪影；

血液不会向上流动，也不会不见踪影；

尸体不会自己移动；

称职的父亲不会在午饭时间让自己的脑袋开花。

哈贝尔说，如果你想真正了解福斯特，那么就看看他在阿肯色大学的演讲。

“1971 年的毕业生中，有许多仕途顺畅、身居高位，但也有许多人违背了一个律师应坚持的准则，被欲望蒙蔽了双眼，最终难逃监牢之苦。”

“有时，坚持做正确的事往往阻力重重……当你被种种争议包围得透不过气时，只要你深信自己所从事的事业是正确的，你的心中定会充满欣慰，绝不会失眠……你用智慧和正直赢得的美誉将是你巨大的财富，但也有可能成为你最大的敌人……我无法充分地证明这一点。没有胜利，没有好处，没有金钱，没有支持，不仅如此，甚至还可能毁了你用智慧和政治赢得的名誉。”

不要相信你听到的任何一个字，这不是自杀，不可能是自杀。

美国总统的私人律师和挚友在一个工作日的午饭时间突然死亡，这可以算是最高级别的安全漏洞。其实你根本无须思考这是不是国家安全事件，这件事简直就可以成为国家安全事件的定义。正因为如此，案发后，克林顿政府还没顾上正式公布福斯特的死讯，就迅速对联邦调查局和美国公园警察施加压力，控制了整个调查过程，确保将本案定性为“自杀”之后迅速结案。如果你认为这有悖于常规的调查程序，那也只能如此。这就是被总统称为“防守反击”的伎俩，是他们的强项。

文森特·福斯特为人正直，这在上文中提到的他亲笔书写并在生前最后的日子所做的演讲中表现无遗。他“坚持做正确的事”很可能就是他送命的原因。

我们国家的法律和任何国家的法律都明确规定，暴力死亡都应被视为凶杀案进行调查，即使案件表象为自杀（调查之后可根据法律程序确定案件为自杀），但本案却没像其他暴力死亡案件一样被视为凶杀案进行调查——这是继肯尼迪总统遇刺之后发生暴力死亡的最高级别的官员，但本案的调查过程却还不及一宗普通案件。

文森特是比尔·克林顿总统的好友，他们在阿肯色州自幼相识，长大后成为亲密的挚友。他是希拉里·克林顿公司的合伙人，与克林顿家族的合作长达数十年。克林顿当选总统后，文森特随他前往白宫，成为总统及第一夫人的私人律师，并在白宫拥有一间办公室，是华盛顿核心权力集团成员之一。

福斯特的离奇死亡发生在一个特殊的历史时期，对白水事件的调查已正式展开，各大报纸头版头条连日跟踪报道，对福斯特有保护责任的总统先生的名誉造成严重的威胁。

1950 年阿肯色州霍普市幼儿园集体照。比尔·克林顿在照片最左边，文森特·福斯特是克林顿左边的高个男孩。

1994年，美国政府公布了对本案的判决：1993年7月20日，星期二，白宫法律顾问文森特·福斯特因为工作的事而心情沮丧，在白宫用过午餐后，他驱车来到弗吉尼亚州郊区的马西堡公园，到达后，他将自己驾驶的丰田家用车停在公园停车场，之后徒步行走700英尺来到一个偏僻的角落，掏出一把1913年款，口径0.38英寸的柯尔特左轮手枪，将枪管伸进口腔深处，然后扣下扳机。

只要按常规程序进行调查，就不难发现上述情况根本不可能发生，大量法医学证据清晰地表明，真相并非如此。

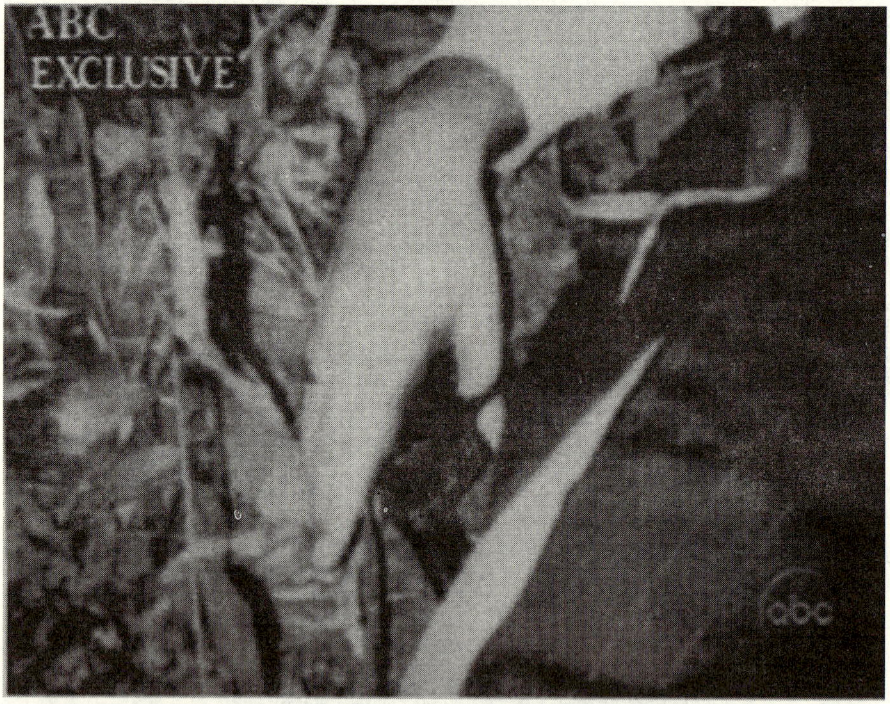

如这张案发现场的照片所示，死者手中的手枪颜色很深，但联邦调查局让福斯特妻子辨认的枪却是银色的。照片中的手枪口径为0.38英寸，装有高速子弹。法医学证据与这种子弹严重不符。请注意，死者手部、袖口以及枪身都没有血迹。如果他被口径0.38英寸的高速子弹击中，一定会发生血液喷溅，现场应该满是血迹。死者的伤口只符合口径0.22英寸的低速子弹。此外，照片中的手枪是由不同枪支零配件组装而成，因为难以查出来源而受到职业杀手的青睐，这把手枪被放在案发现场也是出于这个原因。

这一天，所有人都认为文森特毫无异常，他在白宫的办公室用过午餐之后外出，离开之前还送给同事一些糖果，出门时告诉秘书“我很快回来”。一切都很正常，这就是个与平日无异的一天，福斯特没有任何自杀迹象。几个小时之后，他的尸体在弗吉尼亚州一座公园被发现，据说他用口径 0.38 英寸的手枪向嘴里开了一枪。

如果一个人将口径 0.38 英寸的左轮手枪放进嘴里开枪，冲击力会大得惊人，将血液和口腔组织纤维喷溅得到处都是，死者手部、腕部、枪身以及口腔周围区域都将会布满血迹。而且，口腔和鼻腔中枪的位置会持续流血，由于头部中枪后心脏依然跳动，使体内残余血液源源不断地从口腔和鼻腔流出。不过在这一过程中，心脏本身不会受伤，这也是心脏移植的捐赠方多为头部受伤者的原因。头部中枪之后，心脏跳动还会维持整整两分钟，可以想象，这两分钟里有多少血液从口腔和鼻腔伤口流出。

但上述情景在本案中都没有发生，死者头部整洁，枪身没有血迹，衬衫袖口处依然干净如初，据目击证人表示，死者的白色衬衫上没有任何血迹，没有血液从口鼻处喷涌而出，尸体下方也没有出现大面积血泊。直到尸体被抬至停尸房时，才有大量血液从口腔和鼻腔流出，染红他的衬衫，这本应是在案发现场死者死亡时发生的一幕。

本案中的疑点比比皆是。文森特·福斯特的手枪是银色的，但从案发现场照片来看，死者手中的枪是黑色。

更糟的是，疑点太多，根本无从下手。各位，我所说的疑点并不是指“他说或她说”这种不同证人证词之间存在差异，而是指法医学事实。下面我们就来分析几处：

- 防御型火药燃烧痕迹：

火药燃烧痕迹，也被称为枪击火药残留（GSR），清晰地描绘了案发时的暴力画面。福斯特手上的火药燃烧痕迹位于食指内侧，指向大拇指方向，这处很长的燃烧痕迹表明，开枪时，他的双手位于枪管前方，处于防御姿势，也进一步证明，他的双手当时并没有接触枪，因为火药燃烧痕迹的长度决定于死者与枪身之间的距离（本章后续内容将对此详细分析）。

- 火药证据：

在福斯特的衣服和眼睛上还发现了另一支枪的火药残余痕迹，这些痕迹并非来自死者手中的枪。这个证据意义重大，说明死者曾被另一支手枪击中。福斯特手上的火药燃烧痕迹清晰地表明，射击发生时他的双手并没有握枪。简单地说：这明显是谋杀。此外，虽然官方声称他将手枪放进嘴中进行射击，但在死者舌头上没有发现任何火药。如果的确是一把口径 0.38 英寸的手枪直接射击口腔，口中一定会有火药残留。

- 指纹证据：

案发现场的手枪上没有福斯特的指纹。我们知道，一个打算自杀的人应该会大量出汗，极易留下指纹。而且当时是七月，天气潮热，使他更容易留下指纹。这表明案发现场的手枪是在死者死亡之后由他人放到他手中的，这一过程中不会留下死者的指纹。而且，这把枪上的确有其他人的指纹（无法确定此人是谁）。

- 现场血泊证据：

如果使用口径 0.38 英寸的手枪近距离射击高速子弹，射击现场肯定会有大面积血迹。但是，令第一时间到达案发现场的医生和急救人员感到震惊的是，尸体以及尸体周围区域几乎没有血迹或死者组织纤维。

这些证人都在处理枪击现场方面拥有丰富的经验，均表示口径 0.38 英寸的手枪造成的枪击现场应该像个屠杀场，但本案案发现场却截然相反。

• 血迹证据：

使用口径 0.38 英寸（而且案发现场发现的子弹为高速子弹）的手枪对头部进行近距离射击时，一定会产生巨大的反冲力，将口腔中枪处的血液和组织纤维喷到四周，死者身体、衣服和手枪上肯定满是痕迹。但从现场照片（福斯特手握手枪的照片）来看，死者身体、衣服和手枪上都没有任何血迹，就连他握枪那只手臂的白色衬衫袖口也几乎是干净如新。这根本不可能。

• 现场没有找到子弹：

子弹射穿头部后会失去大多数动能，继续运动的距离不会很远。联邦调查局派遣大批特工寻找这颗子弹，他们详细分析了子弹运行轨道及角度，使用高科技设备对尸体所在区域的每个角落进行了仔细搜查，但没有找到这颗子弹。

• 现场没有发现牙齿碎块：

使用口径 0.38 英寸的子弹直接射击口腔会击碎牙齿。用福斯特手中的口径 0.38 英寸的柯尔特军用手枪更会如此，因为这种手枪枪身较大，瞄准器位置较高，射击后由于巨大的爆破和反冲力，牙齿会被击碎，口腔组织也会被彻底破坏。但死者口中没有牙齿碎块，组织损伤也不严重，舌头上甚至没有任何火药痕迹。

• 现场没有骨头碎块：

在上述爆破发生时，通常也会击碎骨头，产生碎片。但是，你猜怎么样——文森特·福斯特身上没有发生这种情况。

• 死者的车钥匙：

如果如官方所说，死者驾车前往公园，那他显然需要使用车钥匙，然而案发现场却没有发现车钥匙。调查人员对案发现场、死者身上以及死者车里进行了仔细搜查，没有发现车钥匙。但是后来，这把钥匙却鬼使神差般出现在停尸房死者的衣兜里，在此之前，这个衣兜已经被检查过，没有发现车钥匙。

• 死者的眼镜：

虽然官方坚称枪击没有产生强大的后坐力，手枪就在死者手中，但又表示开枪时产生了巨大的后坐力，将死者的眼镜甩向一个陡坡，眼镜甚至翻过山坡、落到距离尸体约 15 英尺的陡坡背面浓密的灌木丛中。更令人不解的是，眼镜被甩出的方向应该与射击方向相反，但事实却并非如此，而且眼镜上居然还出现了另一只手枪使用的火药！

• 死者鞋上没有泥土：

福斯特的鞋底没有任何泥土，说明他不可能在案发当天下午步行 700 英尺穿越公园。独立调查人员对此进行过实验，实验者穿着与死者所穿相同款的鞋按照他当天的路线行走，结果鞋上沾满了泥土或其他污物，与福斯特脚上干净如新的鞋完全不同。

• 弹道证据不符：

福斯特手中的手枪不是击毙他的手枪，子弹轨迹不符。

• “外来”武器：

死者和现场的手枪之间从未建立起联系，那支枪不属于死者。

• 专业武器：

这种枪由不同枪支的零部件组装而成，因此难以追踪，受到职业杀手的青睐。职业杀手经常将这种枪留在犯罪现场或放在死者手中假扮自杀，不用担心警方查出枪支来源。

• 目击证人的证词：

目击证人的证词大部分与官方的说法矛盾。例如，据最早发现福斯特尸体的证人的宣誓证词，当时死者双手都没有拿枪，掌心朝上躺在地上，这与官方的描述截然不同。

多名具有可信度的目击证人多次表示，福斯特的尸体被发现时，他的车并不在停车场，而是后来才出现的。据说当这辆车出现后，一名警察曾摸过引擎盖，发现还是热的，而此时是福斯特的尸体被发现之后很久。布雷特·卡瓦诺（米格·罗斯里格斯辞职后，布雷特·卡瓦诺担任首席检察官）承认，包括警察、医疗急救人员以及其他在场的总共二十四名证人统统表示，他们到达案发现场时，停车场里的那辆丰田车是“棕色”，不是银灰色，而福斯特的丰田车是银灰色。

布雷特·卡瓦诺：

> 归根结底，那辆棕色的汽车成了关键，所有在到达公园的警察和医务人员都表示那辆车是棕色的。

所有证人都一致表示公园里出现的车为棕色，所以并非福斯特的银灰色家用丰田车。但是，官方在文字上做了手脚，将证人的证词篡改，居然荒谬地表示所有证人对颜色的描述有误，那辆车莫名其妙地变成福斯特的车。

通过分析上述疑点，我们可以得出一个令人意外但又在意料之中的结论。从上述事实中可以看出：

• 案发现场照片中福斯特手里的枪并不是作案工具；

• 官方所称的案发地点并不是福斯特的死亡地点，他在其他地点遭到枪击，之后尸体被送往此处；

• 案发后的掩盖行动扭曲了真相；

• 许多主流媒体都依照官方的说法报道此事，原因只可能是下列两者之一：他们没有时间进行调查核实，或者他们从一开始就受人支配。

但当时我们愚蠢至极，依然相信这些所谓的“自由媒体”，是吗？各位朋友，接着往下看。

行文至此，我们已经得知福斯特手中的手枪并非作案工具，他在其他地点被杀害，之后尸体被运往官方所称的案发现场。

故事还没完（本案中，上述疑点如此之多，使得下述分析着实显得多余！）：

案发当天，没人在公园见过福斯特。

发现尸体的证人叫人拨打了911电话，他对当时的情景记忆犹新，死者两只手中都没有拿枪，出于好奇，他还仔细地观察了案发现场。假设你身临其境，你不确定发生了什么，于是小心翼翼地靠近尸体，似乎感觉到危险临近，全身的感官细胞全都调动起来，你仔细观察了尸体，对所有细节，你大概都毕生难忘。正如他所观察到并一次又一次宣誓证明的那样，死者的两只手中都没有拿枪（联邦调查局曾胁迫他更改证词，遭到他的拒绝）。

这位最早发现尸体的关键证人还确定，死者的双手掌心朝上。但官方的说法却完全相反，据他们说死者一只手还被压在腿下。

另有一名证人发现尸体的时间稍晚于上面那位证人，他确定地表示死者手中有枪，但你猜怎么样？据他称，这是一把自动手枪，此人对枪支非常了解，对福斯特手中的那支枪也很熟悉。据他多次描述，他在现场看到的是一把自动手枪，与后来出现在死者手中的1913款口径0.38

英寸的柯尔特左轮手枪有明显区别。官方人员曾胁迫他更改证词，但也遭到拒绝。他依然坚称自己非常清楚自动手枪的外形，死者手中的枪就是自动手枪。(在这两位证人之后出现的其他证人都表示死者手中的是一把口径 0.38 英寸的左轮手枪。)

福斯特的妻子不认识他手中的枪。

帕特里克·诺顿是另一名极具可信度的证人。猜猜他看到了什么？据他回忆，尸体被发现时，停车场里停着几辆车，但是，福斯特的车并不在其中，他的车是后来才出现的。

从死者脸部和肩部的血液痕迹来判断，枪击发生之后，尸体被多次变换姿势。

死者口鼻部位的血流痕迹不符合“重力作用”方向，这是一个铁证，表明血液在死者脸部沿着从下向上的方向流动，但在案发现场，尸体躺在一个陡坡上，血液应该自上向下流动。

现场的两名急救医师（急救医师在生命支持、损伤鉴定和医疗处理方面受过专门训练）都清楚地看到福斯特颈部中枪，他们在死者头部没有发现子弹射入或射出身体的伤口。其中一名医生的证词更加确定了这一点——当他被问及死者头部的子弹射出伤口时，他反问道：“有吗？我以为没有。”他的证词如下所示：

急救医师理查德·亚瑟：

问：现场的血从何而来？

答：据我看，就在这里有一处弹孔。

问：颈部？

答：是的，下颌线旁边。

问：右耳下方的脖子和下颌线位置？

答：差不多。我需要一张图才能准确地指出这个位置，不过死者口中也流出少量血液，还有鼻腔，但是主要的血迹是在颈部。我在他身体左侧没有看到任何血迹，胸部或其他部位也没有。

后来，他再次表示：

问：关于你认为你在案发现场所看到的枪伤，你能否仔细描述一下？

答：我看到一个弹孔，位置就在死者颈部左侧下颌线附近。

问：有多大？

答：看起来应该是小口径子弹孔，我不确定是不是0.22英寸，但应该是小口径，比我在现场看到的手枪口径要小。

问：看到这些情景时，你距离尸体有多远？

答：二三英尺。

案发现场还有一名医生豪特，他也看到死者颈部有枪伤（后来公布的官方调查报告称，子弹射入死者口腔并从后方射出，这两种说法大相径庭）。豪特医生在他的报告写道：

枪伤：口腔至颈部。

豪特医生的宣誓证词（证词的格式是“本人按照弗吉尼亚州法律特此证明”）：

美国公园警察发现一名枪击死者，枪伤在口部至颈部位置。

当地消防站的医务人员对尸体已经司空见惯，对自杀现场和凶杀现场都非常熟悉。他们认为很可能是一起谋杀案，因为尸体笔直地躺在地上，自杀身亡者不会如此。他们说，现场似乎被布置过，有人将尸体放置成那个姿势，也正因为如此，他们其中一人在最初的报告中将本案直接描述为“谋杀”。下面是他的证词：

尸体笔直，看上去很奇怪，手枪怎么会在腿部下方，而且尸体在公园人行道之外的山坡上。我是说，大多数人不会走到这片灌木丛中，然后坐在这片草丛中对自己开枪。也许他会，我不知道。我不了解他，所以我只能说一切看上去不像我过去见过的自杀。

首席检察官辞职，据他自己说辞职原因是他被禁止调查此案！

关键的案发现场照片“不翼而飞”，这张照片一定存在过，现场警察心知肚明，因为他们都看到了照片拍摄的过程，但你猜怎么样？没人知道照片在哪，至少他们是这么对外宣称的，米格·罗德里格斯检察官得到的答案也是如此。但是，罗德里格斯的确瞥过一眼被处理清晰的照片，各位，你猜他说什么？颈部的确有枪伤！

执法人员也被迫与官方说法保持一致。下面是其中一名执法人员的证词：

比安奇中尉向我传达了来自政府最高层的命令，如果我还想要这份工作，就不许将此事告诉任何人。我说：“对中情局、联邦调查局还有其他机构也不能说吗?”他又说了一遍:“如果你还想要这份工作,就不能对任何人说起此事。”

这是一个爆炸性的证据,表明福斯特并不是死于他手中的那把枪,也表明他的死亡地点并不是公园。但是别忘了,法医学证据还证明,福斯特根本没有使用任何手枪进行自杀,他是被谋杀的。这可以说是至关重要的法医发现。死者手上的火药燃烧痕迹表明,在开枪时,死者处于防御姿势,他的双手不可能接触那把让他一命呜呼的手枪。

华盛顿律师约翰·克拉克的调查分析也表明,文森特·福斯特不可能使用那把枪进行射击:

火药残余位于死者左右手食指上及指根位置,火药残留痕迹长达五英寸,说明死者据枪管和弹膛的距离很远,对此唯一的解释就是开枪的另有其人。被发现的火药残余痕迹表明福斯特双手掌心面向左轮手枪枪管,这一点与死者当时处于防御姿势的推论一致。

克拉克又言简意赅地解释了上述文字:

从福斯特手上的火药残留痕迹判断,开枪的不可能是死者本人。这种痕迹表明,他双手举起进行防御。他的双手手掌打开,没有接触手枪,不过枪手扣下扳机之时,他似乎正在竭力推开枪管。

克拉克还确定,案发现场的手枪所使用子弹的生产商雷明顿公司从未使用过球状无烟火药,但死者身上到处都是这种火药的痕迹:

在文森特·福斯特的身体和衣服上发现的火药是球状无烟火药，我们认为这一点非常重要，因为这种火药常被用于重新装弹。职业杀手还会使用这种火药改变一种枪的射击特征，这与死者身上没有子弹射出伤口的事实相符。他们会将一个火力较小的火药弹头置于枪中，所以子弹不会从死者头部后方射出体外。正因为如此，我认为这是一起职业杀手谋杀案。

因此：

- 事实并非如官方报告所述，福斯特并未将现场发现的手枪放入嘴中射击，他根本没有开过枪。
- 照片中他手中的枪是案发后故意放在现场的，时间至少在他死亡一小时之后。
- 本案中还有另外一支枪，但这支枪并不在尸体所在现场，这表明谋杀的可能性极大。
- 死者死亡之前处于防御姿势，对瞄准他的手枪做出反抗，这也表明谋杀可能性很大。

本案的罪犯似乎对犯罪现场并不完全了解。如果在某人死亡后搬动尸体，一定会留下证据。本案证据表明，尸体的确被移动过。

杀害文森特·福斯特的凶手所犯的错误不止这一个。例如，死者的尸体出现在公园的时间在他的车出现的时间之前——头部中枪的人可是没法开车的！将福斯特的车驶往公园的人忘记将驾驶座位调回福斯特平日开车时的位置——座位的位置明显不同，以文森特·福斯特的身高（约1.95米），在这样的座位上驾车非常不舒服，这让人难以理解。

福斯特的车钥匙不在案发现场——没有钥匙，他如何开车？

再来看看重力的因素。血液不可能向上流动，但是福斯特面部的血迹却呈现血液由下向上的流动方向，如果死者死亡时的姿势与尸体被发现时的姿势相同，那么血液流动方向就与重力方向相反。

现在来看看我们都得出了哪些结论：血液不可能向上流动，尸体不会自己移动，而且，一个称职的父亲不可能在午饭时间把自己脑袋打开花。

克林顿政府被指责有意削弱联邦调查局的力量，将其当作一个政治工具。联邦调查局局长威廉姆·塞申斯显然拒绝与其狼狈为奸，最终被赶下了局长的位置，美国历史上被总统解职的联邦调查局局长，仅他一位。

除了上述表象，本案似乎另有隐情。联邦调查局局长威廉姆·塞申斯被开除的理由非常牵强——“行为不当”，例如他搭乘联邦调查局的飞机探望女儿；利用公款更换住所的安全系统等。虽然塞申斯否认自己行为不当，但无论如何，总统要求他卸任。但他不顾总统之令，拒绝辞职，最后被总统解职，此事就发生在文森特·福斯特死亡的前一天。1993 年 7 月 19 日，星期一，克林顿总统打电话给塞申斯局长，要求他立即离开局长办公室。次日，星期二，文森特·福斯特死亡，此时正是联邦调查局群龙无首之时。

仔细想想，塞申斯可以因一些牵强的理由被调查并解职，官方居然没有对文森特·福斯特的离奇死亡展开严肃的调查，相比之下，结论明显。最终，塞申斯被证明没有不当行为——显然从一开始他就没有过错。人们普遍认为，对他的道德行为提出控诉显然有政治目的。后来，塞申斯向一位记者解释了他所认为的原因：“离开时，我说过，我不支持将联邦调查局政治化，无论从内部还是外部。”在华盛顿那种地方，这种话显然会让人丢了饭碗，当然，丢饭碗的就是塞申斯。面对来自白宫和司法部的压力，面对他们对联邦调查局的肆意干涉，他不愿屈服，这才是他被解雇的真正原因。任何对文森特·福斯特离奇死亡一案的真正调查都会被华盛顿扼杀在摇篮中。正如塞申斯所说：“在福斯特死亡调查中，联邦调查局从一开始就已妥协。”

经验丰富的凶杀案侦探马克·福尔曼仔细观察了各项证据之后表示，尸体显然被移动过，现场经过人为布置。公园警察局之所以被赋予司法权调查本案，其目的就是将调查控制在政府掌控之中。“有人布置过犯罪现场，但因为布置的痕迹太明显，所以没人相信，于是为了实现目的，他们将这个现场交给乖乖听话的公园警察进行调查。”福尔曼说。

福尔曼侦探列出了几点明显的谋杀迹象：“现场没有脑浆、头骨碎片，头部后方没有溅上任何物质，尸体周围的植物上也没有血迹。案发当天天气晴朗，阳光充足，但却没人看到他自杀，也没有任何照片。”据此证据推断：“如果他确为自杀，他不会选择那个地点。”福尔曼说：“即使他自杀了，也是事后有人将他的尸体抬至马西堡公园。”

或者，有人就在马西堡公园里移动过尸体。调查员休·特利同意美国首席检察官米格·罗德里格斯所持的观点：证据清楚地表明，尸体最初被发现时位于马西堡公园的另一个位置，对此有照片记录，但后来，出于某种原因，尸体被抬到官方所称的案发地点。检察官罗德里格斯见过案发现场的原始照片，照片表明尸体最初的确在马西堡公园内另一个位置。

虽然华盛顿的律师们费尽心机，试图用三寸不烂之舌对本案的疑点进行狡辩和掩盖，但却没有成功。官方版本中描述的场景显然从未发生过，他们所声称的案发现场并不是福斯特的死亡现场。口说无凭，但证据确凿，事实就是死者尸体被从公园内或从其他位置移动至所谓的案发现场，死者姿势被改变过，目的是避免现场与法医学证据相矛盾。

有名的法医学专家亨利·李在辛普森案审判过程中名声大噪，不过此前十年，他已在刑侦领域小有名气。李法医指出：“在独立检察官办公室展开调查时，无法精确重现福斯特的死亡情景。”据他表示，由于“缺少完整的文件材料”、“缺少福斯特尸体的X光扫描图”、“缺少特写照片”以及“射杀死者的子弹位置无法确定”，所以无法对案发现场进行完整准确地重现。

在专家赶到现场之前，案发现场早已被破坏，常规调查程序被公然违反，但这并没有造成严重后果，对于其原因，李法医继续说：“福斯特的死亡没有得到广泛的媒体报道，因此并未在公众当中引起轰动……”如果媒体对福斯特案的关注程度接近对辛普森案，那么本案中大量不正当行为和事实证据中的矛盾点一定会引发一场巨大的媒体风暴。亨利·李将证据中最明显、最关键的矛盾点做了记录：

> 关于尸体在公园中被发现的位置、尸体是否在一处陡峭山坡上以及死者右手是否拿着一把口径0.38英寸的手枪，众说纷纭……根据死者双手上的火药残余痕迹判断，只有身体柔软过人的杂技演员才能用这样的方式自杀……据说，福斯特死亡后不到24小时，他白宫办公室中的文件被扫荡一空，美国公园警察局调查人员未能获准进入办公室，也未能进行常规的询问程序。据说，五天之后，在他办公室的公文包里发现了一封遗书的碎片。

有趣的是，在当年辛普森谋杀案审讯中，犯罪现场侦查专家亨利·李和凶杀侦探马克·福尔曼对证据的解释截然相反，他们可谓死敌；在文森特·福斯特案中，他们对证据的看法依然存在天壤之别。

证明文森特·福斯特死亡案的官方判决有误的主要证据

官方判决：1993 年 7 月 20 日下午，午餐后不久，文森特·福斯特离开他位于白宫的办公室，没有携带公文包，没有遇见任何人，独自驾车前往弗吉尼亚州马西堡公园，步行至公园的偏僻一角，将一支口径 0.38 英寸的柯尔特手枪放进嘴里，扣下扳机。

1. 火药残余痕迹表明死者处于防御姿势

福斯特双手上的火药残余痕迹均来自枪管前部。如果他是自杀，手上的火药残余痕迹应该来自枪管后部。此外，他双手食指内侧都有大量火药残余，说明他双手曾握住枪管前部。法医认定，这种握枪姿势不符合自杀姿势，而是一种防御姿势。弹道学专家认为，这个证据表明这是一起谋杀。

2. 没有指纹

手枪上没有死者的指纹，枪身上的确出现两个人的指纹，但都不属于福斯特。

据联邦调查局称，福斯特手上没有出汗，所以枪身上没有留下他的指纹。但是，案发当天下午气温超过 35 摄氏度，而且空气潮湿，稍有常识就不难想象，一个打算向自己口中开枪自杀的人，即使身在南极也会出汗。总之，案发时天气潮热，气氛紧张，这决定了握枪自杀的人不可能没有出汗。

3. 弹道不符

没有证据可以证明福斯特手中的枪与射杀他的枪为同一支手枪，也没有证据证明这支枪属于福斯特。

4. 现场火药不符

福斯特衣服和眼睛上的射击火药残余与他手中那支手枪使用的火药不符，应该来自另一只手枪。换句话说，死者衣服和眼睛上的火药残余不是他手中的枪留下的。

5. 没有射击反冲痕迹

口径0.38英寸的高速子弹近距离射击会产生巨大的反冲力，造成血液和组织纤维四处喷溅，在手枪上留下血迹，但是，从官方公布的案发现场照片上可以清楚地看出，福斯特的手部和袖口以及他手中的手枪上都没有血迹。凶杀案调查专家也表示，子弹击中口腔后，会产生强烈的“反冲气流”，尸体周围的植物上会沾满血液和脑浆，头部附近尤为明显。但据公园警察局称：“死者头部旁边的草丛或树木上都没有血迹。”

6. 现场没有血泊

口径0.38英寸的子弹近距离射击会在尸体上造成面积很大的枪伤，导致死者大量失血。但经专业人员观察，死者身上、身体下方以及整个案发现场几乎没有血迹或身体组织碎片。在一次搜寻过程中：

> 至少“十六名联邦调查局特工使用高技术设备在公园寻找被射击的子弹、福斯特的头骨碎片以及土壤中的血液痕迹”。（犯罪实验室调查报告，引自《文森特·福斯特的离奇死亡》，西里尔·韦切特，1998年。）

7. 没有发现子弹

据说，射杀死者的是一颗口径 0. 38 英寸的子弹，但在犯罪现场没有发现这颗子弹或者这种子弹的碎片，一般情况下子弹都会找到，因为它射穿人体头骨之后，会明显降速，不会继续飞行很远。

这一点之所以重要，在于本案中对子弹搜寻力度远远超过其他案件，一队联邦调查局特工对犯罪现场周围区域进行了彻底排查，甚至使用了最新的高科技设备，却依然不见子弹的踪影。联邦调查局动用大队人马对这颗子弹前后进行了三次搜寻，为时数月，但依然无果，没有找到任何证据能将死者手中的手枪与这宗死亡案建立联系：

> 联邦调查局还专门绘制了一张图纸，表明了子弹射出福斯特颅腔之后的运行方向和轨迹。(犯罪实验室调查报告，引自《文森特·福斯特的离奇死亡》，西里尔·韦切特，1998 年。)

8. 没有证人

案发的公园面积不大，宽度不超过 0. 25 英里，而口径 0. 38 英寸柯尔特手枪的射击声音很大。沙特阿拉伯大使馆就在公园旁边，一直都有卫兵执勤，另外还有几座民宅距离公园不足几百码。但上述各处以及公园里都没人听到枪声。急救人员在距离尸体几百英尺的位置遇到两个人，他们均表示没有听到任何异常声音。

9. 现场没有发现车钥匙

没有车钥匙怎么可能开车？经搜查，死者身上没有车钥匙，他的车上也没有车钥匙，在公园里依然没有发现车钥匙。车钥匙根本不在案发现场。当晚，白宫官员前往停尸房对福斯特的衣服口袋“重新检查”，你猜怎么样？车钥匙居然出现了。但是，按照合理的推断，如果车钥匙最初就在死者衣兜内，对福斯特的尸体进行过仔细搜查、专门寻找车钥匙的调查人员不可能没有发现。钥匙最初根本不在衣兜里。有没有人解释一下，在没钥匙的情况下，他是如何驾车达到这个偏僻的公园的?

10. 死者鞋上没有泥土

如果死者的确如官方所说，步行几百码的距离穿过公园、到达尸体被发现的位置，那么他的鞋和衣服上一定会沾满泥土。但据目击证人描述，他的衣服干净如初、没有泥渍，鞋上泥渍也很少，与上述情境不符。

11. 没有发现牙齿碎块

死者手中的口径 0.38 英寸的柯尔特军用枪枪身较大，瞄准器位置较高，退弹杆头体积较大（枪管下方的金属突出部分），如果将这样一把枪置于口腔进行射击，必然会击碎牙齿，并对嘴唇造成严重损伤。但是，福斯特的牙齿没有残缺，嘴唇也没有受伤，所以不可能有手枪在他口腔内射击，更不可能使用犯罪现场出现的那把高速左轮手枪射击。

12. 没有子弹射出伤口

根据官方的描述，文森特·福斯特身上只有两处伤口：一处是他口腔里中枪伤口，另一处是子弹从他头部后方射出时留下的伤口。但经最初负责鉴定福斯特尸体的法医表示，死者头部没有任何子弹射出伤口，他们专门找过但没有找到。案发现场的医务人员认为，死者头部被高速子弹近距离射击却没有留下子弹射出伤口的情况十分罕见，所以他们在将尸体装进运尸袋时，特意寻找过这个伤口，没有找到。宣布福斯特死亡的医生也没有在他头部发现子弹射出伤口。

13. 现场没有头骨碎片

口径 0.38 英寸的柯尔特手枪直接射击口腔会引起强烈的爆炸，死者头骨后部会被炸裂、产生碎片。但是，案发现场却没有发现头骨碎片。据一名在场警察称：

> 死者头骨没有炸裂，脑浆也没有喷溅到各处……我开始以为子弹还在死者颅腔内。（理查德·L·富兰克林，《文森特·福斯特之死的101个奇怪之处》。）

14. 死者颈部有小口径枪伤

案发现场的两名医务人员清楚地看到死者颈部有一处枪伤，也对此作证。此外，现场的医生也看到死者颈部的枪伤，并将这个发现列于他的正式检查报告中。首席检察官米格·罗德里格斯也表示见过死者喉咙部位枪伤的证据，但是这一证据却被隐瞒了，米格无法再获得他最初看过的那张照片资料。

15. 血液痕迹“违背重力作用”——尸体被移动过的证据

如果尸体没有被移动过，那么福斯特脸上自下向上的血流痕迹显然违背了重力作用。上述两个事实非此即彼，聪明人一定会相信，死者脸部的血迹干涸之后，尸体被移动过。

16. 其他证据也表明尸体被移动过

独立凶杀调查专家的结论是，“大量证据”表明福斯特的尸体是被人抬至公园的，他的死亡地点并不是尸体被发现的地点。他手握手枪却没有留下指纹，当时天气潮热，极易留下指纹，说明手枪是在他死亡之后被放在他手中的，因此不会留下指纹。

他的车在尸体被发现之后才出现在案发现场。

经过对尸体和案发现场的仔细搜查，没有发现车钥匙。

尸体笔直地躺在地上，十分整洁，就像是被人摆成那个姿势的，这引起了案发现场的急救医师的注意。

这位急救人员在他提交的正式报告中写下的死亡原因是“谋杀”。

死者手中的枪是一把自动手枪，这是个可疑信号，表明了谋杀的可能性（如果这是自杀身亡，手中的枪在射击时通常都会被弹出手中，使用0.38英寸口径的手枪这样的高速武器更会如此）。

尸体所在位置周围区域的灌木丛明显被人踩踏，与公园其他区域明显不同，表明曾有许多人曾在这一区域来回走动。

17. 红酒痕迹

福斯特的衬衫胸前位置有一块明显的紫红色红酒印记，一名证人还看到他衬衫上有呕吐物留下的痕迹，而且距离尸体两英尺半处有一个红酒瓶套。这些东西不符合死者的特征，福斯特中午从不喝酒，那天午饭时他喝的是可乐。而且，他是个整洁的人，处处流露出专业性。因此，他衣服上的大块红酒印记说明案发现场发生过暴力，或者现场被布置过。不过，官方从未对这个酒渍进行调查。

18. 精液斑点

通过实验检测就可以确定福斯特内裤上的大块精液痕迹究竟是死亡之后身体自发射精（这种情况时有发生）还是他死亡之前进行性行为的结果。只要对精液痕迹拍张照片（常规程序），通过测试精液在与死者内裤相似的材质上干涸时间的对比试验就可以确定死者射精的大致时间。这本是暴力案件的正常调查程序，却在本案中缺失。

19. 金色毛发

在死者身上发现了金色的头发，与死者及其妻子的头发颜色不同。但令人难以置信的是，这些头发居然没有被检验。1998年9月11日，在福斯特死亡五年多之后，《斯塔尔报告》公布，报告中试图淡化这一疑点，声称当初的调查中之所以没有检验这些毛发，是因为本该被要求提供头发样本的人是已经确定与福斯特有过接触的人。至今我们依然无法确定这些头发属于何人。

20. 地毯纤维

在死者身体各处发现了多种颜色的地毯纤维（六种不同颜色），内裤也不例外。案发后，调查人员没有调查过这些地毯纤维是否与死者的车（例如，检查该纤维是否与后备箱纤维匹配，以确定死者是否曾被装进后备箱运输）、住所或办公室的地毯匹配，这本该是常规调查程序。但警方后来表示，死者身上满是地毯纤维的原因是他的所有衣服曾被揉在一起放进证据袋，造成了交叉污染——但这种可能性已经被彻底排除。五年之后，越来越多的人怀疑福斯特的尸体曾被移动过，《斯塔尔报告》试图淡化这个疑点，声称死者身上的地毯纤维大多为白色，这与当年他家中的地毯颜色相符。但是，在死者的内衣和鞋袜上还发现了粉色的羊毛纤维。显然，调查人员对这些纤维也没有做过检测。

21. 枪支的异常点

a. 案发现场照片清晰表明，福斯特手中的是一把黑色或深蓝色手枪。但联邦调查局让福斯特妻子辨认的却是一把银色的枪，不是黑色。

b. 最早在公园发现尸体的证人出于好奇仔细观察了现场，并宣誓证明当时福斯特手中没有枪。联邦调查局曾胁迫这名证人更改证词，但他没有妥协。

c. 另有一名证人看到案发现场的枪是一把自动手枪，对其描述极其精确。理查德·亚瑟是一名经验丰富的医疗技师，对手枪也有所了解，他是最早看到福斯特尸体的证人之一，他郑重发誓，他看到死者手中是一把自动手枪，并对这把手枪进行了极为详细的描述，枪支特征与自动手枪完全相符，与左轮手枪不符。他在向联邦调查局提交的声明中表示："我百分之百确定那是自动手枪（我曾在部队工作，也看了弹盒，我知道自动手枪与左轮手枪之间的区别），看上去像 0.45 英寸口径的自动手枪。"

d. 一个被认定为自杀身亡者手中还拿着枪，这是经常出现在案发现场的可疑信号。自杀案件中，开枪后的爆炸、"反冲力"以及死者的发射动作的共同作用下，手枪往往会被甩出数英尺之外，很少出现手枪还在死者手中的情况。除此之外，口径 0.38 英寸的柯尔特军用枪反冲力极强，更容易被甩出。福斯特的眼镜在离尸体好几码的位置，但他们却说手枪应该还在手里。

e. 据美国公园警察和白宫最初向媒体提供的报告称，本案中共有两把枪进行了射击，分别是 0.22 英寸口径和 0.38 英寸口径。

f. 唯一一颗与福斯特有关系的子弹是在他家里发现的口径 0.22 英寸的子弹，而犯罪现场的手枪口径为 0.38 英寸。

g. 死者的眼镜位于距离他头部十九英尺之外、十分浓密、高度及膝的灌木丛中。柯尔特 0.38 英寸口径手枪的反冲力本该将眼镜甩向完全相反的方向。

h. 如果这支枪的反冲力足以将死者的眼镜甩出十九英尺，那么它显然足以将距离爆破位置更近的手枪甩出死者手掌。开枪产生的反冲力要么将眼镜和手枪都抛出，要么两者都在原处。

22. 有关汽车的反常之处

a. 有四名证人表示，福斯特的车后来停的位置，最初停着另一辆车。他们看到这辆车的时间正是福斯特的尸体被发现的时间。

b. 福斯特的车出现在上述位置的时间在他的尸体被发现之后。据称，当时有一位警察摸过这辆车的引擎盖，发现还是热的，而此时已是福斯特尸体被发现之后很久。

c. 驾驶员座位被调整的位置极不合理，只适合身高约 1.73 米的人驾驶。

d. 据说，福斯特的寻呼机出现在犯罪现场，但存储的信息已被删除。公园警察没有将此证据保留，而是立即上交白宫。将原始证据上交是违法行为，更严重的是，在暴力死亡案件中，死者的同事应被自动认定为具有谋杀嫌疑，警察居然将证据交到他们应该调查的人员手中！

e. 四名目击证人看到死者的车的前座上有一个公文包，并提供了详细的描述。但后来，这个公文包莫名其妙地消失了。事实上，公文包和寻呼机一同被上交给了白宫，这一行为直接违反了司法调查程序。

23. 低级的法医错误

常规的法医程序被肆无忌惮地无视了。警察从未试图获取必要的法医证据，他们根本没有检测尸体上的尸斑（体内靠近皮肤处的淤血），尸斑是准确判断尸体被如何移动过的重要信息，忽略检查尸斑的过程完全是个低级错误，只可能是白宫旨意下的故意行为。警方也未按照常规程序对死者的指甲取样。死者内裤里面有一处长四英寸的精液痕迹没有被检测，甚至没有拍照。内裤上的尿液残留也没有检测（通常人体死亡时会排出尿液，福斯特显然如此）。死者浑身上下的金发和各种颜色的地毯纤维也没有被检测。五年之后，《斯塔尔报告》对上述许多疑点避而不谈，还声称案发现场的毛发无需检测，因为可以确定那些需要提交头发样本的人在福斯特生前与他有过接触，而且，尸体上出现的白色地毯纤维与 1993 年时福斯特家中的地毯颜色匹配。警方也未按照常规调查程序对犯罪现场的手枪的射击能力进行检测。位置极为偏僻的公园后门处有轮胎痕迹，警方没有对此进行对比辨认。

24. 草草定案为自杀

在出现枪击等暴力因素的死亡案件，警方有一整套标准的调查程序，程序之一就是在所有证据都确凿无疑确定不是谋杀之前，不能排除凶杀的可能性。定案为自杀是在上述程序完成之后很久才能进行的程序。但是，在文森特·福斯特案中，尸体被发现的几分钟内案件就被认定为是自杀，常规的调查程序随之停止。将本案认定为自杀的公园警察从福斯特的白宫工作证上可以清楚地得知死者在白宫工作，按常理，不该这样草率地下结论。

25. 没有留下遗书

福斯特是个称职的丈夫和父亲，远近闻名。如果他计划自杀却没有留下任何遗书，令人费解。

26. 遗书为他人伪造

据说，福斯特死亡五天之后，一封据称是他的“遗书”的信被白宫首席法律顾问伯尼·努斯鲍姆发现，据说这封“遗书”在他的公文包里，但这个公文包之前曾在警察的监督下被搜查过。而且，这封信根本没有提到自杀，更像是对一系列令福斯特不快并让他产生辞职念头的事件描述。这封“遗书”已被撕成碎片，上面没有福斯特的指纹，绝不可能是自杀遗言。信中内容表明，福斯特对华盛顿政界和媒体缺乏诚信的作风感到羞耻（“联邦调查局在向司法部长提交的报告中谎话连篇”，“《华尔街日报》的主编们肆无忌惮的报道虚假消息”），他对全国范围内政界道德败坏深表不满（“在这里，摧毁一个人就像做运动那样正常”）。从内容来看，这封信叙述了让他产生辞职念头的原因，他曾向妻子解释过他想辞职，还说他已安排在周三早晨与克林顿总统私下会面，显然，他届时会提出辞职。但是，在这次会面之前不到 24 小时，他被杀害了。

三位字迹鉴定专家对这封据称出自福斯特之手的遗书进行了独立的鉴定，三人均认为这是“明显的伪造”，是由福斯特书写的不同内容拼凑而成。

27. 没有警告信号

自杀发生之前往往都有警示信号。福斯特作为美国总统的私人律师，显然对压力已经习以为常。他生前的最后一天，可谓毫无压力的一天。早晨，他在办公室里处理了一些家里的账单和其他家庭事务，比起他平时面对的法律问题，比如他终生挚友和客户比尔·克林顿总统逐渐陷入丑闻漩涡，这天早晨他所做的事对他可谓小菜一碟。

他给母亲写了一封信，他因与母亲向来亲近，而一直被称为“南方绅士”，信中内容均为日常琐事。他一直期待着与他非常亲近的妹妹莎伦来华盛顿看望他，莎伦与女儿刚刚来到华盛顿，文森特还许诺陪她们游览华盛顿并带她们母女在白宫吃午餐。

午饭时间，福斯特坐在办公室的沙发上，平静地打开一份报纸，一边看报，一边吃着汉堡和薯条。他还问过一位同事吃不吃 M&M 糖果。之后，他离开了办公室，语气平静地告诉助理贝奇·庞德：“我很快回来。”福斯特离开前送糖果给行政助理琳达·特里普，她对联邦调查局表示“他的行为举止没有任何异常，根本看不出有沮丧情绪”。福斯特的私人助理黛博拉·葛勒姆表示，福斯特“看上去轻松自在，很正常”，出门前还吩咐她打印几封信和一份备忘录，这些东西也毫无异常之处。之后，他走过白宫西楼 E-4 岗哨处。当时正在执勤的特工处工作人员约翰·史盖利还清楚地记得福斯特从他身旁走过，向平日一样友好。史盖利“清晰地记得福斯特走过他身旁时没有丝毫郁郁寡欢或忧心忡忡的表情”。他当时说：“先生，你好吗?”福斯特微笑着回答：“你好，我很好。”这是福斯特生前最后一次有人看到他。

28. 没有离开记录

白宫是世界上最安全的建筑群，每一次出入都会在视频监控系统以及值班日志中留下记录。但是，安全日志以及白宫门卫记录没有记录表明文森特·福斯特在案发当天离开过白宫，无论是自己出门或者被他人带出。

29. 没有监控视频

监控摄像头拍下的视频可以表明福斯特的车是否驶出停车场，但是视频却消失了。这些监控录像带通常被保存在白宫的一个保险柜里，显然那盘磁带被人从保险柜中拿走了。克林顿政府中没有人愿意处理这个监控录像磁带丢失事件，但视频监控是白宫的正常安全措施，这盘磁带肯定曾经存在过。

30. 破坏犯罪现场

警方要求封锁福斯特位于白宫的办公室，因为严格地说，他的办公室也是犯罪现场的一部分，但白宫公然违背了这一要求。总统首席法律顾问（福斯特的上司）下令立即清除福斯特办公室里的敏感文件，所有文件资料都被上交给希拉里·克林顿的办公厅主任，这是当时正在执勤的特工处工作人员的描述。

31. 文森特的保险箱被撬开

在对文森特的办公室正式取证之前，办公室里的保险箱已被“清空”。甚至在福斯特失踪之前，白宫高层已展开行动，试图打开他的保险箱。只有白宫保卫处和福斯特自己知道保险箱的密码，一位助理告诉保卫处“比尔·肯尼迪（克林顿总统的另一位律师）需要打开福斯特的保险箱”。保卫处查阅了相关记录，记录显示只有福斯特自己有权获得密码，因此拒绝了那位助理的要求。就在福斯特死亡当晚，他的保险箱被一组知道如何打开保险柜的保安人员强行撬开，保存其中的物品也随之消失。据福斯特的私人助理黛博拉·葛勒姆确认，据她所知应该保存在保险柜中的文件和信件都没了踪影，福斯特所有文件的目录也不翼而飞。

32. 证人遭到联邦调查局的恐吓

联邦调查局特工显然对本案证人实施了威胁恐吓，帕特里克·诺尔顿就是其中之一。据他确定，福斯特的尸体在公园被发现时，他的车并不在公园停车场，所以他是本案的关键证人。诺尔顿说联邦调查局篡改了他提交的供述，他因此对联邦调查局提起诉讼。据他表示，他还受到联邦调查局的骚扰，每当他出门，都会有人尾随，还经常用恶狠狠的目光看他，试图让他感到威胁。曾有一位记者怀疑诺尔顿描述的遭遇是否属实，于是诺尔顿邀他一同出门，让他亲身经历了这一遭遇，这位记者确信这是故意行为。无论诺尔顿外出行走或驾车，都会被人跟踪，对方还时常做出威胁的手势，他对自己被骚扰的遭遇描述与其他证人看到并确认的一样。诺尔顿除了对联邦调查局提起了诉讼，还与他的律师、一位调查员合作撰写了《公共信任的失败》。除诺尔顿外，联邦调查局还对诺尔顿和其他证人施压，要求他们更改证词以使证词符合官方的说法。

33. 白宫制造谎言

白宫在对福斯特办公室的搜查一事上编造了谎言，据白宫所称，这次搜查只有十分钟，但实际搜查时间长达 2 小时，这还只是第一次搜查的时间。

克林顿总统表示，福斯特尸体被发现后他并没有立即得到消息，因为当晚 21：00，他开始录制拉里·金的访谈节目，访谈进行得非常顺利，以至于他的谈话超过了预定时间。据称，他是在访谈中间插播广告时从助理口中得知了福斯特的死讯。

但事实上，当晚 20：30，克林顿总统正在为上面的访谈节目进行化妆，根据在场化妆师的证词，当时总统正在与助理马克·麦克拉提谈话，期间另一名助理走进房间告诉总统：

他们在福斯特的办公室发现一张纸条。

但是，菲斯克的报告中显然不包括这位化妆师的宣誓证词。

三名警察的宣誓证词（均表示如作伪证，甘愿受罚）证明，白宫在 18：15 之前就得知福斯特的死讯（但白宫坚称直到 20：30 才得知这一消息，这与事实不符）。白宫的通话记录通常会归档保存，记录将会显示白宫助理海伦·迪基在当晚 18：15 曾给位于小石城的阿肯色州政府拨打了电话（通知州长福斯特死亡），但是这份通话记录，如同福斯特的文件及其文件目录以及预约簿一样，都不见了踪影（《信息自由法案》要求白宫公开当晚电话记录，但白宫对此拒绝，没有做任何解释）。阿肯色州政府对这通电话的通话记录丢失了，怎会如此巧合？但可以确定，白宫所说的“1993 年 7 月 20 日晚未向州政府打过电话”纯属谎言，海伦·迪基也曾宣誓作证打过这通电话。

福斯特死亡当晚刚过 19：00，白宫助理大卫·沃特金斯收到了白宫军事通讯办公室的呼叫信息。1995 年，沃特金斯向参议院作证时表示，他在当晚 22：30 联系了白宫的帕奇·托马森，要求她搜查福斯特的办公室：“我让她找一张纸条……”他的证词表明特工处得到消息的时间是在白宫正式宣称得知尸体在公园被发现的时间之前。这很正常，一位高层官员死亡，白宫一定会立即得到消息。

34. 毒理学报告相互矛盾

对文森特·福斯特的毒理学检测初始报告和正式报告都指出，在福斯特的血液中没有发现曲唑酮或者安定的衍生成分。但是，联邦调查局向美国参议院白水事件委员会提交的报告却称福斯特的血液含有上述成分，这一结论为菲斯克调查报告中列出的福斯特心情抑郁这个经不起推敲的结论提供了一点支持。

35. 对案情的模糊和掩饰

● 白宫公然违背了警方提出的封锁福斯特办公室的要求，美国特勤处特工确认，福斯特办公室的文件被带走并上交给希拉里·克林顿的办公厅主任。

● 白宫否认福斯特拥有一个保险柜，谎称："按照我的理解，应该没有保险柜，据我所知的确没有。"（马克·麦克拉提，白宫助理。）显然，（他们撬开文森特的保险柜之后）发现其中有几个抽屉，于是将保险柜重新整理为"文件柜"。调查人员对这间办公室的正式搜查是在星期四，也就是死者死亡两天之后，但在这之前，办公室已被彻底清理。

● 对死者身上、衣服口袋、车里以及犯罪现场仔细搜查过后，没有发现他的车钥匙，但它却在白宫首席助理匆匆前往停尸间辨认尸体之后、鬼使神差般地出现在福斯特身上（此前，死者身上已被仔细搜查过，还发现了他的白宫工牌）。各位，你们猜猜怎么样？钥匙居然就在死者口袋里，那样两个巨大的钥匙环，犯罪现场的所有人居然都没有发现，简直就是奇迹！调查人员将这戏称为"神奇的钥匙事件"。

● 虽然死者手中那把所谓的作案工具是一把有 80 年历史的老式手枪，但调查人员却没有测试过这把手枪是否还能射击。

• 联邦调查局从未对死者身上出现的金色毛发、地毯纤维以及红酒印记进行检验。

• 不仅是福斯特的保险柜中的关键证据不翼而飞，就连白宫的监控录像带也“恰好”没了踪影，监控录像中可以清楚地看到何人从保险柜中拿走了文件。

• 重要的犯罪现场照片消失了。

• 福斯特的 X 光射线图也消失了。

• 官方报告表示福斯特在死亡之前的一段时间由于压力过大而出现体重减轻，这与死者的医疗记录不符。

• 证人对联邦调查局提起诉讼，称其从头至尾编造谎言，胁迫证人更改证词，污蔑证词与官方结论相矛盾的证人，根本没有对证人提供的线索进行真正的调查。对于像帕特里克·诺尔顿这样希望为案件侦破提供帮助的人，他们居然进行骚扰。

• 调查人员还对宣誓作证的阿肯色州警察实施骚扰，他们此前证明白宫打电话给阿肯色州政府的时间早于白宫声称得知福斯特死讯的时间，调查人员胁迫他们更改这一证词。

• 在福斯特离奇死亡的前一天，联邦调查局局长威廉姆·塞申斯被克林顿总统解职。塞申斯后来表示，他被解职之后，对福斯特死亡案的调查“从一开始就已妥协”。

• 首席检察官罗德里格斯认为，官方声称的白宫和特工处得知福斯特死讯的时间根本不可能。

• 本案匆匆被认定为“自杀”，从而限制调查范围，这显然是白宫一手操纵的。案发后，克林顿总统先发制人，立即对外宣称这是一起离奇死亡案件，难以破解：“没人知道为什么会发生这样的事。”

● 白宫各位高级助理对本案作证时反复出现“记忆遗失”。例如，第一夫人希拉里·克林顿的贴身助理苏珊·托马西斯，白宫出入记录显示，在福斯特办公室的文件被拿走的当天，托马西斯进入白宫长达六个小时，期间与克林顿夫人通过电话，但是在对参议员作证时，对于这六个小时中发生过什么，她无法给出明确的解释，在为期四天的作证过程中，“记性差”这个词在她的证词中一共出现了 178 次。

● 同时，在阿肯色州罗斯律师事务所里，工作人员正在用碎纸机加紧销毁他们能够找到的所有与文森特·福斯特有关的文件，确保调查人员要求出示这些文件时它们已消失。独立顾问菲斯克曾向媒体保证要将此案查个水落石出，但他显然食言了。

现在，让我们回到最初：在生前最后一天，文森特·福斯特在位于白宫的办公室中度过了一个相对悠闲的早晨，处理了一些小事。

为了谨慎起见，我们来分析一下在那个特定的时间，他在思考什么。那段时间，他一直因为司法部对韦科惨案的处理方式而心烦意乱，政府缺乏耐心、不愿谈判，导致大批人员无辜丧命。据他的妻子回忆，联邦调查局对位于韦科的大卫教总部进行围剿，造成 75 名平民死亡，其中 25 人为儿童，福斯特得知此事之后感到“毛骨悚然”。

正如前文所述，文森特·福斯特自认为是个正直之人，一直用极高的道德标准约束自己，这在他生前最后的日子里在阿肯色大学毕业典礼上的演讲词中不难看出。但这种想法与残酷的现实发生了碰撞——他是美国总统和第一夫人的老友知己和私人律师，知道他们几乎所有的秘密。不难想象，身为这种角色，他经常被迫在道德上做出妥协，挑战他能忍受的极限。这很可能就是他在此生最后的日子里的所想所思。

但是，福斯特在这些日子中的举动与“官方报告”中的描述完全相反，他丝毫没有严重沮丧的表现，人们根本看不出他有自杀的念头。他面对巨大阻力时与内心“道德的猛兽”搏斗，努力做他认为正确的事。

在他内心挣扎的这段日子，一些奇怪的事情正在发生，文森特·福斯特不仅处于这些事件的中心，而且他似乎也在忙碌着什么。此时，克林顿政府刚刚陷入几桩小丑闻，例如，白宫旅行办公室的行为不当引起了媒体的关注。不过现在，大麻烦来了，阿肯色州所有克林顿盟友都牵扯其中，其中之一就是克林顿在阿肯色州的权力基地——罗斯律师事务所的高级合伙人。因此，福斯特对这场正在酝酿之中的风暴所采取的行动尤其值得注意。

• 福斯特正在做的事似乎是逃离这个他作为成员之一长期对其忠心耿耿的阿肯色州权力基地。

• 在他死亡之前的一周，文森特拨打了他的好友、丹佛市里昂律师事务所的法律顾问詹姆斯·里昂的电话，里昂被称为冲突谈判领域的“超级律师”，曾在北爱尔兰和平谈判中扮演了重要的角色。显然，里昂是文森特可以信任的人。

• 在文森特死亡前的那一周，他联系了里昂，提出了一个奇怪的要求，他问里昂如果接到临时邀请，能否迅速前往华盛顿，里昂表示可以。

• 在接下来的星期日晚上，也就是福斯特死亡的两天之前，他又拨打了里昂的电话，两人计划于星期三在华盛顿见一面，里昂表示将按时前往。

• 星期二下午，福斯特死亡，上述会面也自然取消。但这让我产生了一个疑问，一个酝酿自杀的人为何在自杀之前还专门安排一次与他老友的重要会面，尤其要注意的是，这位老友是一位解决极端冲突方面的专家。这一行为显然更像是一个没有打算自杀的人的所作所为，他计划就某件重要的事情获得一些罗斯律师事务所之外的建议。

• 我们还知道，文森特还很罕见地安排了一次与克林顿总统的私人会面——与总统面对面进行交谈，从而可以获得总统全部的注意力——据说，这次会面的主题将是福斯特的辞职计划以及辞职的原因。这次会面原定在他死亡的第二天，但他永远没有机会参加这次会面了。

• 在福斯特死亡当天上午的 9：00—9：30，联邦调查局搜查了前阿肯色州法官大卫·戴尔位于小石城的办公室，戴尔是克林顿阵营的强有力的政治支持者。这次行动使得克林顿担任阿肯色州州长期间的一系列腐败行为进入人们的视线。大卫·戴尔暗示克林顿牵涉其中，在后来的白水事件中被起诉并定罪的阿肯色州州长吉姆·塔克（克林顿州长职位的继任者），也因此被撤职，克林顿的助理司法部长韦伯斯特·哈贝尔（罗斯律师事务所中福斯特的合伙人）和黑尔法官都牵扯其中，共有十五人被定罪，罪名超过五十条。

• 一般人听到与自己关系亲近的同事死于非命的消息一定会感到震惊，然后进行调查，但白宫里与福斯特工作关系紧密的同事对此事的反应却与此大相径庭。包括伯尼·努斯鲍姆、威廉姆·肯尼迪和希拉里·克林顿在内的白宫人士似乎希望尽快结案，并费尽心机地弥补这个所谓的自杀场景中的种种漏洞，似乎在不惜一切代价保护白宫。例如，他们参与“找到”了一直不见踪影的福斯特的车钥匙（安排了极为荒谬的情节）；据白宫安全记录，福斯特死后，这伙人立即“要求打开福斯特的保险柜”；警方调查人员到达之前，努斯鲍姆（总统的首席法律顾问，福斯特的直接上司）参与了对福斯特办公室的搜查，严格讲属于犯罪现场的一部分；白宫执勤特工处人员亨利·P·奥尼尔作证称，他确定有人从福斯特的办公室拿走了文件，并称他亲眼看到希拉里·克林顿的办公厅主任格丽特·威廉姆斯在警察到达之前拿着文件夹走出福斯特的办公室。至此，福斯特的车钥匙在警察对尸体及犯罪现场彻底搜查不果的情况下鬼使神差地出现在停尸房中尸体的裤兜里，这不重要了；福斯特死亡之前是否表现出自杀迹象，作为犯罪现场之一的那间办公室是否应该被封锁、禁止有人踏入，这也不重要了；任何暴力死亡案件都应在彻查之后才能被定案为自杀，而本案在案发后几分钟就被认定为自杀，这也不重要了。案发后，福斯特的文件从他的办公室里不翼而飞，车钥匙莫名其妙地出现在停尸房的尸体口袋中。不难看出，本案中，白宫需要保护，于是白宫控制了全局。

现在让我们回顾一下那个星期二，文森特生前最后一天。他整个早晨都待在办公室，没有丝毫异常表现。他为期盼已久、将于第二天来看望他的妹妹一家安排了华盛顿之行（他计划带她们在白宫用餐，并带她们“参观皇室”）。他给母亲写了一封信，谈论了一些家庭琐事。福斯特是远近闻名的顾家男人，与母亲之间依然亲近，但是在他给母亲写的最后一封信里，却没有提及任何不同寻常之事，没有谈及任何严肃的或其他特别之事——当然也没有一个计划自杀的人想要对母亲说的话。

文森特通常工作勤奋，经常会要求同事中午去吃饭时顺便帮他买回一些午餐，以便节省时间、提高工作效率。在他生前最后一天，星期二，同事从白宫餐厅为福斯特买来午餐，她对此记忆清晰：一个芝士汉堡，一份薯条，一瓶可乐，一些她们没有吃完的 M&M 糖果。据她回忆，福斯特结束午餐后，随意地打开一张报纸阅读新闻，一边挑出芝士汉堡中的洋葱。之后，这位同事走出办公室，福斯特独自坐在办公室的沙发上吃午餐。最后，M&M 糖果没有吃。午饭过后，福斯特将糖果送给同事（琳达·特里普），然后手提公文包离开了办公室，对秘书说："我很快回来。"

上述描述听上去显然不像一个准备自杀的人的行为，不是吗？一个距离死亡不远的人，居然有意识地从芝士汉堡中挑出洋葱，送给同事糖果，告诉秘书他很快回来。

证人证词：

如果福斯特的确心情沮丧，为何所有证据都不支持这一点？

有关文森特一直心情抑郁的说法根本经不起推敲。我们来看看与文森特共事的人们的最初反应（有些人后来更改了证词，但下面是他们的原始证词）：

• 韦伯斯特·哈贝尔，美国司法部副部长（司法部排位第三），罗斯律师事务所合伙人，与福斯特共事多年的好友：

> （与联邦调查局的谈话）他"没看出他有任何行为变化或情绪异常……在他死亡之前"，他没有发现福斯特有任何"形象变化，他也没有生病、头痛、毫无胃口或者其他胃部不适的表现"。说起当时出现的丑闻，"福斯特面对指责之言有些烦心，但并不严重"。

• 拉里·沃特金斯（文森特·福斯特的私人医生）：

（与联邦调查局的谈话）他“认为福斯特没有明显的沮丧情绪，他也没有表现出他处于‘危机之中’”。

- 黛博拉·葛勒姆，文森特·福斯特的私人助理：

（与联邦调查局的谈话）“她看到（福斯特）有些沉默，但并没有心情沮丧或不快……他脾气非常好，很少见他发火……福斯特从未对葛勒姆说过任何丧气话，而且，从做他助理第一天直到他死亡，葛勒姆从未看到福斯特出现过任何身体变化。（在他生命的最后一天）他看上去很放松，一切正常……即使在得知福斯特死讯之后，葛勒姆依然回想不到他有任何表明他精神沮丧的异常行为。”

- 大卫·沃特金斯，白宫助理：

（与联邦调查局的谈话）“沃特金斯对白宫内部斗争并不知情。”“他从未直接或间接听到福斯特表示（对工作事务）或其他任何事感到沮丧。”

- 伯尼·努斯鲍姆，美国总统法律顾问（福斯特的直接上司）：

（与美国公园警察的谈话）福斯特“在死亡当天没有任何异常行为”。

- 贝奇·庞德，伯尼·努斯鲍姆的秘书：

（与美国公园警察的谈话）“他的情绪没有任何反常之处。事实上，在福斯特死亡之前的几周时间内，她没有发现他有任何身体或情绪变化。”

• 菲斯克报告：

菲斯克报告也承认在死亡发生的两天之前，死者度过了一个非常轻松愉快的周末：“福斯特跑步、划船、打高尔夫球、读报，还平生第一次品尝了螃蟹。”

• 迪伊·迈尔斯，白宫新闻秘书：

（在一档全国性电视节目上）“好吧，我来说说我的想法——我在星期四所说的话，我指的就是那个人——我们没有任何理由相信文森特当时心情沮丧、计划实施那天发生的一切，没人相信。”

• 前美国国会议员贝利尔·安东尼（文森特的姐夫，与文森特关系亲近，文森特刚到华盛顿时就住在安东尼家中，直到六月初文森特的妻子和孩子到达华盛顿后他才搬走）：

7月22日，星期四，他被问到文森特在死亡之前的两周内是否情绪沮丧。安东尼的证词和许多其他证人一样出现了“180度”大转弯，但下面是他最初的答案：“根本没有这种事，那纯属瞎扯。”

• 蒂莫西·J·基廷，总统特别助理：

（与联邦调查局的谈话）“福斯特处理压力的能力极强。”

（接受《时尚先生》杂志的采访）“他非常能干，工作能力极强，所以我一直认为是谋杀，肯定是谋杀。”“韦伯（二人共同的朋友、美国司法部副部长韦伯斯特·哈贝尔）在案发后的半夜打电话给我，他说：‘你听到的一个字都别信，这不是自杀，不可能是自杀。’”

近些年来，没有任何死亡案件的官方说法比文森特·福斯特案更漏洞百出。唯一可以确定的一点是，官方对本案的裁决在各个方面都存在漏洞，从所谓的自杀工具到伪造的自杀遗书，从目击证人的证词到法医学证据，事实与官方说法相差甚远，无论如何想象，两者都无法完全契合。

有一个明显的问题一直没有得到解决：如果文森特·福斯特打算开枪自杀，他为何需要开车前往一个公园的偏僻角落完成此事？答案很简单，他根本无需这么做，据我们确定，华盛顿到处都有停车位，他完全可以通过更简单易行的方式进行自杀。福斯特是一名事业成功的白宫律师，从他身上，我们看到的是一个充满智慧、行事高效的形象，但从这起死亡案件中看到的却是与此完全截然相反的形象——与那个有条不紊、头脑严谨的形象不同。他居然在一个潮湿闷热的中午开车前往一个公园的偏僻角落，目的就是在一个毫无景致可言的地点进行自杀（曾有人假设此处能看到波托马克河的景色，但是在福斯特死亡的位置看不到河景）。他为何会做出这样愚蠢的举动？答案是，他根本不会。

案发现场没有血迹，这个证据非常重要，不过据此还无法准确判断死者的死亡时间，但可以根据其他证据判断。这个证据可谓法医学奇迹，即使法医专家也对其惊叹：夏日的苍蝇。在华盛顿炎热而潮湿的夏天，苍蝇都会以特定的方式活动，所以我们就不难发现死者的死亡时间与尸体出现在公园的时间不符。

不论你信不信，在夏季七月的下午，公园里的苍蝇会以一种完全可预见的方式活动，这是早已确定的事实（至少对生物学家来说如此）。昆虫专家对此了解，急救医师也了解——由于经常执行急救任务，所以他们知道一定会有大群苍蝇聚集在尸体附近，这个过程大约持续一两个小时。苍蝇不会在尸体出现后立即聚集。但两个小时之后或稍早，苍蝇一定会聚集在尸体周围，并在一段时间之后开始产卵，整个过程极富规律性。正如兽医学院昆虫系专家卡尔·琼斯教授表示，根据当时的日期、地点、温度以及当时在马西堡公园的大致时间可以判断，苍蝇会在“不超过一个半小时”内开始产卵。

但是，文森特·福斯特的尸体在公园被发现时，苍蝇尚未开始产卵，最早到达现场的急救医师和警察不仅注意到这一点，而且知道这代表着什么，这说明福斯特的尸体出现在公园的时间不会很长。他们的证词对此描述得非常清楚，上述其中一名警察在三个不同场合都特别提到尸体上有苍蝇，但是苍蝇还没有产卵，因为他很清楚这个事实的意义是什么：

> 苍蝇围绕在死者脸部周围，尚未产卵。
>
> 而且，他不可能在那个位置很久，因为苍蝇的产卵速度很快。
>
> 血液开始凝结成块，苍蝇一旦开始工作速度很快，但是据我所知他们不会立即开始。

人体死亡时消化系统会停止工作，因此，可以准确判断死亡时间的方法就是检验死者胃部的物质。文森特·福斯特在死亡当天的午餐是芝士汉堡、薯条和可乐，午饭的大致时间是中午 12：45 左右。在办公室吃完午饭后，他从秘书以及一名特工处人员身旁走过，这两人都表示当时的时间是 13：00 左右。

医生对死者的胃部检查之后发现，福斯特在死亡之前的两三个小时内吃了一顿饭，据此推算，他的死亡时间范围是 14：45—15：45（12：45 加上两至三个小时）。

但警察在公园仔细查看了尸体，苍蝇尚未产卵，当时是 18：30。如果减去一个半小时——因为苍蝇尚未产卵，我们可以得出福斯特的尸体出现在公园的最早时间是 17：00。这个结论至关重要，证明福斯特的尸体在 17：00 之前不可能在公园里，但是他在 16：00 之前已经死亡。结合其他证据可以证明，福斯特的尸体被发现的位置并不是他真正的死亡地点。他在其他地方已经死亡，之后尸体被抬至公园！

福斯特内裤内侧前部出现的精液痕迹是另一个关键线索，这块印记长约四英寸。

政府坚称，这处精液痕迹是人体自发射精现象造成的，人体死亡时，这种现象的确时有发生。但是，经过进一步的研究，我们发现自发射精现象其实非常少见，而且只可能在两种情况下发生。人体死亡后出现尸体僵直的现象，这会引起自发射精，因为在这个过程中，阴囊承受的压力逐渐增大、从而挤出精液，这种情况下只会少量排精。但死者的短裤上的痕迹面积较大，长达四英寸，这表明死者射精数量巨大。更为重要的是，如果这的确是官方所说的人体死亡过程中的自发射精，那么死者死亡瞬间应该处于仰卧姿势，而非直立。

但是，尸体僵硬的现象开始于死亡发生之后的二到四个小时，但直到死亡至少六小时之后才开始变得明显（开始产生生理作用），也就是说，我们可以合理地认为，死者死亡六小时之前出现的长达四英寸的精液痕迹，可能不是尸体僵硬引起自发射精留下的痕迹。

在人体因脊髓严重受伤导致死亡的瞬间也会发生自发射精。例如，上吊断颈而死的人会自发射精，但是，这种情况往往伴随着肠道和膀胱失禁现象，即这两个部位功能失控而排出一些物质。但是，福斯特的内裤上只有一小块尿液痕迹，显然他没有经历肠道和膀胱失禁，而他的死因也并非脊髓严重受损。

因此，我们得出的一个很有可能的结论是：死者在死亡之前发生过性行为，并在内裤上留下了一个四英寸长的精液印记。但问题是："他和谁?"答案是，我们不知道。这个结论让他本已极具神秘色彩的死亡变得更加扑朔迷离。

死者的身上有金色的毛发，与死者及其妻子的头发都不匹配。但调查人员从未追查这些毛发的来源。

死者身上的白色衬衫胸前位置有一处面积很大的紫红色酒印，调查人员也从未尝试追查这个酒印的来源。这个印记与福斯特的习惯完全不符，也与福斯特像往常一样在白宫工作并用餐之后离开白宫时的印象完全不符。他是个衣着整洁的人，甚至有点洁癖，从不在下午喝酒。所以，这个酒印与他的个人行为习惯产生矛盾，也成为本案可能涉及谋杀的另一个信号。但是，为何对此没有进行调查?

福斯特的尸体从头到脚布满了各种颜色的地毯纤维——共有六种颜色，这表明他可能曾被包围在一块地毯中，或是躺在地毯上打滚，或是身体被地毯包裹。但是，调查人员没有试图寻找这块地毯。一般情况下，他们会查看死者车辆的后备箱、住所、办公室以及案发周围区域。这项程序没有进行，本身就是个巨大的疑点，这本该是枪击案件调查的常规程序。死者身上到处都有六种不同颜色的纤维，这一特征会使搜寻过程容易很多。

一名调查记者发现一些证据表明，在福斯特死亡之后的几天时间里，白宫中有些房间的地毯被全部更换（别忘了，福斯特的办公室位于白宫，这可是全世界最安全的建筑，但没有任何出入记录或监控视频表明他当天离开过白宫），而被换掉的地毯还崭新如初。

在文森特·福斯特死亡之前不久，克林顿下令更换了一间白宫办公室的地毯。他死亡之后第二天，一组工人到达白宫，将这个房间里几乎崭新的地毯彻底换掉，被换掉的地毯被匆匆打包放上货车拉走。这块地毯去向何处，他们为何要在福斯特死亡之后的混乱情况下如此匆忙地换掉地毯，这是我们永远无法解开的疑团。但是，这些疑问让我脑子迅速划过一个念头：这块地毯很可能就是一项在白宫内犯下的罪行的证据。地毯上有血迹吗？或者上面有其他法医学证据吗？文森特·福斯特有没有可能是在白宫内被谋杀的？本应该证明福斯特死亡当天出入记录的两盘监控录像带纷纷不见了踪影。录像带上究竟有什么内容？

福斯特当时正计划辞去白宫法律顾问的职位，并计划为此事与总统进行一次私下的会面。想到这些事实，案情变得更加让人迷惑：

文森特·福斯特计划辞职的消息是他的妻子接受《纽约客》杂志采访时透露的。彼得·J·博伊尔在《文森特死后的生活》中确认，文森特曾向妻子无数次表示自己去白宫工作是个错误，他计划辞职。

根据白宫的相关记录，文森特还特意安排将与比尔·克林顿进行一次私下的会面，时间就定在他死亡后的第二天。

罗伯特·菲斯克的调查报告显示，福斯特死亡当天，没有任何出入记录和监控录像证明他自行离开过白宫。肯·斯塔尔对白水事件进行的调查也确认了当天没有福斯特离开白宫的记录。

凶杀的迹象

正如犯罪现场调查人员所知，“整洁”的枪击现场是一个重要的信号，表明死者可能并非死于现场看到的枪伤，或者死者的尸体可能被移动过，也许是抬至经过专门布置的现场。本案的案发现场有种种细节表明这可能是被事先布置过的现场：

• 处理枪击现场时，调查人员首先要看的是血泊，但本案的案发现场根本没有大面积血迹，这是一个极为重要的可疑信号，表明尸体可能被移动过，这个所谓的案发现场可能被人布置成自杀现场的样子。在福斯特尸体被发现的地方几乎没有血迹，这让人难以想象，一只口径 0.38 英寸的手枪进行近距离射击高速子弹的案发现场应该会有大量血迹，死者的血液会从子弹射入和射出伤口大量喷出。但是，菲斯克报告也承认，“现场几乎没有血迹”。

• 凶杀调查专家都知道，使用 0.38 英寸口径的柯尔特军用枪这样火力较大的手枪近距离射击口腔，死者身体、衣服以及枪身上不可能不沾有大量因巨大反冲力而溅出的血液和身体组织纤维。但本案中，死者身体、衣服和枪身整洁如初，表明证明上述情形没有发生过。

• 死者尸体被发现的位置非常整洁干净，尸体仰面躺着，双臂整齐地放在身体两侧。最早赶到现场的急救人员发现，尸体整洁得有些不自然，他后来作证时表示，尸体就像躺在棺材里的姿势，似乎有人将他“摆放”在那，他还说自己从未见过一个向自己头部开枪的人尸体如此笔直。另一名警察也表明尸体看上去就像是“准备入棺”的样子。

• 现场发现的手枪上没有死者的指纹，这是一个明显的信号，表明这把手枪可能是被真凶放在死者手中的，凶手试图将现场布置成自杀现场。一个自杀身亡者生前会与手枪在运输、检查、装弹以及射击过程中发生多次接触，如果死者的确使用他手中的这支枪对自己开枪，那么枪身一定布满死者的指纹，尤其是在炎热潮湿的夏天，更易留下指纹。没有指纹，说明这把手枪可能是在死者死亡之后被放到他手中的，这样的话，枪身上便不会留下指纹。

• 手枪在死者的手中是另一个可疑信号。在自杀案件中，手枪通常会被甩出，尤其是一把口径0.38英寸的高速武器射击，一定会被甩出。最早出现在案发现场急救人员作证时也表示，死者手中的手枪似乎太过整洁。这不能用“尸体痉挛”现象来解释，因为据从死者手中拿走枪的警察描述，死者的手掌依然是柔软的，可见尸体还未开始僵硬，痉挛现象不可能发生。两位纽约的谋杀调查专家仔细研究了本案证据并在其调查报告中表示，“在他们二人相加超过五十年的调查历史中，从未见过手枪如此规整地放在自杀者的手中”。

• 死者脸部干涸的血迹表明其流动方向是自下而上，以尸体被发现时的姿势，血液流动显然与重力方向相反（这明确表明，尸体此前曾是另一种姿势，被移动之前血迹已经干涸）。

• 虽然尸体是在公园中一处极为偏僻的角落被发现，但尸体周围的草丛上都有明显的踩踏痕迹，看上去就像许多人在那里忙碌过。

• 任何案件只要涉及中枪身亡者在偏僻位置出现，这就是一个调查重点。死者被发现的位置是一个极为偏僻的公园中一个偏僻的角落，这本身就与自杀的说法不符——死者完全有更容易的方法进行自杀，他完全无需特意寻找一个偏僻的地点完成此事。但这与职业杀手的行为方式相符，他们要确保没人看到他们搬运尸体的过程。

• 尸体头部没有子弹射出伤口（这一点已被现场急救人员确认），这与 0.38 英寸口径的手枪直接射击口腔产生的伤口完全不符。

• 两名急救人员以及现场的医生都确定死者颈部也有枪伤，这与自杀的说法不符，调查人员因此怀疑此案为谋杀。首席检察官米格·罗德里格斯也确认死者颈部有伤——他曾看过犯罪现场拍摄的原始照片（照片后来莫名其妙地消失了），那张照片清楚地显示文森特·福斯特颈部右侧有一处面积很大、极为明显的伤口，周围都是火药的痕迹。

• 子弹运行角度表明死者眼镜被甩出的方向应该与它实际被发现的位置正好相反。

• 围绕在尸体周围的苍蝇尚未产卵，当时正是炎热潮湿的夏天，从科学的角度分析，这证明尸体出现的时间不长。

• 其他证据也表明死者死亡时间并不长：警察赶到现场时，死者的伤口依然在滴血。

• 死者的车出现在公园停车场的时间比尸体在公园被发现的时间晚很多。

• 在死者身上或者案发现场整个区域都没有发现他的车钥匙（现场人员专门进行过仔细地寻找）。

●文森特在死亡之前的日子曾说过他怀疑自己的电话被窃听，还在自己家中安装了一套非常昂贵的报警系统，据说他家里还有一把枪，这让调查人员怀疑，性格温和的福斯特当时很可能有一些恐惧。

●尸检时，通过检查死者体内食物的消化程度就可以判断死亡时间。医生在检查之后表示，福斯特的死亡时间是15：00—16：00。但是他在13：00就离开了白宫，这之后发生了什么，无人知晓，他身居高职，平日十分忙碌，这天的情况极为反常。死者死亡之前失踪接近五个小时，这为警方提供了一个调查方向。据官方称，福斯特在13：00左右离开白宫办公室，尸体于傍晚在弗吉尼亚州郊区的公园被发现，在此期间发生了什么没人知道。而且，在几个小时的空当里，没人问起他，没人见过他。警察也承认："至今，没有任何人能告诉我们当天下午13：00之后他做了什么。"当天下午没人见过他，表明他当时处于一种无法被人看到的状态，这就是谋杀的迹象。

谋杀案调查人员非常感兴趣的证据是：

●现场武器是一把故意留在那里的手枪，与死者没有任何联系，枪身上也没有死者指纹，但有另一个人的指纹。

●死者手上的火药残余痕迹显示开枪时死者处于防御姿势，两手靠近枪身前部，而非枪身后部扳机的位置。

●案发现场所有迹象都表明作案工具应是一把口径0.22英寸的手枪，不是死者手中的手枪（口径0.38英寸的高速手枪）。

●虽然据称死者在一个偏僻公园步行几百码的距离，但他的鞋上几乎没有泥土。

●现场没有发现死者的车钥匙。

●死者身上出现的金色毛发与死者自己及其妻子的头发不符。

• 尸体从头到脚（包括内裤里）布满了不同颜色的地毯纤维（共六种颜色，与死者家里和办公室里的地毯不符）。

• 死者沾有精液的内裤。

• 死者衬衫上紫红色酒印的来源。

• 联邦调查局的调查报告表明，死者身上的血迹干涸之前，头部被移动过——表明在调查人员到达现场之前，尸体被移动过。

• 死者脸部一处血迹只可能是在尸体处于另一姿势时留下的。这是尸体被移动过的铁证。

• 现场没有找到射杀死者的子弹，这一点很可疑，因为一颗子弹穿过人体颅腔之后会丧失大部分动能，不会再飞出很远，通常都会在案发现场附近找到。

• 死者生前存在一段很长的失踪时间。死者当天下午 13：00 吃过午餐之后，一直没有任何异常发生，直到傍晚 18：00 尸体被发现，在这之间的五个小时，没有人知道死者发生了什么。

• 一位拖车司机表示，在死者死亡当天晚上，他接到任务去公园拖一辆车，这辆车的车座和仪表盘上都有血迹，驾驶员一侧的窗户有破损。

• 证人的证词有矛盾：

• 最早发现尸体的目击证人确定死者的两只手中以及尸体附近都没有手枪（此人特意寻找过）。

• 经现场医务人员确认，死者手中有一把自动手枪，不是左轮手枪，他们还对枪支进行了详细地描述。

• 官方声称在死者手中发现了左轮手枪（非自动手枪）。

上述描述不仅仅只是简单的证人回忆，其实描述了一个笨手笨脚布置犯罪现场的过程。

大多数证据表明射杀死者的并不是 0.38 英寸口径手枪，可能是 0.22 英寸口径或者其他低速武器，死者是在其他地点被射杀，然后手枪被放置在死者手中，摆出自杀的假象。此外，从案发现场来看，作案者不止一人，因为尸体附近的草丛有被多人踩踏过的痕迹。

凶手难免犯错：死者的车是尸体在公园被发现之后才出现在公园停车场的。

车上驾驶员座位的位置与死者平日驾驶时的位置完全不同。福斯特个子很高，约 1.95 米，但是驾驶员座位却非常靠近方向盘，福斯特这种身高的人很难坐在这样的位置上驾驶（这表明有一名个头较矮的人将车开到公园）。

案发现场并没有发现车钥匙，现场人员还特意搜过尸体。没有钥匙，他怎么可能开车?

没有自杀遗书：众所周知，福斯特是称职的丈夫和父亲，如果他计划做出自杀这样可以摧毁家庭的事情，不可能不留下任何遗言，这是难以想象的。他在死亡之前几个小时还跟母亲写过一封信，他与母亲一直感情亲近，信中提到的都是生活琐事。当天早晨，他在办公室里工作之后吃了午餐，毫无异常。他还十分随意地送给同事一些糖果，然后离开了办公室，告诉秘书“我很快回来”，整个上午没有任何异常。所以，在此之后不久一定有突发事件。

死者的公文包消失：四名目击证人在停车场里死者车的前座上看到福斯特的公文包。证人之一是医疗技师乔治·瓦萨雷斯，据他仔细回忆，那是一个“黑色公文包”，但公文包后来消失了。

死者寻呼机里的内容被删除：在案发现场发现了福斯特的寻呼机，但是调查人员没有保存证据并对此分析调查，而是立即上交给白宫。为什么？这是犯罪现场调查过程中的严重漏洞。福斯特是美国总统的私人律师，通常日程安排很满，根据合理的推断，他的寻呼机上随时都会有很多条信息，一个计划自杀的人不可能自己删除这些信息，但是，掩盖谋杀真相的人有充足的理由删除这些内容。删除信息的人肯定不是福斯特，而是另有其人。

福斯特的办公室被搜查过：死者的办公室被搜查过，房间内许多东西都随之消失，包括福斯特的文件、保险柜中的东西以及包括他所有文件列表的文件目录。此次搜查之前，警方已经要求白宫将福斯特的办公室作为案发现场的一部分封锁起来，禁止任何人进入。那么，究竟谁进去了？拿走了什么？福斯特的预约簿也不见了踪影（预约簿放在公文包里或办公室中）。凶杀案调查人员一定希望能看到死者当天的预约记录，因为在尸体被发现之前的五个小时内，死者的踪迹完全无人知晓。

自杀遗书为伪造：在调查人员搜查的四天之后，一封十分可疑的遗书出现在福斯特的公文包里，在这之前，这个公文包已经被调查人员搜过两次，当时也有警察在场，这两次搜查都没有在公文包里发现任何东西。但就在这个公文包里，后来居然冒出了一堆纸片，而且你猜怎么样，这些纸片被迅速认定为“自杀遗书”的碎片。其实根本不是那么回事，信中没有任何有关自杀的内容，只是列举了一系列令福斯特产生离开华盛顿和权力游戏的理由。经三位字迹鉴定专家（其中一位是全球顶尖的专家）独立鉴定，自杀遗书为伪造。事实上，伪造痕迹非常明显，显然出自一名业余者之手。

政府当然希望有关文森特·福斯特死亡一案的争议能够淡出人们的视线。官方的说法中存在大量无法解释的漏洞，而且漏洞很大，就像文森特·福斯特身上应该出现的0.38英寸口径的枪伤。

文森特·福斯特死亡案被认为是拒绝与当权者一起玩政治游戏的最终下场。例如，后来，有一位长期了解内幕、身为美国总统竞选者的好友的高层政治助理计划辞职，而这位总统竞选者正在掩盖一桩性丑闻，这位助理也公开表示了自己内心的恐惧，他害怕自己变成“下一个文森特·福斯特”：

> “扬今天也在《早安美国》节目中表示他与爱德华断绝了关系，一系列掩盖行为让气氛非常紧张，他害怕此事危及家人的安全。”
>
> “有几个月，我经常凌晨3：00醒来，手拿一个棒球棒和一把刀在家里四处走动。”他说。
>
> 那段时间，扬说他让三个孩子与自己和妻子睡在一起。
>
> 有一次与爱德华一同乘车前往一个偏僻地方，在此途中他的恐惧达到最高点。那次出行时，我脑子里唯一想到的就是文森特·福斯特。

第十章 大卫·凯利

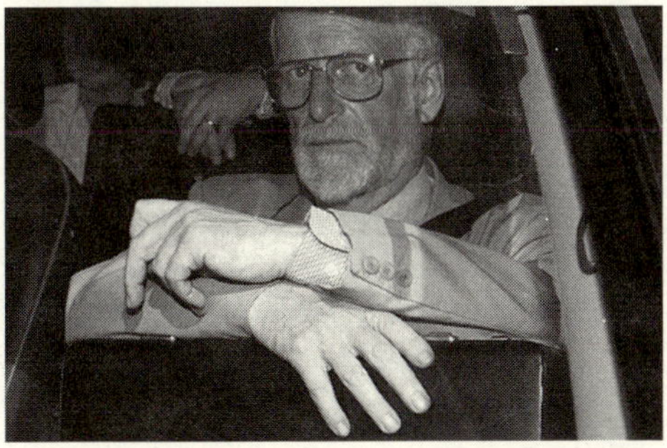

2003年7月17日死亡，联合国高级武器核查员，世界顶尖的生化武器专家。

受害人：

大卫·凯利。

死亡原因：

失血过多（死亡原因受到质疑）。

官方裁决：

死者是自杀；“割伤左腕自杀”；还“可能”吞下了“多达29片”co-proxamol（一种轻度至中度止痛药，是扑热息痛和右旋丙氧芬的混合物，通常用于抵抗关节炎疼痛、轻微腰背酸痛以及急性腹痛）。

真实情况：

有媒体报道指责英国首相托尼·布莱尔编造谎言从而为伊拉克战争制造理由，据称这则报道的消息来源是凯利博士。

他被问及如果伊拉克遭到入侵，将会有什么后果，凯利在很多不同场合的回答是：“我可能会死在树林里。”

最终，伊拉克战争打响，凯利博士的尸体被发现在树林里。英国首相布莱尔还没等他的飞机降落便立即对此展开“公开调查”，目的是阻止陪审团审讯。时至今日，英国政府从未对凯利死亡案进行陪审团审讯。

矛盾之处：

由三位法医界知名专家组成的特派独立法医小组详细地查看和分析了犯罪现场和法医检验细节，得出结论：

1. “作为医学专业人员，我们认为赫顿调查提供的证据无法证明大卫·凯利博士为自杀身亡。”

2. 对于凯利博士是因割伤手腕、失血过多而死的结论，独立法医小组的看法是：“我们认为这种可能性微乎其微，因为手腕处动脉只有火柴棍粗细，即使严重受伤，失血也不可能达到危及生命的程度。”而且，选择手腕尺骨的位置进行割腕极其少见，它处于手腕内侧，与小指基本处于同一条直线。不过，如果伤口是一个面向受害者的其他人所致，那这个伤口位置就很合理。

3. 死者身上只有一处动脉受伤，就是尺骨动脉，被完全切断。独立法医小组表示：“完全切断会导致动脉瞬间收缩并迅速关闭，造成血液凝固。”

4. 死者的失血量不足以造成死亡。独立法医小组的结论是：“急救小组人员发现死亡现场的血迹很少，可以说少得惊人。如果一个人心脏收缩血压低于 50~60 并且血管开始收缩，他很难出现大量失血的情况。如果说凯利博士死于失血过量，那么失血量应达到大约 5 品脱，但实际上，他的失血量不足 1 品脱。”

5. 去过案发现场的医务人员戴夫·巴特利特和瓦内萨·亨特作证称，案发现场出现的血量不足以支持他死于失血过量的结论。他们两人仔细检查了整个案发区域，在凯利博士身旁的一些植物上发现了少量血迹，在死者裤子上也发现了一个硬币大小的血迹。

6. 尸体处于室外且当时是下午气温很低，低温会引起身体进一步收缩，降低失血速度。

7. 在死者胃部只发现了 1/5 片 co-proxamol，虽然这种药物的两种成分在血液中的含量高于医疗用药水平，但依然不到致命剂量的 1/3。因此，独立法医小组认为：

> 我们对凯利博士死于失血过量或 co-proxamol，或者他死于上述两种原因的结论表示质疑。

8. 13 位德高望重的英国医生对本案的官方结论正式提出质疑，试图通过法律手段推翻他们明知是错误的结论，但官司始终没有结果。他们的结论非常简单明了：

> 一个人不可能用那样的方式自杀。
>
> 要说像凯利博士这样的人选择那样的方式结束生命，太可笑了，他可是一位科学家，是一位药物学专家。

9. 据说凯利博士使用的自杀工具刀口很钝，而且在刀上没有找到任何指纹（这个信息直到 2007 年末才被公开，当时英国下院议员诺曼·贝克根据《信息自由法案》提出了公开信息的要求）。凯利没戴手套，如果他的确是自杀身亡，刀上一定会留下指纹。诺曼·贝克表示：

> 一个人如果想自杀，不可能自杀之后还擦干净刀上的指纹，这一点十分可疑，这是我怀疑凯利博士可能被人谋杀的疑点之一。

10. 在案发现场，凯利博士的个人物品上都没有发现任何指纹或任何人的 DNA 痕迹。警方对他的个人物品进行了三次检测，每次检测都没有发现 DNA 痕迹和指纹。法医表示，对案发现场的物品进行 DNA 检测已经成为一个常规检查项目，死者的手机、眼镜等个人物品上会出现死者微细胞这一推断是非常合理的。据法医称，凯利博士当时没戴手套，所以很难解释他的手机、手表、据说他用来自杀的刀具、他服用药品的包装袋以及他用来服药的水瓶上为何没有指纹或 DNA 痕迹。

11. 凯利博士的右臂力量薄弱，要完成割伤左腕尺骨这个本来就很别扭的动作更有难度，而且他身体对吞服药品具有强烈的排斥反应。他的密友、同事梅·佩德森：

……凯利的右臂力量很小，而且无法吞咽药物，这两点都表明了（他用这样的方式自杀）不可能。

12. 据称，凯利博士最后一次出门时并没穿夹克，这个说法是合理的，因为当时天气并不冷，而且他打算很快回家。但在案发现场，尸体旁边不远处放着他的夹克。

13. 在案发现场，尸体旁边放着一把沾有血迹的修枝刀，还有 10 个装有轻度止痛药 co-proxamal 的铝箔包（每包 10 片）。但是，尸体最初被发现时，旁边并没有这些东西，如果当时现场的确有一把刀和一个水瓶，并且都沾有血迹，位置就在尸体旁边，相信发现尸体的搜寻队员一定会看到并对此有所留心。但事实上，他们并没有看到这些东西。

14. 警方接到许多当地居民的报告，表示在死者尸体被发现前的几个小时内，有许多黑衣人在树林出现，而且在尸体被发现的位置附近活动。

15. 凯利博士死亡之后，尸体被移动过至少两次。最早发现尸体的两名搜寻队员宣誓证明，当时尸体背靠大树，但据说后来再看到时，尸体已平躺于地面。据他们描述，最初死者右臂位于身体右侧，但当两名军医赶到现场时，却发现右臂放在胸膛上，他们必须移开右臂才能检测生命迹象。

16. 凯利博士生前在很多不同场合表示“我可能会死在树林里”，

而且，他明确表示这是一份严肃的声明，英美政府一旦违背对伊拉克所做的承诺（对伊拉克的承诺是，如果他们配合联合国武器核查员的工作，就不会遭到入侵，但入侵战争最终还是爆发了），我就会有如此下场。

17. 据多名与凯利博士关系亲密的人证实，自杀这种事，凯利想都不会想。

18. 所有与本案相关的官方医学报告被下令封存保密七十年。

19. 此案不同寻常之处在于，调查过程中，没有对凯利的尸体进行任何常规的法医检验。例如，只要检测体内残余血量就能得知死者真正的失血量，但这个检测从未进行。

20. 凯利博士正在写一本书，但未经官方批准，书中曝光了布什政府和布莱尔政府编造的各种谎言。他将自己写书的消息告诉过身为情报专家和历史学家的厄戈登·托马斯，此人表示："我曾拜访过凯利博士，希望为我正在撰写的一本书做些研究，得知他也正在写一本书，以曝光托尼·布莱尔在发动伊拉克战争的原因上撒谎一事。他说他曾对首相布莱尔明确表示过伊拉克并不拥有大规模杀伤性武器。""凯利博士不是个说话夸张或喜欢炫耀的人，他是他所从事领域中真正的专家，如果他说没有大规模杀伤性武器，那就一定没有。我告诉凯利博士，这本书不可能在英国获准出版，而且这本书会给他带来极大的危险。"

21. 英国军情五处的特工在凯利尸体被发现之前半小时去过凯利的住所，带走了他的电脑硬盘（硬盘中存有上述那本书的文稿），与此书相关的所有信息就此消失。

22. 在凯利家中发现的物品中，有一封尚未拆阅的、来自国防部的信件，信中重申了此前对凯利的口头警告，提醒他不要继续那本书的写作，不要继续泄露国家机密。凯利从未打开那封信，那些日子他多次受到口头警告，所以对信中内容心知肚明。

23. 案发后，有关方面竭尽全力消除凯利死亡案中许多无法合理解释的疑点，以及由此引发的质疑，阻止对此案展开真正的调查。

大卫·凯利博士是英国顶尖的生化战争专家，担任联合国高级武器核查员。在英美两国试图寻找借口入侵伊拉克的历史时刻，正是凯利负责对伊拉克的武器进行核查。凯利是这一领域的权威专家，他的专业精神有目共睹，这令他在国际上受到尊敬。官方对他身份的描述是“英国国防部生物战争高级顾问……西方国家首席生物战争核查员，学识无人可以超越”。

凯利博士曾多次核查伊拉克的生物化学设备，他非常清楚，伊拉克并不拥有大规模杀伤性武器，他还确定，伊拉克也没有制造大规模杀伤性武器的能力。

当伊拉克的战鼓越敲越响之时，西方媒体正式宣称，伊拉克的武器项目将北约成员国置于“距末日只有45分钟”之处，大卫·凯利知道，这就是赤裸裸的谎言。

凯利博士为人十分正直：

凯利博士于1994年起担任联合国的伊拉克生物战争高级顾问，于1999年卸任。他德高望重，曾在20世纪90年代获得了诺贝尔和平奖提名。

也因为这份正直，在2003年听到有关伊拉克武器的弥天大谎时，他拒绝保持沉默。但是，他的正直之举，也让他付出了生命的代价。

凯利博士喜欢这样说，他忠于——

我认为的是非对错。

他有充分的理由相信——

对过去的回顾也与未来有关。

同样表明没有发现大规模杀伤性武器的美国核查员大卫·凯对英国《卫报》说过：

下次当你再大喊着火了，人们就不相信了。

凯利博士的背景极其特殊，由于他的事迹常被置于情报世界的最隐秘之处，所以对此鲜有人知。这些背景包括：

- 他曾直接参与并主要负责了策反俄罗斯主要微生物学家的行动，阻止了俄国制造出有可能毁灭地球上三分之一人口的生化武器；
- 自 1995 年起，他经英国军情六处批准为摩萨德（以色列秘密情报警察机构）工作；
- 美国炭疽攻击发生时，他为联邦调查局工作，在确认炭疽菌中的埃姆斯类菌株的工作中扮演关键角色；
- 他在大量最高机密事务中为美国中情局、英国军情六处和摩萨德担任顾问。

他实际上是当时情报领域的主要参与者，被认为是世界最严重的威胁——生物战争领域的核心人物，并以此身份在当时具有全球重要性的事务中担任顾问，他就好像是学术界的詹姆斯·邦德，现实世界中水平最高的“科学家间谍”。不仅如此：

毫不夸张地说，从 1990 年到他离世的 2003 年，在加强世界安全方面，没有任何人比凯利博士的贡献更大。

所以，我们最好别侮辱凯利博士的智慧，他头脑聪慧，是享誉全球、世界权威的科学家，他甚至对自己会被谋杀早有预料，这更证明了他的智慧过人。

但是，官方的说法却声称这个极度聪明的人秘密潜入树林、用一把刀口极钝的老式修枝刀结束了自己的生命。

英国最著名的血管外科专家约翰·斯卡尔否定了凯利割伤自己尺骨动脉的说法，称其荒谬不堪：

> 割腕其实是一种大声求援的方式，我们一般不认为这是有效的自杀方法……使用刀当然是必要的，但用刀割腕的方向不对，从下向上，用这种方法自杀非常罕见。

官方对这起所谓的自杀做出的解释是，大卫·凯利也是人，媒体对于他在伊拉克大规模杀伤性武器这一问题上与官方意见不一的报道让他感到越来越难以应付，正是这种不安导致了他的自杀。

这种说法可以被众所周知的事实否定。虽然他当时对事情的发展感到不快，但显然不会因为此事选择自杀，或者说他不会因为任何事选择自杀。那一时期，他的情绪和态度被清楚地描述为“疲惫、低落但并不抑郁”。他是出了名的性格坚韧和态度强硬，在朋友和同事的心目中，是最不可能自杀的人。他曾在高强度的审讯中制服了大名鼎鼎的“细菌博士”，审问利哈布·塔哈博士时，凯利居然让这个冷血无情的生物制剂武器化专家痛哭流涕。所以，千万不要对凯利仅仅因为一些媒体报道就选择自杀的荒谬说法信以为真。对于一个性格如此坚毅的人而言，那些媒体报道不过就是蚊蝇之扰，他一定会出手反击。有大量证据证明，他的确做出了回击。

平心而论，凯利博士虽然不可能因为几篇媒体报道就选择自杀，但他的确卷入了一起引发争议的事件，并为此苦恼：他发现的情报材料被严重歪曲，目的是为对他国的非法侵犯提供辩词。

布什政府和布莱尔政府声称掌握了相关“情报”，宣称伊拉克拥有大规模杀伤性武器，并以此为由在中东地区发起战争。但这是个谎言，所谓的情报皆为虚假，伊拉克并没有英美声称的大规模杀伤性武器。

英美两国政府的议程上早有关于开战和停战的事项。西方国家（美国的布什和切尼政府以及英国的布莱尔政府）决心入侵伊拉克，他们无论如何不会改变这个计划。布什政府某官员曾表示，自从布什上任，入侵伊拉克就是必然之事，只是个时间问题，为入侵战争寻找正当理由就成了头等大事。

> 国际法规定入侵他国为非法行为，这是他们面临的一个法律障碍。因此，他们准备了大量材料和借口，声称只有萨达姆同意配合联合国及其武器核查员的工作，他们才会放弃入侵行动。

伊拉克确实配合了联合国武器核查员的工作，大卫·凯利博士对伊拉克是否拥有大规模杀伤性武器进行了核查，结论是否定的。6 月 15 日（大约是凯利死亡之前一个月），他对西方国家口中伊拉克拥有大规模杀伤性武器的说法进行了反击。

但凯利的反击并没能阻止布什政府和布莱尔政府继续胡作非为，他们无视联合国武器核查小组得出的无可置疑的结论，阻止公众得知真相，谎称伊拉克确实存在拥有大规模杀伤性武器的可能性，并称伊拉克从非洲获得了制造核武器所需的浓缩铀。

西方国家用于非法入侵伊拉克的具体理由如下所示。请记住，凯利博士的死恰好发生在这个虚假信息充斥的时期，西方国家的两个完全虚假的言论是：

1. 伊拉克拥有生产和大规模杀伤性武器的能力；

2. 伊拉克试图从非洲获得军用浓缩铀，这表明伊拉克可能造成核武器威胁。

现在事实非常明确，绝对无误，他们不仅在上述两个问题上编造谎言，还否认自己编造了上述谎言这一事实。

这就是英美入侵伊拉克的理由，他们不惜任何代价确保这个弥天大谎不会被揭穿。

面对如此不利的情势，有些人会选择卑躬屈膝，附和当权者，但有些人却不会，比如凯利博士。这些人内心正直，具有高尚的职业操守，不畏强权，敢于说出真相。大卫·凯利拒绝对此保持沉默，而是选择奋起抗争。

凯利联系了一名英国广播公司（BBC）的记者，将自己对伊拉克的实地评估告诉了他，而他的这一举动在英国政治界引起轰动。

英国国防部意识到发生了一个高级别泄密事件：一名政府官员向媒体表示，政府严重高估了伊拉克拥有大规模杀伤性武器的可能性，据称凯利博士就是这则信息的源头，此事发生后不久他就死了，正如他曾预料的那样："死在了树林里。"

以伊拉克拥有大规模杀伤性武器作为对其展开军事打击的理由绝非偶然，而是精心策划的计谋。2003 年，美国国防部副部长保罗·沃尔福威茨接受采访时表示：

> 由于美国政府官僚政治相关的种种理由，政府最终做了一

个得到各方同意的决定，以大规模杀伤性武器作为开展军事打击的核心理由。

也有文件表明这一决定并非偶然，我们的政府领导人在全国范围内通过“有系统的”虚假言论夸大伊拉克的核武器威胁，为发动战争制造理由：

布什政府夸大了伊拉克大规模杀伤性武器威胁，他们没有发现萨达姆·侯赛因与基地组织领导人奥萨马·本·拉登之间有任何联系，这是一个无党派私人研究机构在昨天发布的报告中的结论。卡内基国际和平基金会研究表明，“政府夸大了伊拉克的大规模杀伤性武器和弹道导弹项目的威胁，错误地将可能性当做事实，歪曲了武器核查员得出的结论，将一个小问题夸大为具有灾难性的威胁”。

政府对事实的严重歪曲从英国读者众多的《太阳报》的新闻报道中就能看出，该报纸头版头条用大号大写字体写下这个标题（原话引述）：

英国距末日只有45分钟。

在入侵行动发生之时以及发生之后，都没在伊拉克发现化学武器、生化武器以及核武器，伊拉克根本就没有大规模杀伤性武器，而这却成为这场显然违反国际法的入侵他国之战的理由。凯利博士及其团队的观点是绝对正确的。在入侵行动开始之前，凯利博士就表示过，没有证据证明伊拉克拥有大规模杀伤性武器，这是凯利博士及其团队提供的情报评估结论。凯利坚持认为，出于政治原因，事实真相被“强奸”了，目的就是使一场本质上毫无道理的战争看似合理。

凯利博士的团队认为，伊拉克并不拥有大规模杀伤性武器，事实上，从 1991 年开始，萨达姆就没有任何上述武器项目，但这份报告却被禁止发表。凯利和他的团队是受西方国家之托，对是否应该对伊拉克进行军事打击一探究竟的人，而英国政府却滥用其权力阻止真相为公众所知！他们篡改报告、误导公众，实际上就是编造了一个虚假的声明。伊拉克没有大规模杀伤性武器，人尽皆知。英美两国串通一气，制造了一个自我支持的环状证据，肆意破坏和篡改原始资料，为了使核查报告结论与他们早有预谋的战争相一致而不择手段。英国情报机构和英国政府都心知肚明，萨达姆·侯赛因没有制造大规模杀伤性武器的能力，他们在语言语义上大做文章，故意描绘出一幅与事实真相完全相反的画面，企图使他们编造的战争理由更具可信度。

在走向非法侵犯他国的错误道路上，凯利博士并不是唯一受害者，任何挡住他们去路的人都成了受害者。同一时期，他们还为伊拉克战争编造了另一个理由，但与其拥有大规模杀伤性武器这一借口一样经不起推敲。据他们所称，有情报显示伊拉克从非洲国家尼日尔购买了俗称“黄色蛋糕”的浓缩铀，他们据此得出一个极具戏剧性的结论：有了这种军用浓缩铀，伊拉克的核武器制造能力将得到大幅增强，为世界带来具有灾难性的威胁。但现实与这番言论截然不同。

2002 年 2 月，美国中情局派遣美国前驻尼日尔大使乔瑟夫·威尔逊前往该国，目的很明确：调查伊拉克是否从尼日尔购买了军用铀。威尔逊用一周多的时间联系了多名相关人士，其中包括与尼日尔军用铀买卖相关的现任或前任政府官员，他的结论是：从他与这些人的交谈内容来看，由于国际与对铀的买卖有严格的限制和审查，铀的运输难度很高，如果确有铀运出该国，国际社会不可能对此毫不知情。他高度怀疑有军用铀从尼日尔运往伊拉克的说法，并将这一结论汇报给美国相关部门。

当他看到布什政府装出一副以事实为证据的姿态抛出一派虚假言论时，他极为震惊，并在 2003 年 7 月 6 日《纽约时报》发表的一篇文章中表达了他对此事的担心，文章指出，威尔逊对政府的言论持“高度怀疑”态度，而且萨达姆·侯赛因从未试图从尼日尔购买军用铀。

白宫迅速对此作出回应，言辞极富威胁性，言语间流露出一副要给所有人一点颜色看看的意思。7 月 14 日，也就是凯利博士死亡的三天之前，一位与布什政府关系亲密的记者得到消息并发表文章称，威尔逊的妻子瓦莱丽·普莱姆的真实身份是美国中情局现役特工，显而易见，这篇报道的目的就是报复威尔逊。他们故意暴露普莱姆的身份，相当于结束了她本来值得尊敬的情报生涯，不仅如此，他们还破坏了普莱姆在几十年职业生涯中建立的遍布全球的公开或者秘密的关系网络，甚至危及到她许多联系人的生命。如果你去查阅《1982 年美国情报身份法案》，就不难发现，公开秘密特工的姓名和其他详情是一项严重的罪行。不过各位别忘了，有美国总统为你撑腰，这些问题都是小菜一碟。当布什总统的内参顾问“思古特尔”·利比被发现在普莱姆的身份问题上撒谎时，还没等任何人提起“特赦金牌”几个字时，他已经迅速获得了总统特赦。就像当年肯尼迪遇刺后，据称林登·约翰逊总统对此案展开了调查，但其实是打着“国家安全”的名号，将真正的重点抛至一边。显然，布什政府的上述举动是对威尔逊的攻击，也是对所有人发出警告：他们将不惜一切代价为即将发动的伊拉克战争排除障碍。但是，凯利博士是个正直诚实的人，虽然他亲眼目睹了威尔逊大使的遭遇，但面对那场明知出师无名的大规模战争，他不愿坐视不管。

科林·鲍威尔对伊拉克拥有移动生化武器实验室的说法提出质疑，凯利博士及其团队对此进行了调查，其结论是，伊拉克并不拥有上述设备，他们拥有的所谓的“移动生物恐怖实验室”是由武器核查员建立的，目的是制造氢，绝对不会造成威胁。

凯利博士凭良心说话，他明知政府所说均为谎话，于是联系了英国《观察家》报的一位记者，与他进行了清晰、坦诚的交流。他的评论出现在2003年6月15日该报的周日版上，这一天距离他的死亡日期只有一个月。文章中凯利博士被描述为“曾对伊拉克的移动拖车设备进行检查的英国科学家和生化武器专家”。他的原话是：

> 它们不是移动细菌战争实验室，也无法用于制造生化武器，它们看起来就不像，其用途正如伊拉克人所说，只是用于制造填充气球的氢气。

尽管如此，美国国务卿科林·鲍威尔依然在联合国上演了一场媒体秀，大谈开战的必要性。据他所说，政府的信息是一位熟知的线人提供的可靠消息，另有三个独立消息源对此确认。这个所谓的“消息可靠的线人”不过就是一个代号为“弧线球”的人，他人如其名，经常玩“抛弧线球”这种把戏。另外，确认此消息的那三个消息源也完全不具有可信度，他们最终被证明与“弧线球”的话一样，都“具有欺骗性”。事实上，就连中情局及其欧洲情报分部负责人也对“弧线球”的可信度公开表示过质疑。

鲍威尔先生在联合国所做的开战呼吁就是建立在这些“沙丘”之上。

在一次媒体广泛报道过的联合国讲话中，科林·鲍威尔当着全世界的面谎称这些都是“第一手信息”，并称有“目击证人亲眼见过这种移动生产设备，并有另外三人对此作过确认”。

他的这场公开演讲取得了丰厚的回报，虽然传递了大量错误信息，但政府并不介意，找到“战争的理由”对他们来说才是最重要的。只需看看2003年的一次民意调查结果，就知道这些虚假的信息所取得的效果，居然有高达72%的美国人认为萨达姆·侯赛因亲自参与了9·11事件。他们的所作所为，正如老话所说，“别让事实真相破坏一个精彩的故事”。

凯利博士死的“正是时候”，让英美两国大松一口气，从此伊拉克拥有大规模杀伤性武器的谎言不会再受到质疑，因为最大的质疑者消失了，能证明政府的言论毫无事实根据的人不见了。仅就这一点，我们就应该仔细想想，凯利博士的死亡一案中是否有这些人的影子。

再回头来看凯利博士的消失一事，值得注意的一点是，没有证据表明在他失踪后警察或者任何人曾试图通过手机通信技术追踪他所在的位置，或者说，他们根本没有打电话查看他的手机是否关机，而凯利博士一直都带着手机。

在他死亡的年代，手机追踪技术已经出现。如果他的手机处于开机状态，可以通过三角测量技术确定他的位置。即使手机关机，他们也可以确定他关机前最后的位置，毫无疑问，这显然是本案的一个关键信息。为什么他们连这个信息都没有确定？更让人疑惑的是，为何没有任

有报道称，凯利博士是揭露有关西方国家夸大伊拉克生化武器制造能力、编造伊拉克战争理由的消息来源，他因此接受了政府的审问。

何人试图拨打他的手机？难道要让我们相信警方根本没想到这一点？难道这不应该是他们发现死者失踪后应该做的第一件事吗？所有疑惑中，最令人不解的是，为什么上述问题此前从未被提起过？此案证词中没有任何信息表明凯利的家人曾试图拨打他的手机，警察也没有问过他们是否拨打过凯利的手机，官方调查人员也没有问过是否有人通过手机信号确定过他的位置、或者是否有人至少打过他的手机。这是一个巨大的非常荒谬的疑点，清楚地向我们表明，此事定有蹊跷。

凯利博士已经完成了一本四万字的书，据他说，书中内容将证明西方国家在伊拉克战争问题上制造了谎言。在他失踪的那天，英国军情五处特工突袭了他家，拿走了他的个人电脑，电脑中有这本书的文稿，这次突袭就发生在凯利博士的尸体在树林中被发现的 30 分钟之前。这本书就此消失，书中内容从此再未出现。

案发时间表

凯利博士处于一场风暴的中心，因为他被称为是一则引发巨大争议的媒体报道的信息源。他立即被下议院委员会召见，就此事接受审问，被英国情报机构带往“秘密地点”“面谈”多日。与媒体保持联系是凯利博士的工作内容之一，但是，将伊拉克并不拥有大规模杀伤性武器这一信息透露给媒体，表明他反对英美两国以虚假情报为根据发起伊拉克战争，而这一举动将他置于英美两国政府的对立面。

凯利博士的生命受到已知的威胁（他的名字在伊拉克“暗杀名单”

中），据说他因此受到英国国防部军情五处（相当于美国的联邦调查局）和军情六处（国际情报处）的保护。用他自己的话说，他“在国防部的建议下保持低调、避人耳目”，意思是“离家一周”，但是他“现在回来了”。

• 2003年7月17日，周四，8：00

在位于牛津西南方约七英里处的一个偏僻村庄南摩尔，凯利博士和妻子在家中醒来。凯利夫人将她丈夫当时的情绪描述为“疲惫、低落但并不抑郁”，凯利博士是个出了名的工作狂，整个早晨都在书房工作，忙着发邮件、接电话。

凯利博士是曾获得诺贝尔和平奖提名的科学家，是他所研究领域的绝对权威，他性格坚韧，富有专业精神，很好地应对了这场媒体风暴。反而是他的妻子对当时所发生的一切忧心忡忡，身体和精神上都承受了压力。

• 8：45—9：00

凯利博士告诉妻子他要给国防部写一份报告，然后像往常一样走进书房开始工作。书房在一楼餐厅的旁边、靠近前门的位置，房间里摆满了他写书所需的各种书籍和报告。

• 9：00—11：00

凯利博士还在书房工作。他的妻子前后听到几次电话铃声，他在电话上交谈的内容与武器核查有关。有几通电话是英国皇家空军中校约翰·克拉克打来的，那天早晨他与凯利博士交谈了很多次。克拉克中校是英国国防部反扩散武器控制负责人，在工作上与凯利博士紧密合作，两人也是好友，曾一起参与了伊拉克武器核查工作。经克拉克中校确认，凯利博士在下一周的周五有飞行计划，国防部为他预定了7月25

日，也就是周五的飞机，克拉克中校（以及凯利的其他同事和朋友）表示，凯利博士对此次再度前往伊拉克继续工作非常期待。克拉克中校后来的证词表明，他们二人当天在电话上谈论的正是上述内容——凯利博士期待回到伊拉克继续武器核查工作，也谈到了媒体报道和负面宣传，还特别说到凯利将这场媒体风暴应付得恰到好处，但这件事的确对他妻子造成了严重影响，她有些手足无措：

> 我问他怎么样，他回答说能撑住，不过他还说一切都到紧急关头了，妻子完全不知如何应对……据他说，17 日早上，他妻子一直情绪沮丧。

凯利博士的日记也提到了上述前往巴格达的计划。毫无疑问，一个计划自杀的人不会在意未来的出行细节，也不会花时间去订他根本用不上的机票。

受害人的日记内容还可以确认，他的确非常期待回到伊拉克继续武器核查工作。

• 11：00

凯利博士走出书房，休息了一下，坐下来喝了杯咖啡，妻子也喝了一杯咖啡，他们简单交谈了几句，但并没有一起喝咖啡。

• 11：18

凯利博士回到书房继续工作，他给最近发电子邮件给他的《纽约时报》记者朱迪斯·米勒回了一封邮件，米勒女士是《病菌：生化武器和美国秘密战争》一书的作者，她一直与凯利博士保持联系，持续关注他当时向情报与安全委员会作证的情况。她的来信内容如下：

大卫，凯利俱乐部另一名成员来信说你今天一切顺利，希望的确如此。

凯利博士给她的回信意味深长：

朱迪，我要等到周末才能判断结果如何，很多人在背后玩花招。谢谢你的支持，在这种时候，我非常感激你的友谊。致敬，大卫。

凯利博士信中所说的要等到周末才能判断的结果显然不可能是他的自杀。那句“有很多人背后耍花招”可以理解，内部知情人士透露政府高层官员（首相托尼·布莱尔及其首席助理阿里斯泰尔·坎贝尔以及国防部长杰夫·胡恩）利用凯利博士一事让英国广播公司名誉扫地。米勒女士一直所做的事其实无意中为西方国家编造战争的理由提供了帮助（在 2001 年的炭疽攻击事件中，她是唯一收到炭疽菌包裹的记者，从此以后，她便开始报道相关内容，她的报道使白宫有关大规模杀伤性武器的言论更具可信度）。米勒女士后来也认为凯利博士的回信内容对英国政府高层极为不利：

基于过去与凯利博士的交流，他的话似乎暗指英国国防部和情报机构内部人员，暗指与他在情报报告的理解上有过争执的人。

凯利博士曾收到过威胁，如果不配合国防部的调查，他将有可能面临刑事诉讼并失去养老金。

•11：00—12：00

这天早晨，凯利博士不仅与克拉克中校打了电话，给《纽约时报》

的朱迪斯·米勒回了邮件，他还又发了7封电子邮件，主要是发给同事和其他支持祝福他的人的回信，内容像平常一样积极乐观。

他给同事阿里斯泰尔·哈伊回了邮件，哈伊在邮件中表示担心国防部可能“不允许”自己和凯利之间存在邮件联系，他说凯利博士一定面临着巨大的压力，鼓励他要顶住压力。凯利博士回复到：

亲爱的阿里斯泰尔，非常感谢你的支持，但愿一切都会很快过去，但愿我能尽快回到巴格达继续我真正的工作。大卫。

凯利博士接着回了一封内容敏感的邮件，出于国家安全原因，发件人姓名被改动，邮件主题是“媒体”陈述（只有媒体一词加了引号），发信人称“希望几周之后在国外见到你”。

凯利博士回复到：

（收件人姓名也因安全原因做了改动），已经一周了，如果一切平息下来，我将于下周五到达巴格达（原文如此），希望到那之后能很快见到你。大卫。

罗恩·曼利在来信中说，“对你最近经历的这场媒体纷争我深感遗憾”，并表达了祝福之情，凯利回复他：

罗恩，非常感谢你的关心，这段时间的确艰难。相信到这周末，一切都会过去，我就可以重返巴格达继续我真正的工作。大卫。

凯利博士是巴哈派的新信徒，热情很高，他给同为巴哈派教徒的吉塔·金登写了一封电子邮件，信中提到他多次受到威胁，忍无可忍，不得不离家一周，到一个情报“安全点”躲避：

吉塔，非常感谢你的关心和祈祷。这段时间对我来说的确非常艰难，如果一切能在下周初平息下来，我将于下周五前往巴格达（原话如此）。

这段日子我不得不保持低调，离开家一周了，现在已经回家了。祝你一切都好，谢谢你的支持。大卫。

此外，他还回信给德布·克里克瑞恩，她此前来信中大部分内容都因安全原因而被删除，但她说自己“在城里”，希望在他可能的情况下与她见面。凯利的回信进一步确认了他猜测的政府阴谋，再次表明他因个人安全受到威胁而受到国防部的保护：

德布，非常感谢你的来信。GKW 告诉我你一直在联系我，但我最近在国防部的建议下出门避人耳目了。如果下周初一切能平息下来，我将很快到达巴格达。大卫。

接着，他回信给同事菲利普·米歇尔，他此前来信说“我们知道事实真相在哪里，真相必须要尽快公开”。

菲利普，非常感谢你的来信。我知道许多好朋友都在这个困难的时刻支持我，希望尽快见到你。大卫。

他还花了点时间给同事马尔福雷德·布朗特写了一封礼貌的回信，此人为凯利所处的境遇表示同情，并称希望发给他一份报告草稿：

马尔福雷德，非常感谢。这段时间非常艰难，我希望能尽快到达巴格达开始我真正的工作，到时候我可能无法查阅邮件，但是你可以将你想发的东西都发给我，我会尽快回复你。

大卫。

赫顿调查中列出了上述八封电子邮件（包括来自米勒的），并称这些邮件均为凯利博士在 11：18 发出的。考虑到每封信的长度、对回信内容需要思考时间而且信件总数较大，这不太可能。就像他在当天早晨各种一系列交流中表现出的积极情绪一样，他在任何情况下都对重返伊拉克继续武器核查这个“真正的工作”持乐观态度，即使在国防部对他采取安全保护措施后、让他“保持低调”甚至离家一周，他依然保持这种积极乐观的情绪，从他的回信内容中可以看出，他在生命最后一天的早晨，依然保持了这种情绪。他当天的行为方式符合他一贯的作风：只谈工作，回复高效、专业、礼貌，显然不是一个自杀者的行为方式。

- 12：15

凯利夫人回到家里（她之前出门取照片），告诉丈夫这些照片的事。

- 12：30

凯利博士走出书房，来到客厅找妻子。他们除了谈论那些照片，还一同吃了午餐，二人分别坐在桌子的两端，但说话很少（她感觉丈夫全神贯注于工作）。

凯利博士吃了些妻子做的三明治，喝了一杯水。

事后，当凯利夫人被问到如何描述当天中午 12：30 时她丈夫的状态，她的回答是：

我只是觉得他非常伤心，他真的非常、非常……他沉默不语……那个事后，我不知道他接下来要做什么，完全不知道。

正如诺曼·贝克指出，她的话被律师称为是在事后信息基础上做出的重新解读，她的话真正告诉我们的是：在那个时刻，没有发生任何反常的事情表明她的丈夫会自杀，一点迹象都没有。

• 13：30—13：45

午饭后，凯利夫人像往常一样上楼休息。她患有关节炎，今天突然发作。凯利博士回到书房继续工作。

请注意，被当时的媒体风暴深深困扰的其实是凯利夫人，她才是承受痛苦的人。案发现场出现的被指属于凯利博士的 co-praxamol 药片其实并不是他的，医生并没有给他开过这种药，而且他有严重的吞药困难。他通过散步的方式减轻背痛，似乎不错。co-praxomol 是一种轻度止痛药，一般为关节炎患者服用，所以药片可能是他妻子的。此外，案发后，凶手有一个很大的时间空当可以从凯利家中拿取他东西布置死亡现场。

• 稍早于 14：00

凯利博士上楼去去看休息的妻子，他知道妻子今天感觉不好。

她后来说："我躺下不久，他来问我好不好，我说：'我会没事的。'"

此刻值得注意的是，如果说他对妻子非常体谅以至于上楼去查看，那么他的这份体谅显然不会让他选择自杀，让事情变得更糟。

• 14：00

凯利博士准备出门散步。他的妻子说："他换上了牛仔裤，因为在家里他常穿运动服或者运动短裤，所以他去换了衣服，穿上鞋。”

- 14：30

梅森行动正式开始（严格地说，是泰晤士河谷警察局对凯利死亡案的调查）。

这次行动是在凯利博士出门散步之前半个小时开始的，通过逻辑分析不难看出，一定有其他人计划了这次案件，梅森行动实际上是警方在得到最新消息称凯利博士面临生命威胁后展开的行动。

- 14：53—14：54

凯利夫人听到电话铃声，由于楼上没有装电话，她以为丈夫已经出门散步，所以下楼去接电话。后来她听到凯利博士接了电话，她可以确定这次还是在和国防部的人交谈（几乎可以肯定这通电话是克拉克中校打来的，他后来的证词也表明他在下午 15：00 之前不久打电话给凯利博士，那是他们最后一次交谈）。

- 15：00 后不久

凯利博士出门散步，他每天都会用散步的方式缓解背痛，散步时间通常是二十五分钟或稍短。他出门前告诉妻子，他去散步了，会很快回家。

夫妻双方通常都有默契，知道双方特定语言的含义，凯利的妻子知道他像往常一样去散步一会儿（正如她的证词所示），不到半个小时他就会回家（他有时散步路线较长，如走到哈罗德山，需要将近一个小时）。如果他选择较长的散步路线，他一般都会说清楚并带上外套，但那天下午他并没有带外套。

如果他随身打包带上了修枝刀和药品，准备在散步过程中结束自己的生命，那么相对合理的是，他在出门之前会向他多年的妻子说一些更有纪念意义的话，但事实相反，他只是简单地说他出门散步，就像往常一样，还说他很快就回家，也和往常一模一样。

• 15：20

克拉克中校再次打电话给凯利博士，凯利夫人接听了电话，这次她确定丈夫已经出门，所以告诉克拉克中校，凯利不在家，下午15：00刚过他就出门散步去了。

• 15：20—15：25

露丝·阿布索伦是与凯利博士相识多年的邻居，她在路上碰到凯利，两人聊了几句。她后来表示当时是15：00左右，但对此不太确定。显然，如果凯利博士是在15：00出头出门，从家走到哈里斯道与露丝相遇，这里离凯利家接近一英里（快走也要花至少15分钟），这次交谈的时间肯定比15：00晚。两人交谈了大约5分钟后分开，凯利说："回头见，露丝。"据露丝那时候回忆，聊天时凯利博士的行为举止完全正常，没有丝毫奇怪之处：

> 他完全正常，与我以前见到的他没有任何区别。我们分开时他说"再见露丝"。

凯利博士生命安全受到威胁，因此一直处于国防部以及军情五处和军情六处的保护之下，他应该不会被允许在无人陪同、毫无监控的情况下独自出门，在英国的偏僻乡间漫步。尤其值得注意的是，他每天下午散步的路线固定不变，这更加让人难以理解。上述几位证人均表示凯利博士出门时或者在路上遇到他时，他独自一人，无人陪同保护。国防部对凯利博士的安全保护措施并无文字记录，除了梅森行动，其他信息不得而知。梅森行动是专门保护凯利博士的行动，在凯利最后一次出门散步前至少三十分钟就已开始。那么，保护他的人去哪了?

上述证人还证实，凯利博士出门时没有携带任何物品，没有带水、修枝刀、三包10片装co-praxomol或者是能包裹这些东西的外套。但是，他的尸体被发现时，上述所有物品都出现在现场。

- **15：25**

凯利博士朝露丝右边的方向继续行走，沿着阿尔普顿路，朝着金斯顿巴格普斯的方向一路走去。

凯利博士当日散步的路线与他平日里较短的散步路线一致，这条路线并不通往哈罗德山（他的尸体被发现的地点）。

- **15：25—22：00及之后**

请注意，邻居露丝·阿布索伦与她这位朋友告别的时间（凯利生前最后一位见过他的证人）与凯利博士死亡的大致时间之间存在约达7个小时的失踪时间。从法医证据来看，凯利博士在这段时间还活着。第二天早晨尸体被发现时，病理学家无视检验程序，没有测量死者的体温，而体温数字是可以判断死亡准确时间重要信息。尸体在死亡后6个小时开始僵硬，12小时后呈现明显僵硬状态。尸体在星期五上午10:00被发现时还没有完全僵硬，通过时间倒推就可以确定死亡时间——他的死亡时间最早是星期四晚上22:00，很可能在这个时间之后。因此，在他失踪之后的几个小时之内，他一直活着。

- **16：30—17：00**

据凯利夫人表示，在她丈夫出门几个小时之后，她意识到他出门的时间太久了，“非常担心”。

她知道凯利散步的时间一般不会超过半个小时，不过直到他出门大概两个小时之后她才开始担心，不过再次申明，此时她依然没有担心他会自杀。

也没有任何文字记载表明凯利夫人（或任何其他人）试图拨打凯利博士的手机，这本该是当时最合理的行为，凯利博士随身携带手机。

- 17：00—17：10

凯利夫人打电话给女儿瑞秋，显然是告诉她当时的情况。

- 17：10—17：30

瑞秋开车 20 分钟来到父母家。

- 17：30—18：00

瑞秋到了父母家，和母亲交谈了一会儿，然后出门沿着据她所知父亲平日散步的路线去找他。

- 17：00—18：00

凯利博士在国防部的一位同事试图拨打他的手机，但手机已经关机。

我们知道他的手机在这段时间处于关机状态，这一点非常可疑——凯利博士正处于一系列不确定事件之中，需要与国防部的同事随时保持联络，很难想象他会出于自己的意愿而关掉手机，他曾特意告诉过朋友他的手机随时开机。

- 18：30

瑞秋没有找到父亲，回到家里。

- **整个晚上**

瑞秋的妹妹希恩和伴侣理查德来到凯利家，两姐妹找遍全城，但没有发现父亲的踪影。

每个关心本案的人都知道，凯利博士身在一个引人注目的位置、一个充满危险的行业，而当时正值英国媒体争论的高峰时期。一个面临如此形势的人出门散步，本该半个小时就回家，可很多个小时过去了依然不见人影，那是一个偏僻的小村庄，找不到他任何踪影，但就在这种情况下，居然没有人报警。

还要注意，官方证据中，没有任何信息表明有人曾打过他的手机。

- **23：00**

两姐妹没有找到父亲，只好回家。她们去了哈罗德山，因为父亲有时会选择这条较长的散步路线。

- **23：40**

终于有人报警（此时失踪时间已达8小时）。

- **23：50—23：55**

三名警察在一张失踪人员登记表上登记了相关信息。西蒙·莫里斯警官对赫顿调查表示，他当时安排人员“对凯利住所及周围区域进行了一次非常仔细的搜查”，这次搜查的目的是确定凯利博士是否因心脏病或其他疾病发作导致昏迷。

- **2003年7月18日，周五，1：00**

莫里斯警官下令进行空中搜索，据凯利夫人回忆，当时的时间是1：00左右。这次搜索有文字记载，但记录中的时间远远晚于上述时间。记录显示，一架警用直升机从卢顿出发，在2：50和4：05之间进行了搜索，之后直升机在英国皇家空军本森基地加油，然后在4：30—5：10进行了第二轮突进搜寻。总共搜寻时间为1小时55分钟。

- **凌晨某时**

一个高约110英寸、带有巨型天线的通信塔被运到凯利家并安装在院子里，供泰晤士河谷警察局人员使用。

英国议员诺曼·贝克向许多专家核实过此事，他们都认为，即使在一个信号非常差的区域，也只需搭建一个不高于十五英寸的通信塔，这足以满足当时的需要。安装如此巨大的通信塔，唯一解释就是为了方便他们需要通过高科技手段与距离很远的人进行通信，比如正在飞机上的人。当时的确有人在飞机上，那就是首相布莱尔，他正乘坐飞机从华盛顿飞往日本。

- 2：00—4：00

“六名警察”对凯利博士进行了地面搜寻，但寻找范围只是凯利住所附近。

- 2：50—4：05

第一次空中搜寻的实际时间。

据说这架直升机装有高科技红外线设备，如果此次搜寻时凯利已经死亡，搜寻人员应能够确定尸体所在位置。第二天 19：15 时，尸体的温度依然是 24 摄氏度，据此推断，在此次搜寻时，尸体的体温足以被红外线设备探测到。此外，当晚是月圆之后的第四天，月光明亮，十分利于搜寻。

- 4：30—5：10

第二次空中搜寻的实际时间。

- 5：30

阿宾顿警察局召开会议，局长助理佩奇和保罗·伍德警官（警察搜索顾问，当地警探，政治保安处负责人（相当于英国的情报安全处））参加了会议。佩奇后来的证词是：“我当时担心凯利博士出门散步时突然病倒，或者发生意外，很有可能被绑架，当时可能已被拘禁。”

请注意，虽然警方已从凯利家人及其他人口中得知了许多信息，对本案进行了一轮“头脑风暴”式的详细分析，但截至此时，依然没人提到自杀这个可能性。

•6：00

警方召集警力前往当时被认为凯利博士最有可能失踪的六个地点（哈罗德山排在列表第二），同时要求周边其他地区的警察提供援助，东南伯克郡急救志愿队和他们的搜救犬也收到了命令。格拉曼·科开始挨家挨户查看。

•6：30—7：30

在此期间，有30~50名警察从凯利家出发进行搜寻。

•7：15

东南伯克郡紧急志愿队到达阿宾顿警察局，简单了解案情后，携搜救犬出发执行搜寻任务。

•8：00—8：25

搜救犬闻到特殊气味。

两名志愿队员路易斯·福尔摩斯和保罗·查普曼带领一只名为布罗克的经过高度训练的柯利牧羊犬对他们所负责的区域进行搜索，也就是哈罗德山和泰晤士河之间的树林。

布罗克嗅到特别的气味，跑回路易斯·福尔摩斯身边狂吠，这是它找到一些东西的反应。一般情况下，搜救犬会按照它受训的方式，带领他的训练员到它找到的东西所在的位置，但这次非常奇怪，搜救犬拒绝前往，只是向训练员指示了方向，自己不愿过去。

•8：30

路易斯·福尔摩斯在哈罗德山的树林中找到一具尸体。她对同伴保罗·查普曼大喊了几句，让他报警。查普曼拨打了紧急电话999，很快接到阿宾顿警察局的回电。在返回车里的路上，他们遇到三名警方的情报侦探，他们正在走向泰晤士河的方向，尚不知道尸体被发现的消息，其中两人是地方治安官格拉哈姆·科和希尔兹，第三人至今未被确认。治安官科让查普曼带他们去尸体所在的位置，查普曼按其指示带领他们过去，之后，治安官科要求他们回到车里等待其他警察。

- 8：30—9：00

警官科一个人在尸体旁边，时间长达半个小时，自此以后，本案中出现了大量相互矛盾的证据：

> 据最早找到凯利博士尸体的两名志愿搜寻队员表示，当时凯利处于背靠大树坐着的姿势，查普曼是从大约15~20米处看到尸体，他告诉调查人员凯利博士的尸体背靠大树坐在地上。另一个队员福尔摩斯认同这一说法，据她称，凯利博士的头部和肩部“都倒向后方、靠在树上”。

然而，治安官却表示凯利博士的尸体平躺在地上，他的说法最后变成了正式的官方说法。

两名搜寻队员根本没有留意到凯利博士手腕上有一处小割伤，因为现场血迹很少。尸体被发现很久之后才有人通知医疗人员。下文将提到的法医证据中，对死者呕吐物痕迹的方向进行了分析。分析结果说明，他们认为尸体背部靠在树上的姿势不合理。

- 9：40

阿宾顿救护站终于接到了电话。

电话内容是，在哈罗德山发现一具尸体，立即派遣一辆救护车前往此处。

• 9：55

急救人员到达现场。

两名医生戴夫·巴特利特和瓦内萨·亨特到达死亡现场，看到现场满是执法人员，他们感到十分震惊：现场有“特殊装备响应小组”和其他部门的警察，有些穿便衣，“有些穿黑色夹克和警服”。他们停下救护车，在两名特警的带领下走进树林，携带抢救设备走了大约一英里后，看到了尸体并检测了死者状态：亨特检查了脉搏，巴特利特用手电筒照射眼睛以检测瞳孔反应。他们在死者胸部放置了四个电极，试图检测心脏活动，但发现心脏已不再跳动。

有证据证明尸体被移动过。两名医生均表示尸体平躺在地上，这与搜寻队员描述的尸体背靠大树的姿势不同。请注意，如果尸体被移动过，说明在搜寻过程中，掩盖行动已经启动。如果调查内容真实，他们没有理由通过移动尸体的方法使现场证据与其他证据符合。

• 10：07

死亡现场的医务人员都是受过临床训练的急救医生，对死亡现场经验丰富，在救护队工作时间均超过十五年。他们在评估受害人状态和死亡现场时，首先感到奇怪的是，现场几乎没有血迹。两人都见过割腕自杀“成功”的死亡现场：瓦内萨·亨特将其形容为“就像一个屠场”，但据他们两人观察，凯利博士的死亡现场与此截然不同，没有任何证据可以证明死者为自杀。瓦内萨·亨特作证称：

> 死亡现场周围出现的血迹非常少……没有明显的动脉出血，没有血液喷溅或大量失血的迹象，死者衣服上也没有明显血迹。

死者周围没有大块血迹，他左臂旁边的荨麻上有些许血迹，死者衬衫的身体部位没有发现血迹。此外，只有一处血迹，就在裤子上，有50分硬币大小，在裤子的右膝上方位置……如果有人割了动脉，不管是故意行为还是无意行为，血液都会四处喷溅。我认为，死者不可能是因为割伤手腕而死。

巴特利特完全同意同事的说法，他也曾去过自杀现场，伤者的血液甚至会喷溅到房顶，他回忆起当时的情景：

即使如此，伤者依然幸存下来，这就像是现实版的《德州电锯杀人狂》，主人公居然活着走了出来。我们曾去过大量故意或无意割腕的现场，大多数伤者都在送到医院、缝合伤口之后，直接送回家，但这种伤者都会大量流血，身上满是血迹。

巴特利特在凯利博士的死亡现场就说过他手腕的割伤并无大碍：

我记得对一名警察说过，他不太可能是死于那个原因……

两名医生还清楚地看到死者嘴角流出的呕吐物的痕迹，两侧耳朵上都有。

两侧耳朵位置的呕吐物痕迹与死者目前平躺的位置一致。如果死者的姿势是背靠大树——这显然就是他此前的姿势，那么他口中流出的呕吐物将会因重力作用向死者前方流出，而不是流向两侧耳部。据此可以得出合理的推断，死者死亡之后被移动过，目的就是消除这个疑点。

- 10：55

按照《信息自由法案》的要求，于2011年公布的信息显示，在凯利博士的尸体被找到的90分钟后，一架直升机降落在尸体所在区域。不过，相关文件经过明显的修订（因“国家安全”为由做过删节），我们无法从中看出这架直升机出现是何目的，机上有何人，何人派遣了直升机。泰晤士警察局拒绝就此发表评论。

这架直升机的出现就和本案其他每个细节一样，似乎看不到任何人出于责任感对相关行动做出合理解释，或者以令人理解和信赖的方式行事，甚至没人试图表现曾尽力探寻真相。正如曾因质疑官方报告而处于巨大压力之下的安德鲁·瓦特医生所说：

> 我们不得不问，如果这架直升机出现在案发现场的目的完全正当合理，为何要对此保密？

在凯利博士死亡一案中，我们必须要问一个在文森特·福斯特案中问过的问题。这是一位天赋异禀、条理清晰的科学家，如果他想自杀，显然会找到更有效的方法，绝不会带着一把刀口很钝的修枝刀潜入树林。因此，我们要问：以他的聪敏智慧，为何要选择如此低效的方法自杀。有很多方法可以达到结束生命的目的，这样一位科学家肯定会选择最有效的方式。

现在可以确定的是，官方人员对凯利博士之死早有预料：泰晤士警察局在凯利博士出门散步之前30分钟就启动了梅森行动，他们表示梅森行动是以凯利的名义开展的“战术支持行动”。一位英国情报机构内部人士解释称，安全情报部门获得消息：凯利博士面临暗杀威胁，梅森行动的目的就是应对这一威胁。假设这种说法是真实的，那就产生了一个疑问：为何不直接拨打凯利博士的手机通知他按兵不动、等待警察并要求他不要作出危险的行为——比如单独前往树林长时间散步？

担任环境、食品和农村事务委员会主席的英国议员诺曼·贝克休假一年，专门调查凯利博士的离奇死亡，并根据调查详情完成了著作《大卫·凯利的离奇死亡》，他在书中对“自杀”这一错误的裁决进行了详细的分析，分析方式与本文类似，最后得出结论，凯利博士死亡发生之时，正值英美两国政府开足马力、为“对伊拉克开展先发制人的军事打击寻找理由”之时，“凯利博士的死亡就发生在“高度紧张的氛围中”，他的死对英美政府政治企图的实现“至关重要”。

结论

正如一份英国报纸所做的总结，凯利博士之死疑点重重，案发之时，“英国广播公司质疑政府关于萨达姆·侯赛因拥有大规模杀伤性武器、只需 45 分钟就能安装使用的结论，而凯利被指是 BBC 消息来源。由首相布莱尔委任的赫顿勋爵于 2004 年公布调查结论，凯利博士使用一把刀口很钝的修枝刀自杀，许多专家否定了这一结论，虽然有人故意泄露凯利博士的姓名，试图玷污他的名誉，但专家都认为这份报告是对政府罪行的掩饰”。

凯利博士之死与文森特·福斯特之死有许多相似之处：

- 都处于一场政治风暴的中心；
- 政治风暴都到达了一个关键阶段；
- 都为人正直，很有可能在被要求妥协之时严词拒绝；
- 两人都意志坚定、极具智慧，拥有为之专注的事业，毫无自杀倾向；
- 两人的死亡疑点重重，大量证据相互冲突，官方结论为“自杀”，但整个案件的谋杀特征明显；

• 两起案件中依然存在大量尚未回答、尚未解决的问题。

案件中的反常之处如此之多，到达一定程度后，这些反常点将成为我们判断案件真相的主要根据。大卫·凯利之死就是一个例子。

但是，对每一个谜团来说，往往只有一个方法可以解开疑惑：将一个命题用于所有证据中，如果此前无法合理联系起来的证据突然都合理了，那么这个命题则为真命题。

在肯尼迪总统遇刺案中，当提出下面这个问题时，疑团开始消散：如果此案中有两个阴谋会如何？一个阴谋是杀害肯尼迪总统，另一个则是出于某种原因对暗杀行为进行掩盖。在这个命题下，之前看似不合理的行为突然合理了，我们可以理解司法部长罗伯特·肯尼迪在总统死亡之后的行为——虽然他并未参与这场谋杀，但他却采取行动掩盖了凶手的罪行。于是，我们的问题是：究竟出于什么原因他才会有如此行为？当我们拿起放大镜仔细观察时，所有细节都契合起来，奥斯瓦尔德的名字一出现，罗伯特·肯尼迪迅速认出此人是反卡斯特罗黑色行动成员；这起暗杀的第二重目的就是为入侵古巴制造理由，但事后的掩盖行动阻止了这次军事行动。于是，证据中的冲突不见了，疑云完全消散了。

在凯利博士死亡案中，这种逻辑将我们引向了一个最常被提及的解释，在这种命题下，之前模糊不清的画面突然清晰起来，所有证据都能契合，许多此前看似反常的细节也突然合理了。

可能的情景

有一种情况可以解释大卫·凯利的死，但这种情况却是某些人不希望提起的：政治谋杀。如果凯利博士是被谋杀，犯罪现场被布置成自杀现场，政府对真相进行掩盖，在此情况下，本案中下列反常之处都可以得到解释：

• 没有人通过手机通信技术追踪凯利博士的位置，没有任何信息表明曾有人试图做过此事，也没有任何信息表明有人曾试图拨打死者的手机，这本应该是发现他失踪后首先要做的合理的事情；

• 装有红外线设备的直升机进行大范围搜寻时，并没有发现凯利博士的尸体——因为尸体当时还不在树林里；

• 凯利博士家院子里安装 110 英寸高的通信塔（根本没有理由在此处安装如此巨型通信设备，除非他们要与当时正在飞机上的人联系，而当时英国首相布莱尔就在飞机上）；

• 许多证人证词不一、存在矛盾；

• 凯利出门散步时并没带外套夹克，但这件夹克却出现在树林中他尸体的旁边。

需要注意，政治暗杀这个词包含很多种可能性：

• 死者被本国情报机构（本案中为英国军情五处或军情六处）暗杀（有时被称为“灭口”）；

• 通过其他国家情报机构或通过私人途径如黑手党实施暗杀；

• 敌军行为，本案中特指中东力量（凯利在萨达姆·侯赛因的“暗杀名单”中）。

在错综复杂的情报世界里，在得出一个简单的结论时一定要小心谨慎。最初看来，掩盖凯利博士的死亡似乎是西方情报机构（军情五处、军情六处和美国中情局）所为，但正如肯尼迪总统遇刺案，那些直接参与掩盖案件真相的人不一定是真凶。

我们与许多情报人士探讨过后发现，真相要比这个复杂许多。在凯利博士死亡的时期，英国军情六处（英国秘密情报处，小说中的詹姆斯·邦德就效力于此）因凯利受到生命威胁而提供积极保护，比如他们

知道凯利博士的名字在萨达姆·侯赛因那份人尽皆知的“暗杀名单”上。据说，凯利申请了低调保护，希望此事不会引起不必要的注意。

另外值得注意的是，凯利博士的死亡发生的同一时期，许多微生物学家也离奇死亡。

伊拉克暗杀小组

诺曼·贝克经过一年半的系统研究，排除了南非、以色列和俄罗斯杀害凯利博士的可能性。他一度考虑过布莱尔政府或布什政府是这起暗杀的主谋，但最终结论是，杀害凯利博士的真凶是一个位于伦敦的反萨达姆·侯赛因集团，这是西方国家建立并资助的反对集团之一，与20世纪60年代同样受到西方训练和资助的反卡斯特罗集团相似。

根据他的推理，这个集团与凯利博士死亡之间的关联是布莱尔政府所无法接受的，这种关联将使凯利博士作为武器核查员所表达的政府没有理由对伊拉克展开军事打击的言论引起更多关注。因此，政府认为有必要将凯利遇害真相掩盖，并谎称这是一起自杀。

那么凶手为什么愿意花费大量时间、如此鬼鬼祟祟地实施暗杀？特别要提到的是，由于凯利博士生命安全受到威胁，一直处于英国军情五处的保护之下（他们还建议凯利居住在“安全点”，但他拒绝了）。这种情况下，任何企图杀害凯利博士的人都应该非常清楚，他们采取行动的时间空当非常短，那么，他们为何不选择将他直接击毙然后迅速逃离？为什么要选择将他绑架并拘禁 7~12 个小时之久？这段时间内，他们周围千里范围之内的警力都在寻找他。

要解决这个疑惑，关键在于通过一系列逻辑推理提出正确的问题。如果伦敦的伊拉克反对分子集团的确计划暗杀凯利博士这样高层次的人，他们肯定知道他们采取行动的时间空当非常短。他们为何选择绑架、拘禁，用如此鬼鬼祟祟的方式将他杀害，还要花时间将尸体搬到哈罗德山一个隐蔽的地方？整个过程他们都将承担巨大的风险。如果将他直接射杀然后逃离岂不是简单很多？还有一个更关键的问题：他们为何能够做到这些事？

通过排除法，上述这些疑问可能让人重新把目光投向西方情报机构，认为他们是这起谋杀的真凶。

西方情报机构

我们已经说过，布什政府和布莱尔政府费尽心机、利用安全虚假的信息为非法入侵伊拉克制造理由。凯利博士正在曝光这些信息的虚假性，因此，他已成为政府正式或非正式的敌人。

不过，英美两国政府非常擅长利用新闻报道实现自己的政治目的。

因此，在当时种种背景之下，如果英美政府能够找到任何证据证明伊拉克政府对凯利博士之死负责，他们一定会这么做。在试图发动伊拉克战争一事上，他们已将这一技巧发挥得淋漓尽致。他们利用莫须有的证据断定伊拉克拥有大规模杀伤性武器及制造设备，并毫无根据地声称伊拉克从非洲进口浓缩铀。而在凯利博士死亡案中，他们没有使用这个杀手锏，表明这个方法行不通。

但是，诺曼·贝克指出，他们之所以没有做出上述行为，可能有一个非常充分的理由。如果凶手的确来自西方国家支持的伦敦反对派集团，他认为如果追究此事会让政府难堪，并引起令政府无法接受的政治动荡。

但这一观点依然存在漏洞。对英美两国政府来说，为何要大费周折地布置自杀现场、实施掩盖，而不是通过媒体运作将此事的责任从一个伊拉克团体转向另一个伊拉克团体？利用媒体可是布莱尔政府和布什政府的强项，这一点在他们利用虚假信息为入侵他国的违法行为编造理由的过程中已展露无遗。

凯利博士在情报界被认为是“高价值目标”，该领域内无人不知。就在他死亡前，情报机构曾建议他住在情报“安全点”，但凯利博士拒绝了。但这表示凯利博士的确处于保护之中，没有人比军情五处更清楚他需要保护。

那么，在他失踪那天，保护他的人去了哪？难道要让我们相信军情五处明知一个掌握国家生化武器研究最高机密的高价值暗杀目标面临生命威胁，却让他在没有保护、没有监控的情况下独自一人走入树林？这不太可能。而且，专门保护凯利博士的梅森行动在他生前最后一天下午出门散步前三十分钟就已启动，任何人要想带走他，都会面对很大的压力，除非那些人完全没有尽到保护职责。

在凯利博士生前最后见过他的人都表示，他当时孤身一人，没有陪同，没有看护，没带武器，极易受到攻击。为什么？

迈克尔·施林普顿是英国的一位国家安全专家和杰出的律师，与军情五处和军情六处联系密切。施林普顿知道也相信凯利在这起运用高科技手段实施的职业暗杀中被注射了药物，他的联系人告诉他，死者手腕上那个假冒的割伤只不过是为了掩盖会引起人们注意的针眼。

但等一下，还有一个嫌疑犯。

从事生化武器制造的国际黑手党

关于凯利博士之死的解释还有一个：他被从事生化武器制造的国际黑手党杀害，虽然关于这种组织的信息扑朔迷离，但的确有大量证据表明这种组织的确存在。不仅如此，假设凯利博士的确被他们杀害，政府有必要对谋杀真相进行掩盖，就像肯尼迪遇刺后，政府出于国家安全原因需要对其进行掩盖。

最后，英国下议院议员诺曼·贝克的话可以表达了对本案的最终结论：

> 我深信大卫·凯利是被谋杀的，毫无疑问。

图书在版编目（CIP）数据

死亡真相：名人死亡事件背后的蛛丝马迹／（美）贝尔泽，（美）韦恩 著；张媛 译.
—北京：东方出版社，2015.6
书名原文：Dead Wrongs：Straight Facts on the Country's More Controversial Cover-Ups
ISBN 978-7-5060-8283-9

Ⅰ.①死… Ⅱ.①贝… ②韦… ③张… Ⅲ.①政治事件—研究—美国 Ⅳ.①D771.25

中国版本图书馆 CIP 数据核字（2015）第 136034 号

死亡真相：名人死亡事件背后的蛛丝马迹
（SIWANG ZHENXIANG：MINGREN SIWANG SHIJIAN BEIHOU DE ZHUSIMAJI）

作　　者：[美] 理查德·贝尔泽 [美] 大卫·韦恩
译　　者：张　媛
责任编辑：郭　国
出　　版：东方出版社
发　　行：人民东方出版传媒有限公司
地　　址：北京市东城区朝阳门内大街 166 号
邮政编码：100706
印　　刷：三河市金泰源印务有限公司
版　　次：2015 年 7 月第 1 版
印　　次：2015 年 7 月第 1 次印刷
印　　数：1—5000 册
开　　本：710 毫米×1000 毫米 1/16
印　　张：25.25
字　　数：299 千字
书　　号：ISBN 978-7-5060-8283-9
定　　价：48.00 元
发行电话：（010） 64258117 64258115 64258112